暨南大学高水平大学建设经费资助丛书

暨南史学丛书

近代粤港澳经济史研究

张晓辉　著

中国社会科学出版社

图书在版编目(CIP)数据

近代粤港澳经济史研究/张晓辉著.—北京：中国社会科学出版社，2018.1
ISBN 978-7-5203-1333-9

Ⅰ.①近… Ⅱ.①张… Ⅲ.①区域经济—经济史—研究—广东—近代②区域经济—经济史—研究—香港—近代③区域经济—经济史—研究—澳门—近代 Ⅳ.①F129.5

中国版本图书馆CIP数据核字(2017)第267421号

出 版 人 赵剑英
责任编辑 刘 芳
责任校对 冯英爽
责任印制 李寡寡

出　　版 中国社会科学出版社
社　　址 北京鼓楼西大街甲158号
邮　　编 100720
网　　址 http://www.csspw.cn
发 行 部 010-84083685
门 市 部 010-84029450
经　　销 新华书店及其他书店

印　　刷 北京明恒达印务有限公司
装　　订 廊坊市广阳区广增装订厂
版　　次 2018年1月第1版
印　　次 2018年1月第1次印刷

开　　本 710×1000 1/16
印　　张 19.5
插　　页 2
字　　数 300千字
定　　价 79.00元

目　录

目录

制度变迁与清后期外贸行商的兴替

——兼论广州十三行的历史命运

清代广州地位的升降取决于鸦片战争前后对外通商口岸的设置，十三行与清政府衰荣与共，战前已大陷窘境。在自由贸易时代，整个贸易方式和企业制度都在转型，旧的外贸体系和秩序崩溃，垄断组织必遭淘汰，这是英国东印度公司和广州十三行的共同命运。新的外贸行商和部分走向自立的买办，成长为近代中国对外贸易的主角。

美国经济学家诺思指出："人类发展的各种合作和竞争的形式及实施将人类活动组织起来的规章的那些制度，正是经济史的中心。""制度提供人类在其中相互影响的框架，使协作和竞争的关系得以确定，从而构成一个社会特别是构成了一种经济秩序。"①

鸦片战争以前，世界贸易处于垄断经营的时代，这种制度安排，造就了诸如英国东印度公司等贸易垄断组织和殖民地统治机构。中国总体上居于闭关锁国的状态，清政府严格管制对外贸易，但对广东实行开放外贸的特殊政策，允准中外商人在广州进行贸易，使十三行商人适逢得天独厚的机遇。十三行商（其正式的名称是洋货行、外洋行等，本文简称为行商）是官商性质的对外贸易商业团体，不仅垄断中外贸易，并居间办理中外交涉事宜，成为外商与清政府联系的媒介，实际上具有经营国内外贸易和经办外交事务的双重职能。钦准的建立在一口通商基础上的广州外贸体制，营造了官商曾经的辉煌。

① ［美］道格拉斯·C. 诺思：《经济史上的结构和变革》，厉以平译，商务印书馆1992年版，第18、195页。

然而，制度外的因素已日益侵蚀和破解现有的秩序，旧的垄断性体制显然已不能制约羽翼渐丰的英国东印度公司和中国十三行商这两个垄断贸易组织以外的中西贸易商人。鸦片战争前后，世界贸易体系从垄断转向自由竞争，作为制度安排，英国于1834年收回了东印度公司对华贸易的独占权，使之丧失商业性质，转为殖民地统治机构。《南京条约》废止了中国公行的垄断制度（其弊端乃人所共知），西方商人可以与华商自由进行买卖，他们终于进入久经期待的黄金时代。大量洋行乘势涌现，与之相适应的华商买办制度以及买办势力迅速崛起。往昔处于弱势地位的海商，在自由贸易的曙光照耀下，焕发生机。自由贸易之魂——“竞争”原则和资本主义企业制度，孕育了南北行和金山庄等新时代的行商。十三行为外商代购销货物、代纳关税、代理一切交涉、监督外商的经营职能皆失去根基，不仅行业走到了尽头，其商人群体基本上也未得到延续（只有少数人转化为买办或新行商）。

一 “广州制度”与十三行行商

广州十三行商的前身本是闽粤沿海地区从事传统海洋贸易的海商，十三行是明代朝贡贸易向清代海关贸易转变的产物，始于清康熙年间，盛于乾隆嘉庆时期。一方面清政府实行一口通商，成就了广州口岸贸易史无前例的繁荣，使十三行在中西经济文化交流中起到了特殊作用；另一方面由于清政府盲目自大、闭关锁国，加上封建专制的局限，使“广州制度”和十三行在鸦片战争后分崩离析。

（一）封建的垄断性的“广州制度”

广州十三行是清代官方批准的对外贸易机构，其中在1757—1842年间，还是中国唯一的对外贸易机构。它由官方管理，由经官方审批的行商经营，逐步形成一系列严格的管理制度，当时被外商称为“广州制度”。

康熙五十九年（1720），广州行商为了对外贸易而建立一种共同的组织——公行，当时并未得到政府的正式批准。公行之外还有闲散商人（亦称行外商人），[①] 他们与外商多次要求取消公行，因而公行时组时散。乾隆十九年（1754），清政府为了便于对外贸的管理和操纵，从法律上确立了保商制度（即行商互保，一商亏折，其他行商负无限连带责任），这种制度实际上是封建社会的保甲制度在商业上的运用。翌年，官府把所有与洋船的交易限定由“行商”经营，而把那些似乎已逐渐参加贸易的小商人全都排斥在外，“围绕着外国商人的圈子越缩越紧”[②]。康乾盛世时，外贸体制尚未完善，官府对商业的统治和限制还不是太严苛，经商环境相对比较宽松。自1757年起，清廷实行“一口通商”制度，赋予广州十三行行商对外贸易的特权。规定凡茶叶、生丝、土布、绸缎等大宗出口商品，只能由行商承办，唯有瓷器和其他杂货，才允许散商经营。乾隆二十四年（1759），两广总督整顿对外贸易，经朝廷批准颁布《防范外夷规条》，明确行商在中外贸易中拥有唯一的经营权。次年，由行商领袖潘启等发起呈请，公行正式奉准成立，清政府意识到通过控制公行既可在与西洋贸易中获取巨大利益，又能强化控制商贾手中的商业资本，使商人终生服务于王朝的政治和经济。为此，为了充实已建立的保商制度，乘机将公行制度化，完善了封建王朝对外贸易的管理体系。而英国东印度公司被迫承认失败，“胜利的果实则落入广州官吏和商人们的手中”[③]。

（二）“广州制度”下的官与商

清统治者建立行商制度的主要目的，一是满足政府征税的需要；二是作为政府对从事外贸的商人进行管理的重要措施，让行商负担外贸市场管理和工商管理的职责，也为中外贸易顺利进行提供了一种制度保障。所谓“广州制度”，系由粤海关和十三行构成，并受广东督

---

① 行外商人是除了行商以外对西洋贸易有关系的商人的总称，是清朝广州外贸商中的两大类之一，包括他乡的华商、洋货店、行商的司事及买办等。“广州制度”时期，他们在小额进出口贸易中分得行商的贸易余润。梁嘉彬：《广东十三行考》，广东人民出版社1999年版，第84—88、144—145页。

② ［美］马士：《中华帝国对外关系史》第1卷，张汇文等合译，上海书店出版社2006年版，第72页。

③ 同上书，第73页。

抚的节制。“在清政府的广州封建外贸体制之下，粤海关负责征收关税并管理行商，行商负责与外商贸易并管理约束外商，黄埔被指定为外国商船的碇泊所，澳门为各国商人的共同居留地。这4个环节互相联系，又各自形成一套制度。”① 该制度的运作，体现了清王朝把中外贸易的互动控制在特定的范围，使管制、防夷、抑商三者结合起来的意图。

十三行商人具有双重身份：一方面，他们是“得到官府正式承认的唯一机构”，“行商的位置是通过花一大笔钱从北京方面获得的……虽然这份执照所费高昂，它却保证行商财源广进，不断取得巨大的经济利益”②。行商垄断对外贸易，分配行商进出口货交易额，不许私自经营，这为其开拓商业及赚取高额利润创造了有利条件。1720年，广州行商为建立稳定的通商秩序成立了公行，这原本是行商自感势力薄弱，自发要求建立的具有行会性质的商人互助组织。其主要目的在于独占商务，划一市价，不许竞争，平均支配，但亦不许销售劣货，拖欠货款。1760年，行商向清政府呈请复组公行，其主要目的仍在于垄断利润较大的西洋贸易（因当时西洋货船越来越多，而应付南洋各国贡船贸易既烦琐且利微），以排挤其他商人。③

可以说，在垄断对西洋贸易这一点上，行商与清统治者是一致的。据荷兰东印度公司的档案反映：“事实上在1790年左右，对外贸易就集中垄断在几家大的行号手中，其中潘启官和石琼官占了所有进出口货物的三分之二，茂官和沛官占了九分之二，剩余的行商占了九分之一。”④

但另一方面，行商的发展受制于封建社会的制度与环境。乾隆朝后期和嘉庆朝，直接影响到国际贸易的中外环境有了很大变化，专制统治的体制和限制对外贸易、重农抑商的保守政策，已明显滞后于西

---

① ［美］威廉·C. 亨特《广州“番鬼”录》，冯树铁译，广东人民出版社1993年版，第2页。

② 同上书，第26—27页。

③ 潘刚儿等编著：《广州十三行之一：潘同文（孚）行》，华南理工大学出版社2006年版，第14页。

④ 同上书，第137页。

方资本主义国家的政治、经济制度和政策，吏治腐败迅速滋长，行商受到沉重的压抑。制度上的因素使粤海关监督向行商施展巧取豪夺的伎俩，其乃“皇帝的直接代表”，“在广州享有法定的和实际的对外贸易垄断权的整个时期内……竭尽搜刮的能事”；粤海关监督“是最肥的关务官职”；公行被粤海关监督“用作榨取对外贸易的工具”[①]。

行商受到上至朝廷，下至各级官吏、关卡的层层盘剥，要承担巨额的苛捐杂税，以及一切经济活动与涉外事务的风险，其“地位是很低的，破了产不但丢人，而且被认为是犯罪行为”[②]。

（三）“广州制度”下的华洋贸易商

19 世纪初，英国夺得了海上霸权的地位，执掌海上贸易之牛耳，成为中国对外贸易的主要伙伴。由于清政府对英国在广州的贸易实行严格的管制，引起其强烈不满，华洋贸易商的关系也变得相当微妙。

公行是为适应清政府封建外交体制需要而产生的，为维护天朝尊严和体面，清政府限制官员与外商直接接触，便采用以官制商、用商制夷的办法，通过公行去完成这个使命。十三行商充当了清政府与外商对话的传话人，在商务上既是外商的对手，在外交上又是清政府与外商之间的中介人；行商既是外商在华期间遵守中国法律的担保人，又是监管人。“公行”实际上充当了“闭关政策”的工具，影响了中外政治、经济的关系。这就引起了外商的愤懑，抱怨公行“是一个有限制的交易媒介，毫无效率可言”，“如有公行交易，货低价高，任公行主意，不到我夷人说话”。甚至认为对华贸易有两大灾难：一是地方官吏任意勒索税饷；二是行商垄断贸易，其他种种都是这两项派生出来的。[③]

公行制度的建立以保障海关税饷征收为前提，即使洋货滞销，行商仍须按期缴纳货税；保商制度不许行商拖欠外商银两，且规定若有行商因欠夷债而破产时，同业有义务为其代偿债务的连带无限责任。

---

① ［美］马士：《中华帝国对外关系史》第 1 卷，张汇文等合译，第 16、35、75 页。
② ［美］威廉·C. 亨特：《广州“番鬼”录》，冯树铁译，第 28 页。
③ 潘刚儿等编著：《广州十三行之一：潘同文（孚）行》，第 12、14、57 页。

这就确保外商的利益，而缺少确保行商利益的有效措施，潜藏了日后其因“商欠”而频频破产的隐患。

十三行处于封建政府和外商夹缝中难以发展，破产事件屡有发生。到嘉庆初年，行商的事业都面临极端的困难。19 世纪初，不少商行倒闭或陷入严重周转不灵的困境，因清政府不愿看到有更多的商行破产，而英国东印度公司与行商领袖伍秉鉴（怡和行）也愿意加以极力扶持，这些商行才得以苟延残喘。[①]

行商所面临的形势日益险恶，一是自 19 世纪初开始，以英国为首的西方国家，为了解决本国因外贸入超并导致白银大量流入中国的问题，纵容和鼓励商人对华走私鸦片，以获得丰厚的利润；二是自 19 世纪 20 年代中期起，英国政府允许本国散商（即所谓“自由商人”，Free Trader）免税通行，其势力迅速壮大，英美散商与中国行外商人的贸易兴起，清政府无力制止，致走私猖獗。清政府愈加无能，吏治极为腐败，中外不法商人勾结，强有力地冲击了十三行在中外贸易中的地位。

形势迫使行商不得不愈加仰赖英国东印度公司，如潘家第二代潘有度（潘启官二世）明白与英美散商交易的风险比较大，从而审慎地选择交易对象与商品，尽量维持与英国东印度公司有最大的交易额，而避免与散商做买卖。[②] 梁经国在嘉庆十三年（1808），即 19 世纪初叶中英关系恶化和老的行商纷纷破产的厄境中，创立了天宝行。由于得到英国东印度公司的扶持和清政府的眷顾，一度发展至于鼎盛。[③]

鸦片战争前，广州有案可查的商行共 33 家，有 24 家倒闭，其他都面临破产或欠债困境，只有同文（孚）行潘氏与怡和行伍氏在贸易中发了财，主要是通过其英国、美国、瑞典等贸易伙伴投资于外国企业，才在广州制度下保持不败。

---

① 潘刚儿等编著：《广州十三行之一：潘同文（孚）行》，第 111 页。

② 同上书，第 102 页。

③ 黄启臣、梁承邺编著：《梁经国天宝行史迹：广东十三行之一》，广东高等教育出版社 2003 年版，第 12—15 页。

二　国际贸易垄断制度的终结

（一）两种性质的贸易垄断

18 世纪，是十三行商经营贸易的黄金时代，其通过“一口通商”垄断中国对西洋的贸易。“外商被迫只能把他的进口货物卖给他的中国保商，后者在没有竞争和没有可能参照市价的情况下定出价格，并且确定了一切应该付给政府官员的，常规的与非常规的、合法的与不合法的税项。出口货物也只能从同一保商那里收购。”“外商们是处在严密的垄断的钳制之下，并且垄断者从他们那里索去的巨款，还必须依次和那些居于收税人和执法者地位的政府官员们分肥。”①

同一世纪，西方国家先后发生工业革命，带来各国政治与社会制度的变革，资本主义制度占据统治地位，新的航线开辟，新的世界市场正在迅速发展。英国东印度公司于 1715 年决定正式参加对华贸易，同时与粤海关约定 8 项，首先就是“有同任何人作不受限制的贸易的自由”。“这些条件都被欣然承允，虽然没有任何证据证明它们曾经实行。”1720 年，广州行商组成公会，得到官方的支持，外商大班曾提出抗议，并拒绝贸易，直到两广总督允许废除这种垄断为止。结果它虽被废除了，但不久又恢复原状。② 18 世纪 80 年代，英国东印度公司独霸了欧洲与中国的贸易，是华茶的支配性出口者，成为十三行行商最大、最主要的交易对象。

由此可见，英国“东印度公司是在以垄断对付垄断的情形下经营的，虽然前一种垄断是软弱的，而后一种垄断是有力的”③。与十三行完全不同，英国东印度公司是欧洲重商主义的产物，是资本积累的强有力的手段，它在印度既是商人又是统治者。1813 年，英国国会废除了东印度公司对印度的贸易独占权，任何英商可自由进入印度市场，但仍给予东印度公司在中国的贸易独占权。

---

① ［美］马士：《中华帝国对外关系史》第 2 卷，张汇文等合译，第 2—3 页。

② ［美］马士：《中华帝国对外关系史》第 1 卷，张汇文等合译，第 70—71 页。

③ 同上书，第 187 页。

（二）英国取消贸易垄断

18 世纪末，中外贸易环境发生了巨大变化。首先是英国东印度公司独霸了欧洲与中国的贸易。其次是“港脚商人”（Country Merchant）兴起，这是从事亚洲境内区间贸易的商人，主要是独立于英国东印度公司之外的英印“私商”。再就是美国商人的加入，使中美贸易蓬勃展开。

在英国东印度公司垄断东方贸易的时代，中国对外贸易的金融周转业务，基本上掌握在这个商业独占机构手中。但以经营中印贸易为主的港脚商人在广州的代理行号（Agency House），也插足到汇兑业务中来。进入 19 世纪后，港脚贸易日益扩大，在中、英、印三角关系外，又把中美贸易和英美贸易联系起来，形成了中、英、美大三角的汇兑关系。在这个新的三角汇兑上，起主导作用的是代理行号。①

自由资本主义的发展趋势不可阻挡。1829 年，反对东印度公司垄断权在英国国内已经形成了一股强大的势力，这个势力的核心力量是英国国内的工业资本家和对外自由贸易的商人。1833 年，英国议会决定收回东印度公司对华贸易独占权，孟加拉总督改称印度总督，统领全印。英国东印度公司至此丧失其商业性质，成为殖民地统治机构。次年，东印度公司的垄断权被废除。②“随着东印度公司对英国贸易管制的取消——自由贸易的建立——广州商务有了普遍的高涨。”③

（三）“广州制度”名存实亡

鸦片战争前夕，英国对中国的外交、外贸政策及管理机构均已改

---

① 汪敬虞：《外国资本在近代中国的金融活动》，人民出版社 1999 年版，第 306 页。在鸦片战争以前，英国东印度公司和代理行号与中国行商，就长期存在过资金的借贷关系，这种放款的记录至迟在 17 世纪末叶就已出现。19 世纪初叶，广州的代理行号已有 40 家以上。在 1832 年广州对外贸易中，有 1/4 的私人汇票是通过当时广州的大行号怡和行（Jardine and Matheson Company）之手的。参见汪著第 4 页和第 311 页。

② 汪熙：《约翰公司：东印度公司》，上海人民出版社 2007 年版，第 224、227、347 页。

③ ［美］马士：《中华帝国对外关系史》第 1 卷，张汇文等合译，第 188 页。

变，清政府和行商对此漠然无知，当闻知东印度公司即将解散的消息后，还以为“是否该夷商贸易居奇，故为耸听，殊难凭信”。两广总督谕令行商，“传谕大班寄信回国，如果公司散局，仍应酌派晓事大班来粤总理贸易”。行商还联合约见公司管委会，表示满意其全权照料外交及商业的制度。东印度公司解散后，英国派遣来华的是相当于驻华公使之商务监督官员，而不是中国官府和行商所期盼的管理英商的“大班”。中外商人的交涉，已改变为两国政府之间的交涉，中英冲突纠纷随之加大。行商夹在两国政府之间，传递政令和书信，常处于尴尬、惶恐之中。①

时代变了，然而清政府的统制政策和“广州制度”都未相应调适，既无力抵御西方殖民主义者的经济、军事侵略，又无法遏制官吏的腐败和猖獗的走私活动，大多数行商破产或濒临绝境，生存空间愈加狭窄，厚实的行商少之又少，绝大部分的行商都在开业后一二十年间倒闭歇业。1829 年，行商赔累日甚，商力日绌，“能完全清还债务之行号数目，已减少为三行——浩官（伍秉鉴）、潘启官、鳌官（谢东裕）”。两广总督令旧商联保新商，旧商亦急于多结同行以负担摊赔，但无一人肯出任行商者。②

鸦片战争时，十三行商贸完全停顿。1841 年，行商承受了广州和约巨额赔款。中英《南京条约》签订后，行商从此失去了对外贸易专利权。“西洋商人在条约所准许的自由下前往发展对中国的贸易。在一八三四年他们已经从东印度公司的垄断所加在英国商人的桎梏中解放出来，在一八四二年中国垄断的重担也被撤除，他们得到了在五个口岸无限制通商的权利，不再限于广州一地。”③

鸦片战争结束后，中国行商和英国东印度公司同时在中国对外贸易中失去独享的地位，除了原来就经营汇兑的代理行号外，还出现了大批新设的洋行，英国的怡和、宝顺，美国的旗昌等巨头，就是它们的代表，西方势力在中国开始了所谓“商业大王”（Merchant Princes）

① 潘刚儿等编著：《广州十三行之一：潘同文（孚）行》，第 196 页。

② 同上书，第 195 页。

③ ［美］马士：《中华帝国对外关系史》第 1 卷，张汇文等合译，第 377 页。

统治的时期。[①]

（四）中西贸易关系的根本改变

当英国成为世界资本主义头号强国后，亚当·斯密自由放任的理论成为资产阶级信奉的教条。旅粤外商“都一致认为国际关系需要调整”，在英商所受的11条所谓“损害”中，包括“贸易仅限于广州一城，而不许在帝国的其他口岸进行”。“公行垄断制一面对外商贸易加以不适当的控制，同时由于若干行商无力偿债，又使贸易无保障。”[②] 英国外交大臣巴麦尊在1840年2月20日给英国全权公使的训令中谓：“行商因为过去享有贸易垄断权而积欠英商的债务应该偿还，这种垄断制度应当取消。”[③]

英国人以种种手段寻求获得在中国自由贸易的权利，通过鸦片战争而实现了其愿望，“以前中国是处于命令的地位去决定国际关系的各种条件，而现在则是西方各国强把他们的意图加在中国身上的时候了”[④]。中西贸易关系发生极大变化，由于《南京条约》等一系列不平等条约的签订，清政府的中外贸易管理征税旧体制已解体，取而代之的是新的管理征税体制。主要内容是：（1）废除了公行保商制度，允许外商前往各通商口岸，“勿论与何商交易，均听其便”。取代公行保商制度的是领事监督制度，即由外国政府在各通商口岸设立领事馆，管理该国商人，负责监督该国船只的报关、结关及缴纳税饷等事宜。（2）废除了粤海关关税制度，建立了协定关税制度。显而易见，在新旧体制交替中，粤海关与公行这一旧的双重架构，已被通商五口海关与领事这一新的双重架构所取代。[⑤]

西方列强通过特权在中国建立了一套半殖民地的对外贸易制度，将中国的外贸纳入了世界市场体系之中。在这一制度下，中外商人在中国市场处于不平等的地位。

---

① 汪敬虞：《外国资本在近代中国的金融活动》，第308页。

② ［美］马士：《中华帝国对外关系史》第1卷，张汇文等合译，第277页。

③ 同上书，第301页。

④ 同上书，第673页。

⑤ 戴一峰：《近代中国海关与中国财政》，厦门大学出版社1993年版，第4—5页。

三　中国外贸行商的兴替

鸦片战争以后，在西方资本主义的冲击下，清政府被迫在沿海实施了自由放任的贸易体制。行商制度被正式废除，外商可以在沿海通商口岸自由贸易，“可以由他自己的意愿同任何人按照互相同意的价格自由进行买卖；雇用他的私人的买办和仆役”①。自此封建性对外贸易垄断被打破，沿海成为自由的竞争性的市场，中国外贸行商发生根本变化。

（一）旧行商的没落与分化

1. 十三行商的恐慌与企望。1834 年东印度公司的贸易专利与管辖权被取消后，“在英国方面造成了以自由通商方式代替对华贸易专利的局面，也同样影响了中国人的想法；但在中国则产生了一种恐慌心理，唯恐危害到他们本身所享有的专利，怕在广州方面也会提出自由贸易的要求”。鸦片战争前夕，公行对于准许鸦片贸易的呈文中称：“关于以外国进口商品交换中国产品一点，行商陈述了他们现行的办法，并且建议继续实行现行办法，那就是不应该触及他们的垄断权。”“鸦片贸易如果开禁，像其他商品一样，应限在广州一地进行”②。

鸦片战争后，“广州方面的另一种不满情绪表现在行商和他们的雇员、通事、买办，以及倚赖衙门而生活的人们之间，这些人都丧失了从被取消的各种垄断中获得的那些油水，并且向往着从前外商听凭摆布时代的那种赚钱容易的情形”。清朝钦差大臣耆英在签订《南京条约》后，“为抵补公行垄断制度的取消，曾建议以执照发给一百名广州商人，专营对外贸易的只限于他们”。“广州商人曾多次企图保留他们的一些特权，放弃公行的形式，而保留这些原则。”③

---

① ［美］马士：《中华帝国对外关系史》第 1 卷，张汇文等合译，第 342 页。

② 同上书，第 159、209 页。

③ 同上书，第 348、364—365 页。

当然，上述企望、不满和建议都无法挽回外贸垄断制度以及行商的特权。

2. 个别旧行商向买办商人转化。“广州制度”和十三行在鸦片战争后分崩离析，但也有个别行商实现了转化，如伍秉鉴曾为广州行商领袖，伍记茶叶在世界享有盛名，其与旗昌洋行（美国资本最早侵入中国并依靠走私鸦片起家的商行）的业务往来主要是后者包揽了全部的茶叶外销。伍家与旗昌的业务联系使其子伍崇曜在行商制度裁撤后，得以附股于旗昌，成其股东。[①] 吴健彰本为十三行“同顺行”行商，后与美国商人合股，在上海开设美商旗昌洋行。[②]

（二）新行商的崛起

鸦片战争后，广州一口通商的时代终告结束，中外贸易制度和格局从此根本改变。这对长期垄断华洋贸易的粤商产生了双重影响：一是传统的优势逐渐丧失，行商垄断经营中西贸易事务的特权被彻底废除了。第二次鸦片战争爆发后，1856 年 12 月，广州发生了商馆被烧事件，十三行的外贸商务遭受沉重打击。二是随着中国沿海各港口的相继开放，又为谙于外贸的粤商（特别是洋行买办和自由行商）提供了更为广阔的发展空间。旧行商各奔前程，有的变成买办商人，有的充当外商的雇员，有的转业他途。由于大批外商、粤商从广州撤往香港和上海，这两地遂成为新行商最重要的活动区域。

1. 买办阶层的兴起。五口通商后，洋行通过大量雇用买办，操纵中国的对外贸易和市场。鸦片战争以前，外商已普遍雇用买办，主要是为其供应生活、货物起卸等服务性的雇员，同外商的贸易关系不大。战后外商根据不平等条约，取得自由雇用买办的权力；买办被外商自由雇用，成为接受外商薪金、为洋行推销商品、购买货物的代理人。买办与洋行之间的关系通常是通过契约来规定，具有资本主义的雇佣性质，并受到外国领事的保护。此外，近代买办一开始即自立行

---

① 徐珂编撰：《清稗类钞》第 17 册，中华书局 1984 年版，第 102—104 页。

② 《吴健彰》，陈旭麓等主编《中国近代史词典》，上海辞书出版社 1982 年版，第 339—340 页。

号，这在19世纪六七十年代已成为比较常见的现象。①

中国近代最早充当买办的几乎都是广东人，早期香港买办大多来自广州一带，到港后结成买办世家和具有浓厚地域特色的排他性买办集团，如何东、何福、何甘棠兄弟及罗常肇（姻弟）在怡和洋行；罗伯常、罗寿嵩父子在汇丰银行；韦亚光、韦玉父子在有利银行；容良、容宪邦、容子名、容次岩四代在渣打银行；莫仕扬家族在太古洋行的华南系统内，形成了一个庞大的买办集团。② 买办家族与洋东的结合非常紧密，本身积累了巨额财富，在香港华商中居于上层，并在华人社会中拥有相当的地位和影响。广州的洋行纷纷北上后，粤籍买办也随大班们到了上海，如徐昭珩、徐瑞珩、吴健彰、郑廷江、徐润、郑观应、唐廷枢等，一度形成粤人垄断上海洋行买办的局面。

近代买办的性质发生了变化，他们既是外商的雇员，又是独立商人，成为构成新生的中国资产阶级的主要力量之一。

2. 转口行商的兴起。在鸦片战争以前，由于官府垄断贸易，限定经商渠道，失去竞争，其他商人不得不转入地下，以民间走私形式与外商合作，构成了中西贸易的另一面。实际上十三行的垄断仅限于大宗货物，此外还有很大一部分“行外”商人，在与外商做交易。敢与小商铺做大宗货物如丝、土布甚至茶叶的是英国的散商，其与东印度公司的关系很像中国小商铺与十三行的关系。1822年时，散商的输入已占东印度公司和散商对华输入总值的78%。这年两广总督和粤海关发布《小商铺经营贸易告示》，表明广州制度已发生变化，从官商垄断中西贸易到允许小商铺经营一部分商品。广州行外商人和英印散商贸易的发展，取得了半合法的地位，意味着中西贸易关系由原来的公行与东印度公司为主，向行外商人与英印自由商人为主的转变。广州制度中的公行制度和行商作用，终于在行外商人和英印自由

① 余绳武、刘存宽主编：《十九世纪的香港》，中华书局1994年版，第387页。

② 莫应溎：《英商太古洋行近百年在华南的业务活动与莫氏家族的关系》，载《香港一瞥》，广东人民出版社1985年版，第129页。

商人的携手发展中开始崩塌。①

近代以后，香港逐渐成为远东地区新兴的商业中心之一和中国对外贸易的重要转运站，也是联系海外华侨与祖国大陆的桥梁。在香港的华商，成功地运用传统的经营方法，把远洋贸易和中国沿海贸易连接起来，这就是沟通南北洋交往的南洋庄和横贯东西方向的金山庄。它们分别代表着来自潮汕平原和珠江三角洲的商人势力，并构成港商的中坚力量。如潮汕人陈宣衣、高楚香于19世纪50年代分别创设乾泰隆和元发行，作为经营中暹贸易的中转基地，开了南北行业之先河；② 新会人李升于1854年避战乱举家迁港，经营礼兴号、和兴号等金山庄，富甲一方。③ 在香港经济史上有至关重要地位的转口贸易，即归功于南洋庄和金山庄的兴起。

香港华资最早萌生于商业（尤其是从事于国际转口贸易的行业），是由香港自然地理位置和近代中外经贸关系所决定的。广东毗邻香港，素来商业气氛浓厚，粤商向外发展非常突出，开埠后的香港正好为其提供了大展身手的好机会。而主要脱胎于粤商的港商亦继承了经商的传统和擅长，以经营转口贸易奠定了发展的基础。

结　语

作为清政府对外交往体制的“广州制度”，最主要的内容包括一口通商、公行垄断贸易、拒与外人平等交往、限制外人自由等。其中与十三行商最关紧要的是前两项，但鸦片战争以前公行垄断贸易早已因漏洞和弊端而被侵蚀，如清政府虽设行商垄断，却又未能完全禁止中国行外商人的广泛贸易；英国东印度公司虽与十三行进行贸易，但也与行外商人及走私商交易，同时大量西方散商亦与行外商人进行贸易，唯有行商不肯放弃垄断特权，不作变通（实亦无法变通），并避

---

① 张晓宁：《天子南库——清前期广州制度下的中西贸易》，江西高校出版社1999年版，第191页。

② 广东省文史资料委员会等编：《潮商俊彦》，广东人民出版社1994年版，第219、283页。

③ 余绳武、刘存宽主编：《十九世纪的香港》，第373页。

免与散商贸易，陷入自我孤立。一口通商虽然维持到《南京条约》的签定，但实际上在战前鸦片走私等非法贸易的冲击下也已遭受侵蚀。

在清政府的压榨下，在英国东印度公司、西方散商以及华商行外商人的反对和竞争下，行商经营日益困窘屈缩，而外商在实际贸易中愈居强势。

面临西方各国散商、以中西贸易汇兑为主要业务的代理行号（西方银行侵华的先驱）、洋行（西方资本“商业大王”孕育者）的竞争和冲击，英国东印度公司的贸易王国再也无法维持下去，其贸易垄断的取消，除了顺应时代之大趋势外，还反映了以英国为首的外商对华贸易之根本点在于维护、追求自身的利益，他们对“广州制度”采取实用主义的态度，虽其言行常显矛盾，但基本原则始终未变。

近代以降，外贸重心从广州移往上海、香港，又因华南粤人排外的情感特别强烈，从事外贸的粤商主要移往港、沪以及国外发展。

由此可见，十三行行商的命运是由“广州体制”决定的；鸦片战争后新的“条约体制”不可能容纳旧的公行；鸦片战争期间及其战后广东的对外环境已经没有十三行生存的空间，旧行商组织遂烟消云散。因此，有谓十三行行商与清朝政府衰荣与共，“在作为广州制度组成部分的行商制度下，包括行商在内的中国商人都成为牺牲品”①。

关于十三行的历史终结，革命家评价很低，如孙中山说清末广州十三行的潘、卢、伍、叶四大家“子孙骄奢淫逸，安富尊荣……他们的财产，不过几十年就化为乌有”②。廖仲恺也认为清末“广东的潘、卢、伍、叶四大姓，统是因和外人通商而赚大钱的，教国人用洋货，为外人寻销路……利益终流于外……所以传及三代，就堕落不堪，男盗女娼，无所不为”③。然而，从根本上讲，中国近代外贸行商的兴替，却是制度变迁的必然。十三行与东印度公司这两个最大的贸易伙

---

① 张晓宁：《天子南库——清前期广州制度下的中西贸易》，第 63 页。

② 孙中山著作丛书，黄彦编著：《论军事及对军人演讲》，广东人民出版社 2009 年版，第 326 页。

③ 尚明轩、余炎光编：《双清文集》上卷，人民出版社 1985 年版，第 715 页。

伴，他们肩负各自政府的垄断使命，但最终也在市场的发展中失去垄断的地位。[①] 博弈的最终结果，尽管可以描述为从“广州体制”向“条约体制”的转变，实质上则是自由竞争制度对垄断贸易制度的胜利。

（原载赵春晨、冷东主编《十三行与广州城市发展》，广东世界图书出版公司 2011 年版）

① 张晓宁：《天子南库——清前期广州制度下的中西贸易》，第 167 页。

从香港华商的兴起看海内外华人经济的交融(1840—1949)

五口通商后，香港逐渐成为远东地区新兴的商业中心之一和中国对外贸易的重要转运站，也是联系海外华侨与祖国内地的桥梁。香港华商资本就是在内外交流过程中兴起的，它既沟通了海外市场，又融合了海内外华商的力量，在近代民族经济发展史上占有独特的地位。

一　香港华商主体的来源

(一) 早期香港华商主要源自内地

近代香港居民绝大部分来自广东沿海地带。100余年内，曾出现过多次较大规模的内地人口、资产迁港潮流。

在香港经济开始运转之初，即有小商贩从附近东莞、归善（今惠州)、新安等县迁入，经营很兴旺。早期香港买办原来活跃于珠江三角洲地带，到港后结成买办世家和具有浓厚地域特色的排他性买办集团。香港开埠不久，已有买办自立行号，开始兼有商人身份。① 这些人是香港华商的起源。

太平天国运动时，华南局势动荡，许多人逃港避难。第二次鸦片战争爆发，英国割占九龙，港埠得以扩展，贸易与航运皆蒙其利，吸引了更多的华人前来寻找机会。在这些移民中，许多是举家迁徙的，与早年几乎全是只身赴港的情形已大为不同。内地行商、富户到港

① 余绳武、刘存宽主编:《十九世纪的香港》，第254、387页。

后，即买地开店经商谋利，使香港出现了开埠后“仅见的蓬勃现象”[①]。又因美国和澳洲发现金矿，内地经由香港出国的人数激增，也刺激了华商社会的兴旺。

随着香港与南洋、北美一带航运的开拓，商贾往来渐繁。华商成功地运用传统的经营方法，把远洋贸易和中国沿海贸易连接起来，这就是沟通南北洋交往的南洋庄和横贯东西方向的金山庄。它们分别代表着来自潮汕平原和珠江三角洲的商人势力，并构成港商的中坚力量。如潮汕人陈宣衣、高楚香分别在港岛创设乾泰隆和元发行，开了南北行业之先河；[②] 新会人李升于1854年避战乱举家迁港，经营礼兴号、和兴号等金山庄，富甲一方。[③]

19世纪末，香港已成为东方最大的转口港。华南商民赴港设栈经营、拓展业务的情况大为增加。为了适应中外贸易频繁、外埠及广东内地各乡汇兑之需日增、香港本埠金融调节之需愈殷等情况，创立了香港银号，其业主以粤南海籍人最早、势力最大，顺德、四邑人次之。[④] 此时，香港也是内地居民移往海外的主要转运站，如1883—1898年，华人经香港出国者近100万人，同期从海外返回香港和内地的华人，每年带回香港的财富估计在千万元以上。[⑤] 这为香港华商资本的原始积累起了极重要的作用。

香港华资最早萌生于商业（尤其是从事于国际转口贸易的行业），是由香港自然地理位置和近代中外经贸关系所决定的。广东毗邻香港，素来商业气氛浓厚，粤商向外发展非常突出。如《潮州府志》记载：“潮民逐海洋之利，往来……如履平地”[⑥]；广州《七十二行商报》发刊词宣称粤地可谓“天然商国”[⑦]。开埠后的香港正好给了粤商向外拓展和大展身手的机会，地利与人和的特殊背景，有利于其在

---

① 霍启昌：《香港与近代中国》，商务印书馆（香港）有限公司1992年版，第91页。

② 广东省汕头市政协文史资料委员会编：《潮商俊彦》，第219、283页。

③ 余绳武、刘存宽主编：《十九世纪的香港》，第373页。

④ 姚启勋：《香港金融》，（香港）泰晤士书屋1940年编印，第37—42页。

⑤ 李宏：《香港大事记》，人民日报出版社1988年版，第52页。

⑥ 周硕勋纂修：《潮州府志·风俗》卷12，清光绪十九年版。

⑦ 引自复旦大学历史系等编《中国近代资产阶级研究》（续辑），复旦大学出版社1986年版。

港捷足先登。而主要脱胎于粤商的港商亦继承了经商的传统和擅长，以经营转口贸易奠定了发展的基础。纵观港商历史，出身粤籍者始终居于主流，早期的港商甚至就是粤商在海外的一个分支。在清末，粤商许多人兼有港商、侨商的身份，在海外从事商业活动，据闻其“营业于香港者不下一二十万人”①。而按香港人口统计，清末时最多也不过40万人，这充分反映了早期香港华人来源的地域集中性、华人社会的高度商业化及粤商在港的优势地位。

港沪航线开辟于鸦片战争后不久，吐纳北方货客。但沪商涉足香港相对较晚，起初主要限于银行、保险、医药等行业，如中国通商银行香港分行于1901年2月开张；② 上海永年人寿保险公司、中法药房和五洲大药房等驻港经理处，也在20世纪初建立起来。③

民国成立后，内地军阀割据，连年混战，“贫者感生计之困难，富者苦兵匪之蹂躏，自不得不为避地图存之计，而以香港为宣泄之尾闾”④。每次动乱都会引发逃港潮，如1911年11月，广东民军起义，合省震动，富户人家纷纷迁逃香港；⑤ 1919年夏，龙济光军与滇、桂军在广州连战月余，市民每日逃港者达八千人之多。⑥ 驱龙成功后，粤省长出示劝告商民回省复业；⑦ 1923年，广东战事绵延几至一载，“富人多避港澳”⑧。此时，香港华人数量已达80余万人，比辛亥前增长了1倍。⑨ 许多腰缠万贯的清朝遗老遗少、失意官僚政客等，也加入了新移民的行列，如许应骙之子许秉璋、骆秉章之后裔骆绪初、冯溥光父子、梁宦、陈望曾、陈伯陶、苏志纲等，拥有巨资，一切经

---

① 转引自复旦大学历史系等编《中国近代资产阶级研究》(续辑)，第129页。

② 《中国通商银行广告》，《香港华字日报》1901年9月3日。

③ 该三公司广告分别见《香港华字日报》1905年8月29日、1907年12月25日、1909年4月7日。

④ 《论说·香港户口问题》，《香港华字日报》1921年6月16日。

⑤ 广东省政协文史资料委员会编：《广东军阀史大事记》，广东人民出版社1984年版，第1页。

⑥ 同上书，第65页。

⑦ 《羊城新闻》，《香港华字日报》1916年10月11日。

⑧ 《民十二年香港商务之回顾》，《香港华字日报》1924年2月12日。

⑨ 《本港历年人口统计表》，转引自汇丰银行编《百年商业》，光明文化事业公司1941年版，原书无页码。

营，如地产、银号、南北行庄等，莫不长袖善舞，获利不赀。① 唐绍仪等创办的上海金星水火保险公司，朱庆澜、温宗尧等倡办的上海兴华制面公司也设立了香港分公司。②

国内各地商民视香港为“世外桃源”，纷纷前去投资创业。如20世纪30年代初，广州石印业蓬勃一时，各大厂均增设香港分厂，达到该行业的“黄金时代”③；织造业为香港最重要的工业，所用粗纱多为沪产，该行业在20世纪30年代初渐臻发达，“主事者多来自上海”④。香港报纸杂志上充满内地企业五光十色的商业广告，仅据笔者粗略统计，民初粤沪华商在香港新创建的分支企业即数以百计。其他如北京盐业银行、同仁堂、达仁堂；天津同裕堂；厦门淘化大同罐头公司；梧州西江航业公司，也在港设了联号。可以说，此时港商的来源已扩大到全国范围。

抗战前期，由于香港置身于战争之外，地位“稳固而保险”，遂成为内地资本大迁徙的重要目的地之一。首先兴起的是上海工商企业的迁港潮。当沪战发生时，上海资金已有流港之征象，及上海沦陷后，许多高等人士迁港作寓公，将存款移往香港，“故上海资金源源流港”⑤。除了银行和商店外，迁港数量最多的是工厂主，他们或建分厂，或设分行所，也有不少将整个企业迁港营业的。⑥ 广东工商企业的迁港潮继之于后。1938年10月，广州等地沦陷，粤商大批入港，其规模宏大，涉及面宽广，包括机械、织造、小五金、制药、火柴、抽纱、制漆、电筒电池、食品、金融、餐旅、爆竹、草席、印刷等诸多方面。这种情况，促使香港华资经济“大见蓬勃”，各业经营“异常发达”⑦。

据战时《大公报》调查材料，内地逃港人群中，拥资100万元以

① 陈谦：《香港旧事见闻录》，广东人民出版社1989年版，第91—92、135页。

② 两公司广告分别载于《香港华字日报》1916年5月11日和1919年11月7日。

③ 《广州市私营石印工业综合调查报告》（1950年10月），广东省档案馆藏，档案号：206—1—127。

④ 《香港织造业近况》，《香港工商日报》1934年9月9日。

⑤ 《各地金融经济报告·香港》，《中行月刊》第16卷第6期，1938年6月。

⑥ 张晓辉：《抗战初期迁港的上海工商企业》，《档案与史学》1995年第4期。

⑦ 《去年本港工业异常发达》，香港《星岛日报》1940年3月24日。

上者计有500余人、拥资1000万元以上者有30人、拥资亿元以上者3人，这些人移居香港后继续经营工商业。[①] 省港线成为中国外贸的主要途径，香港的贸易“超过从前黄金时代”[②]。内地大量游资抵港，香港金融时常异常活跃，又成为金融枢纽。商民猛增对港英政府的税收亦十分有利，香港西商会分析认为：以沪粤为主的内地工厂和商行大量迁港，推动了本埠工商经济的大发展。[③]

日占时期，香港的社会经济遭到严重破坏。抗战刚结束时，香港进出口贸易和工商业均不景气，尤其是资金和人才极缺，故“未能恢复战前的繁荣状况”。但大规模内战爆发后，香港再次获得内地人才、资金、技术设备的挹注。首先是豪门、富商携带巨资迁港。1946年由广州私运香港之白银估计价值400万美元。[④] 此后几年内，从内地流入香港的资金约达5亿美元。[⑤] 其次是内地各大厂家都在做迁港之准备，从1947年起，上海、江浙一带的商帮、金融巨子、大厂商已有不少南移，他们带着称雄于内地的资财，举家迁港，展拓新的地盘。[⑥] 正是得益于及时融入内地资源，港商才得以较快地摆脱不景气之阴影，并为后来的经济起飞奠定了坚实的基础。

（二）海外华侨亦为港商的重要源泉

港商和华侨有不解之缘。在近代中国，人们通常将港商亦视作华侨，因为香港被英国统治，属于“海外”范畴；华侨商人祖籍大都源于粤闽，多经由香港北上投资，故人们习惯上将其与港商视为一体。但实际上两者在严格意义上仍有区别，只有在香港投资经营后，侨商才具有或兼有了港商的身份。

清朝末年，华侨回国投资形成高潮，由于香港具有特殊的地理、交通位置和优越的港口、商贸环境，是一个理想的桥头堡。华侨商人

---

① 李宏：《香港大事记》，第77页。

② 《港闻》，香港《星岛日报》1938年10月27日。

③ 《西商会报告》，《香港华字日报》1939年5月3日。

④ 《经济与商情》，香港《星岛日报》1947年4月21日。

⑤ 广州市地方志编纂委员会编：《广州市志》第18卷，广州出版社1996年版，第302页。

⑥ 郑大明：《香港工商业的演变》，载《香港商业年鉴》，香港新闻社1949年版。

看中了这一点，认为“海禁即开，环球互市”，香港乃“航路转枢之中点，商务之旺未有穷期”①。一时富商巨贾创设大公司接踵不断，并与向内地的展拓紧密相连，如四邑轮船公司、省港轮船公司、中国轮船公司；先施、光商、真光、永安百货公司；源安、源盛洋面火烛保险公司；广东南洋烟草公司、广生行化妆品公司等，真可谓“商务日兴，工艺蒸蒸日上”②。

进入民国，华侨对香港的投资仍方兴未艾，尤其是银行业异军突起。1912 年，旅美华侨陆蓬山等集股轫创广东银行，是为香港首家注册成立的华资银行。随后，香港工商银行、华商银行、康年储蓄银行、东亚银行、国民商业储蓄银行、嘉华储蓄银行、金华储蓄银行、永安银行、香港汕头商业银行等，接踵成立。它们由华侨投资，在香港注册，总行设于香港，但业务都伸展到内地，建有不少分支行处。此外，新加坡四海通银行、和丰银行（1933 年改组为华侨银行）等也创建了香港分行。③ 20 世纪 30 年代，港粤系和福建系的华资银行活跃于闽广及南洋一带，是华侨金融之枢纽，负有沟通海外侨胞和祖国经济联系的使命，因而被时论称为“华南财团”④。

华侨在香港的其他投资也很多，较重要的如集资购械设厂试制胶鞋底，推动了省港树胶业的迅速发展；⑤ 余仁生、余道生等在港岛收购经营大片地产；⑥ 华资创办的新南海轮船公司、大新百货公司、先施化妆品公司、马玉山糖果饼干公司、二天堂药品化妆香品厂、维新织造厂、大东酒店、亚洲酒店等，都有较大影响。

1937 年出版的《香港华人名人史略》所列工商界人士闻人中，即有相当部分源于华侨。而马应彪、陆蓬山、郭乐、郭顺、简照南、简玉阶、马玉山、蔡昌、蔡兴、黄焕南、胡文虎、韦少伯、区伟国、陈少霞、刘鸿基、余仁生等，都因在港拥有宏业或长期经营，成为港

---

① 《创设兆安轮船公司小引》，《香港华字日报》1901 年 8 月 6 日。

② 《论香港工艺蒸蒸日上》，《香港华字日报》1905 年 7 月 10 日。

③ 《香港金融》，转引自汇丰银行编《百年商业》。

④ 参考王承志《中国金融资本论》，光明书局 1936 年版，第 98 页。

⑤ 《产业》，《中行月刊》第 5 卷第 1 期，1932 年 7 月。

⑥ 陈谦：《香港旧事见闻录》，第 92 页。

商中之佼佼者。华侨的大量投入，更加壮大了香港华商的队伍。

二　合作与交融的主要形式

海内外华人资本有血肉与共、休戚相关的联系。

(一) 全面协作，相互提携

香港华资企业是联系海内外华侨资本的桥梁，他们在经济领域内展开多方面的广泛合作，以取得互惠。

1. 相互代理经销，提供服务

香港与内地华商同业之间的联系很密切，如香港梁国英酒药局、瑞昌西药行、新世界大药行等，是内地国药商最主要的代销处。梁国英酒药局创建于20世纪初，所卖皆省港药行名家正药；[①] 新世界大药行是南中国最大的药品市场，其中药部专销国产著名膏丹丸散，不下数百家。[②] 相反，在内地商店也广设香港新济世、唐尧龄、赖耀廷等药局的经理处；广东烟厂宏记烟草公司初创时即在粤设立了3个分行所。[③]

2. 密切配合，保障双方权益

不少实业家在海内外同时开展业务，进行采购、销售等活动。如香港中药材行商，有办庄和零售两种，前者向来都是与内地各省药商联系采办。[④] 广州同德布店与香港老布庄邓达记有几十年的业务往来，互相呼应，各得其所。[⑤] 自近代以来，海内外市场上产品假冒行径相当猖獗，对之予以究治，为正当商家共同关心的问题。如1928年，广东土造火柴行商业公会10余厂家在港设代理点，目的即为推销国货，"防止仇货冒效"[⑥]；1930年，广州市药行查缉伪药联合会也建立

---

① 《梁国英酒药局广告》,《香港工商日报》1937年5月23日。
② 《新世界大药行广告》,《香港工商日报》1937年8月18日。
③ 《中国始创机器卷烟告白》,《香港华字日报》1905年10月31日。
④ 《港闻》,香港《星岛日报》1938年11月4日。
⑤ 陈国康:《广州同德布店与夏布出口》,《广州文史资料选辑》第14辑。
⑥ 《广东土造火柴行商业公会广告》,《香港华字日报》1928年6月16日。

了驻港办事处。[①]

3. 扩大交流，便利外洋商贾采办

这是内地企业在港活动的主要目的之一。香港乃一无税自由港，又是华洋杂处、海上交通非常便利的商埠，在此展拓无疑具有相当利益。许多企业销售广告中都直言不讳地承认这一点。除了单个企业外，也有同行业的集体行为。如广东制药业历史悠久，产品优良，驰名国内外，自广州沦陷后，为便利海外侨胞购办起见，专设了广东国药联卫社驻港同人机构。[②]

4. 异地招商股，广开财路

当企业轫办或扩张时，亟须资金，公开在内地和香港招股的情况极为普遍。如内地恩平煤矿宝丰公司、广东粤汉铁路公司、新宁铁路公司、羊城河桥公司、广东全省渔业公司、广东振兴垦牧公司、普生农牧汇兑公司、广东电车公司、地利矿务公司、中华国民烟草公司、神农氏药行公司等，都曾在香港设点招股。港商对投资国内企业，也有一定热情，多数情况下都会响应。另外，港商也常在内地招股，如广益堂试办纸局，省港轮船公司、兆安轮船公司等，都有此举。同一企业在海内外各地同时设点招股的情况也有，这类广告在旧时报纸杂志中比较常见。

（二）联号企业是海内外华资交融的高级形式

联号是一种高层次的分工合作，不但能扩大经营规模，提高经济效益，增强应付竞争和风险的能力，还使各企业间具有内部的联系，故一般都有相当的稳固性。

1. 联号的创建贯穿于整个华商发展史

（1）清末是联号的初创阶段。联号的建立是内外双向发展的，但此期区域基本局限在粤港间，数量以由内向外者居多。

开埠不久，广州附近的行商和富户即纷纷赴港设栈经营，拓展业务。如广州百年老铺何凤池号于19世纪60年代创设港栈，从事精刻

① 《广州市药行查缉伪药联合会广告》，《香港华字日报》1930年2月6日。

② 《广东国药联卫社广告》，香港《星岛日报》1940年3月16日。

华洋招牌匾额。承接油漆等业务;① 广州朱广兰号是以经营熟烟出口为主的大企业，约在19世纪70年代创立港号。② 大约同时，以手工制作的广州万隆、济隆糖姜厂等建立了香港分场。③ 19世纪末，使用机械化生产的广东宏远堂纸局、广州张广源罐头食物庄和一品斋鞋厂等企业，相继在港建起分局或分行。④ 由于香港和南洋气候温热，瘴疫盛行，以及海外华侨对传统中医药的需求等因素，粤中老字药号创建了一批在港联号，如杏春园、德安堂、橘香斋、太和堂黄祥华、黄慎堂、王老吉凉茶庄等。

20世纪初，内地出现设厂高潮，许多企业、商号将业务扩及香港，如罐头食品业的广美香、广福隆；印刷业的英文堂书局、澄天阁五彩石印机器书局、东成隆五彩石印书局；餐旅业的粤华大酒店、广东大酒店；烟草业的粤东烟草公司、鹤邑沙坪刘馨利烟丝行；烟花爆竹业的张广泰、张祥泰、陈泰记、南昌泰；茶叶业的恒裕茶号、江门信益何福记茶店；运输业的省港货运仓贮致祥堂、广州均和机器厂造船部；绸缎业的粤纶祥丝绸店；日杂业的福源和纸号、罗长泰金花店、广福祥号、兆升恒号、莫礼智号、正戊隆号、永福香号；燃料业的礼昌煤号；制药业的马百良、庶和堂、流泽堂源吉林、天喜堂、梁培基、敬修堂；金融业的中国通商银行、上海永年人寿保险公司；等等。⑤

在内地企业大量向外拓展的同时，港商亦尝试朝内地发展。如1895年7月，广益堂收购大成纸局，试办港穗联号并招收新股。⑥ 香港买办向内地官、商企业投资，实行多种经营，横向发展，经济实力大为膨胀。如何东为香港置业保险船务及出入口各行商业之领袖，其字号遍及国内和南洋等地;⑦ 李右泉所办企业遍布于省港，曾多次担

---

① 《凤鸣老铺广告》,《香港华字日报》1907年10月29日。

② 朱克礼:《朱广兰企业的兴衰》,《广州文史资料选辑》第21辑。

③ 《香港工厂调查·食品·调味类》，南侨新闻企业公司1947年编印，第12、30页。

④ 分见于《香港华字日报》1897年6月25日、6月27日、11月13日广告。

⑤ 根据1900—1911年《香港华字日报》广告栏所提取的一部分。

⑥ 《广益堂招股试办纸局章程》,《香港华字日报》1895年7月19日。

⑦ 《何东》，转引自吴醒濂编《香港华人名人史略》，香港五洲书局1937年版。

任香港华商总会主席。[①]

20世纪初，香港华资航业有较大发展，如四邑、省港、中国粤港、北安、香江、长安、广运、元安、毓安、成安、和顺、和泰等轮船公司纷纷创立，在广州、江门、三水、顺德、甘竹设立分支机构，使粤港间“华商轮船公司逐渐增多，客运畅旺”[②]。此外，源安、源盛等保险公司于穗沪汉厦及南洋各地设立分局；[③] 南洋烟草公司在沪穗设支店；光商、真光百货公司设广州分公司；制药业保心安、化妆品业广生行、德源商号、省港造冰及贮冰冻厂及安乐汽水公司等，在内地也创建了分支机构。

可以说，融合海内外华资的联号企业在清末已经广泛地建立起来。

（2）民国成立至太平洋战争爆发以前（1912—1941）是联号创立的鼎盛阶段。这除了直接得益于民族资本的较大发展外，另也有若干因素在起推动作用。首先，受时局的影响，如国内动乱频仍，驱使内地商民出外躲避。广州嘉华银行、新亚酒店等，就是考虑国内局势多变，尤其担心驻军、官府的骚扰，于是赴港注册建立象征性的总行总店。[④] 而国际形势的不稳，也促发几次港民内迁潮。如第一次世界大战爆发后，香港市民担心被战争波及，近10万人返回内地；香港沦陷期间，也有大批居民内迁。[⑤]

其次，中国政府实行的某些政策，吸引港商前来投资。如1919年广州市政厅拆城筑路，登报招商，伍籍磐等承办省城电车路，成立香港广东电车公司。[⑥] 20世纪20年代初，广东省官产处因亟筹军款，将所有官产分批开投，应投者主要为港商和侨商。1931年3月，粤省主席陈铭枢函请周寿臣、陈廉伯等代约香港绅商赴粤“实地考察、共同投资、举办实业”[⑦]。1933年2月，陈济棠邀请“粤港华侨参观

① 《李右泉》，转引自吴醒濂编《香港华人名人史略》，1937年版。

② 《中国政治通览——交通篇》，《东方杂志》第9卷第7号，1913年7月。

③ 两公司广告，分见《香港华字日报》1906年1月9日、1907年4月13日。

④ 冼锡鸿：《嘉南堂·南华公司·嘉华储蓄银行》，《广州文史资料选辑》第14辑。

⑤ 广州市地方志编纂委员会编：《广州市志》第18卷，第272页。

⑥ 《香港广东电车广告》，《香港华字日报》1919年8月16日。

⑦ 《粤省新闻》，《香港华字日报》1931年3月16日。

团”赴粤，共商发展大计，省政府除颁布一系列奖励华侨投资兴办实业的法令外，还通令各级政府切实保护归侨，不得留难。① 从投资条件看，香港屋租过昂，港英政府限制工作时间较严；中国政府推行关税自主，实施新税则，输入成品成本过高，也使港商感觉不如回内地投资生产。②

最后，香港与内陆交通状况的改善，也有利于两地工商业互设机构进行活动。往昔主要靠水运，而广九铁路和粤汉铁路先后于1911年和1936年建成通车，华南华中各地物产咸集于广州，转运到香港出口，更为畅达；行旅往来非常便捷，也增强了国内广阔市场对外的吸引力。华资企业联号继续双向推广，不仅数量多，行业全，所覆盖地域也更广大。

内地在港联号企业，以粤、沪两地最多。粤资仍保持着数量上的优势，许多重要的联号都始创于此时。如工矿业的广东士敏土厂、地利矿务公司、中山民众实业公司、南华锰铅制炼厂；制造业的协同和、粤生机器厂、捷和钢铁制造厂、邓芬记金属制品厂；机织业的新巧华染业公司、利工民衫袜织造厂、周艺新织造厂、咏鹏毛巾织造厂；橡胶业的冯强、广东兄弟树胶公司；卷烟业的南方爱国、中华国民烟草公司；电筒电池业的普照、华兴电池厂；食品业的香港糖姜贸易公司（由省港11家同行组成的联合企业）、李话梅凉果厂、李成兴鱼露凉果罐头厂；印刷业的东雅印刷局、艺英电版印刷所；餐旅业的文园、南园、西园、大三园等四大酒家，太平馆，随园食谱，大同酒家，广州酒家；金融业的广东省银行、远东实业储蓄银行、兴中商业储蓄银行、五华实业信托银行；制药业的陈李济、李众胜堂、两仪轩、保滋堂潘务庵药厂、迁善堂、唐拾义父子大药局、宏兴药房、和平制药公司、陈六奇、位元堂、灵芝药房、协和药行、集兰堂、唐人药厂；其他还有大新皮革公司、中华枧厂、广东帽厂、三凤粉庄、周远来珠宝店、光和眼镜公司等，为数甚多。

抗战前沪资已在香港建起一批联号企业，如商务印书馆、中华书

① 《粤省新闻》，《香港华字日报》1935年2月11日。

② 《港闻》，《香港华字日报》1931年3月5日。

局、联保保险公司、金星水火保险公司、兴华制面公司、精益眼镜公司、华商烟公司、信谊化学制药厂、佛慈大药厂、中国雷电大药厂等。以上海为总行的中国银行、交通银行、上海商业储蓄银行、中南银行、金城银行等，建立了香港分行。沪战期间所建立的则有中国植物油料厂、大中工业社、中国化学工业社、天厨味精厂、天宝味粉厂、新亚制药厂、同仁制药厂、必灵制药厂、世界书局、中国国货公司等一大批分支机构。

“八·一三”事变后，中国外贸中心逐渐南移，由是内地银行迁港营业者，为数激增。如中国国货银行、上海国华银行、南京商业储蓄银行等，新建港行；新华信托、中国农工、中国实业、四明、聚兴诚、福建等银行，多在港添设办事处或通讯处。这种情况使香港华资金融业“市道极佳”，时人称谓道“吾人所有财力，多数集中本港”，“本港银业，可谓一时之鼎盛”①。

回过来看香港。华商资本在民国前期有较大发展，由于本埠空间毕竟有限，具备一定实力的港商纷纷开拓内地市场，进行广泛的投资。如欧战期间，港澳厂家回粤大办火柴厂，计达19家，使广东该业兴旺一时；② 饼干业是国内20世纪20年代后新兴的产业，初均由香港马玉山厂、安乐园、嘉顿厂等生产，广州分店销售，后穗市亦设分厂进行生产；③ 内地大型百货公司都由华侨投资创办，一般是香港总店在穗、沪等处分立联号，可直接从香港进货。它们运用新式经营管理方法，带动各地大小商店纷纷成立，推动百货商业达到旧中国的最高水准；香港华资银行亦在内地设了不少分号行；④ 港商对广东公共交通业的投资比较突出，许多公司都由港商担任经理；⑤ 港商航运业又增设了10多家公司，所辟航线一直伸展到梧州等腹地。⑥ 抗战前所建立的香港内地联号还有：保险业的中国康年人寿保险、永安人寿保险、羊城保险置业、联

---

① 《香港略志·工商业概况》，第3页，《香港华侨工商业年鉴》，1940年版。

② 梁荣主编：《论广东150年》，广东人民出版社1990年版，第37页。

③ 陈国濂、梁文：《广州饼干业简史》，《广东文史资料选辑》第22辑。

④ 《香港金融》，转引自汇丰银行编《百年商业》。

⑤ 广州市地方志编纂委员会编：《广州市志》第18卷，第304页。

⑥ 《追溯香港海上交通》，转引自汇丰银行编《百年商业》。

安保险、香安保险、福华银业兼保险公司；化妆品业的百家利、南华、海棠、三达化学、南方香亚等公司；钟表业的李占记、利安、林源丰等行店；印刷业的亚洲石印局、永发印务公司；织造业的民元电机织布厂、汕头花边公司等；制药业的延寿堂、天相堂、朱中兴、永华药厂、东方大药行、蜘蛛药行等一大批行号。[①]

抗战初期，由于社会经济的需要和商业利益的驱使，仍有港商往内地拓展，如大华铅笔厂、谦信针织厂、二友牙膏厂、大众行制药厂、茂华制药厂、南方大药厂、普济药行等，在穗沪汕乃至桂湘等省建立了分支行号。

（3）20 世纪 40 年代（1942—1949）是联号的萎缩阶段。香港沦陷期间，航运断绝，华商资本惨遭掳掠，绝大部分企业被迫停业，商家星散，沟通海内外贸易的南北行、金山庄业务均告停顿。“一切处在战时状态下，香港简直是一座恐怖死城!”[②]

战后不久，香港与内地的联系得到恢复，从当时报刊广告来看，往昔的不少联号都已重建。据 1947 年《香港工厂调查》[③] 等材料，冠全球织造厂、金山织造厂、远大祥制纽厂、国光制漆公司、中国公司果子厂、香港烟草公司等，又在内地新建了分支。但随着内战的加剧，港商与内地的联系大受制约。因为国民党区域金融波涛迭起，物价奔腾，工商百业凋零，市场萎缩。面对旧政权统治秩序的崩溃，内地资本唯恐避之不及，港商亦视往内地发展为畏途；粤港间非法贸易空前严重，据揭露每年走私货物，竟然超过正常贸易的 1 倍以上![④] 对此，正当的工商业势难竞销；国民政府将难以控制的金融风暴归咎于社会游资，并视香港为游资活动的大本营，对其采取封锁措施，先是禁止内地与港粤的汇兑，继之停止港币入口接汇，演变成海内外华资正常交往渠道的危机。

---

① 根据 1911—1937 年香港报刊广告所提取的一部分。

② 大同辑：《从历史中探讨香港商业》，郁郎译，载《香港商业年鉴·香港商业录》，1949 年版，第 12 页。

③ 香港南侨新闻企业公司 1947 年编印。

④ 郑大明：《香港工商业的演变》，载《香港工商业年鉴·香港商业录》，1949 年版，第 4 页。

2. 联号建立的规律及其作用

近代海内外华资企业建立联号的现象非常普遍，根据对一些典型企业广告的追踪查寻，可知联号建立的一般规律是：业主先在对方地区传媒上登载广告，寻找代售代理、招商招股，条件成熟后即开设分支行店。如南洋永安堂于1921年年初在港岛南兴源设总代理，翌年在穗港万安隆设总经理，1929年设香港分行，后又在穗、汕、沪、厦、津、福、梧等地设分行或药厂。[①] 企业联号在清末即已不少，但以民国前期所建者最多，这与近代华商资本的发展趋势相符合。

联号企业的经营活动呈双向互动关系，联系面极其广泛。对大量企业个案进行归类综合整理的结论是：双边联号的产生以粤港之间最早，数量最多（尤其是总行总店在广州或香港，分行分店在香港或广州的情况最为典型）；沪港之间居其次（民国时期，上海企业往南拓展显著增多。由于沪港间的企业联系一般都与粤商挂钩，故港沪联号大都涉及三边）；联系其他省区的情况相对较少。在漫长的发展过程中，有相当多联号成长为覆盖国内外的多边联号企业，如马百良药行在民初成为佛、穗、港、汕、暹（罗）、叻（埠，即新加坡）联号；香港广东银行为港、沪、穗、汉、暹、纽（约）、三（潘市）联号金融机构。在企业史上，原先的总行分行往往会根据形势相应发生变迁。如南洋烟草公司起源于香港，清末在穗、沪设支店，民初改为分公司，后由于上海的业务发展迅速，遂成为总公司，香港部分降为分公司；广东捷和钢铁制造厂于抗战初设香港分厂，得到较大发展，战后省港两地总、分厂的位置便调了头。[②]

鉴于内地和香港在市场、关税、政府政策等方面都有很大差异，故联号企业在经营上有明确的分工。一般讲内地部分主要负责内地市场的产销，香港部分则分担联系海外的业务。如陈李济联号便因合理的分工，既解决了市场的竞销问题，又避免了产品进出口关税的麻烦。[③] 在原料和资金方面，联号内互相调剂挹补。如广州土洋染料业

---

① 《永安堂广告》，《香港华字日报》1921年2月14日、1922年7月7日、1929年8月9日。

② 《捷和钢铁制造厂》，《香港工厂调查·五金类》，第1页。

③ 《陈李济药厂调查》，《香港工商日报》1934年6月9日。

大户以经营批发为主，且偏重进口商品，因其都有香港联号，可通过其向各国洋行订货；[①] 大型百货商店需要较广的联系面和雄厚的资金，故一般都有联号的支持。

三 港商的崛起与国际华人经济圈的凝聚

香港华商资本是海内外华人大合作的结晶，大批海内商民和海外侨商从南北不断涌入，与在港扎根经营的华商会合，逐渐形成了一支十分具有实力的资本家队伍。

（一）香港华人资产阶级的形成

19 世纪后叶，香港华人资产阶级初步形成。其重要社会基础是新式商人（以洋行买办和转口贸易行商为代表）。他们除了仍然热衷于地产业、典当业及高利贷业等传统的投资项目外，也开始投资于近代企业，使一部分商业资本向产业资本转化。但从总体上讲，华商资本的行业还不够齐全，经营管理手段比较落后，独立性还较弱。如华商是以从事转口贸易奠定其发展之基础的，但南北行、金山庄直至 20 世纪初尚未达到行业发展史的鼎盛阶段；在商业和金融业，还由传统的商号、银号占据着主导地位；买办对近代航运、金融、保险、工矿、电信的投资，较多还属于附股于洋行（也有些附股于官督商办或一般商办企业）的类型，自办企业（包括独资或合营）未居主流；一些新的行业如银行、百货商业等尚未形成。此外，港商的来源亦较狭窄，基本上就是刚到香港立足不久的粤商（辛亥以前，真正在香港出生、成长或久居的人并不多）；华商团体以行会为基本的组织形式，具有同业垄断、自我封闭的性质，因此“多散漫无序，作用不大”[②]。直至 1890 年前后，华商会所成立，才创港商组织集团之嚆矢。

20 世纪前期，香港华人资产阶级发育趋于成熟。首先，华资的

---

① 陈文麟：《土洋颜料商业的经营》，《广州工商经济史料》第 2 辑，广东人民出版社 1989 年版。

② 《侨团史略》，转引自汇丰银行编《百年商业》。

来源更加扩大了，内地华商及海外华侨对香港的移民及投资达于高潮，与先前已在港发展，经历半个世纪苦心经营而成长起来的本埠港商更为紧密地融合在一起。其次，华资行业门类进一步拓宽，已囊括转口贸易、百货商业、银行银号、保险典当、航运、工矿、地产、服务业等各个方面。华商投资经营的独立性加强了，企业多为华商自营（独资或集股合资），横贯海内外的联号大企业大量形成。不仅多数行业于民国前期达于鼎盛，甚至在不少领域内独占鳌头，成就卓然。最后，统一的有效率的华商社团已经确立。自香港第一个近代意义的华人商会——中华会馆于 1896 年成立后，资产阶级工商团体陆续诞生。1913 年，香港华商总会成立，其宗旨为“代表华人，向政府方面，使下情上达，及排难解纷者”①，成为港商之轴心团体。此后，港商组织蓬勃发展，著名者有华商俱乐部、办房联合总会、香港华人银行公会、香港电器商会、中药联商会、糖商总会、中华国货产销协会香港分会、香港中华厂商联合会、九龙商业总会等，在联络、团结各界华商方面起到了重要作用。

海内外华资长期在香港交融的结果，使“港商”成为一个定型的概念，它既是一个经济实体，也是一种政治力量，主要代表香港华人有产阶层的利益，对香港社会有很大影响，并在海内外华人圈的经济、政治联系中扮演了重要的角色。

（二）割不断的血缘亲情

香港华商的来源有明显的地域性，根据对数百户企业的广告内容分析，得知其大部分与广州及其附近地域的工商界有直接联系。取得事业成功者也以粤籍居多，笔者从 1937 年出版的《香港华人名人史略》中列出 51 名工商界人物，查其原籍为广州府者至少有 42 人、潮汕籍 3 人。抗战前后的几次迁港潮，使港商中的沪籍成分也大为增加。相对而言，内地其他省区的成分薄弱一些。

在多数情况下，横跨海内外华资企业的创办者或主持者都具有地缘加亲缘的特殊关系。如南洋兄弟烟草公司、广东兄弟树胶公司、嘉

① 《侨团史略》，转引自汇丰银行编《百年商业》。

伦兄弟织造厂、龙溪兄弟织造厂、中华兄弟制帽公司、唐拾义父子大药房、易沃林父子药店等，仅从其名称即显示出浓厚的家族资本色彩。此外，香港许多商行、店铺的招牌，也是承顶内地业主世传的字号来经营的，如陈李济、保滋堂潘务庵、马百良、王老吉凉茶庄、三多轩笺扇庄、何正岐利成记刀庄、朱广兰烟丝号、源和颜料铺、张广源罐头食物庄等，都是源远流长，享有盛誉的老字号招贴。

地缘和亲缘，使香港华商与邦本和故乡有割不断的亲情，随时代推进，各行各业日渐扩张，事务繁复，于是渐感非团结无以共存，遂有各行商会之组织。而各县邑移民，亦以侨居日繁，为谋桑梓福利，维系宗邦，由是大邑小邑先后继起，均有邑团之组织，如旅港潮汕八邑商会、广肇客栈行广联商会等，是其中较著者。中华会馆成立，更担负起“联乡谊而通商情”的作用。至于香港华商总会、各邑商联会，都以内地出身的商人为骨干力量。

爱国爱乡，是香港华商的共同特征。近代香港华人大多数是从内地来的新移民，他们的基本选择和价值取向仍是祖国的故乡，这从诸多方面都充分地表现出来。“实业救国”是华商崇高的理想，许多创业者都揭橥的“振兴国货”“挽回利权”，几乎成为企业广告中使用频率最高的词语。他们确认兴办实业，“步武欧美之富强，救起同胞之贫困皆在此举!”[①] 反对帝国主义的经济侵略，不论是在清末的收回路权、拒美拒日运动，还是在民国时期历次抵制日货运动中，港商都能积极地参与。国人对其评价是：“历来对爱国运动素具热心。”[②] 抗战爆发后，香港华商表现出极大的爱国热情，华商总会辖下成立商赈会、劝募公债分会、赈济华南难民联席会等组织，以专责成，办理赈务。其他商业团体亦十分活跃，如华商会所、华商俱乐部购买、劝销救国公债；普益商会发起捐薪运动和献金救国运动；九龙商业总会、中华厂商联合会筹募善款，救济伤兵难民等，不遗余力。[③]

关心乡里建设，投资家乡工商业和社会公益慈善事业，济赈救灾

① 《香港利商农工商务公司广告》，《香港华字日报》1904年10月12日。

② 《广州市商会致财政部函》，《香港华字日报》1936年11月6日。

③ 《侨团史略》，转引自汇丰银行编《百年商业》。

等，更是港商一贯的传统，据《香港华人名人史略》所载，何东、何甘棠、李右泉、蔡兴、郭泉、陈鉴坡、何华生、陈符祥、陈兰芳等众多人士，不乏此方面的业绩。李煜堂是一位影响广泛的人物，他逝世后，中国政府特颁奖词，赞其“振兴实业、赞助革命、输财济饷、筹策匡时，综厥平生，殊堪嘉尚，特题给奖词，以昭激劝”①。不仅是个人，在企业调查和侨团传略中，大量地记载着港商的义举。

（三）联结海内外华人的纽带

香港华资企业成为近代民族资本进出海内外寻求大发展的主要基地。内地企业要走向世界，特别是要开辟海外广阔的华侨华人市场，首先会寻求在香港这个远东新兴的国际贸易枢纽建设立足点，以此为依托面向海外。如上海新亚制药厂创办香港公司，目的是作为其向南洋发展的跳板。② 而侨商为了实现实业救国的夙愿和在祖国发达的抱负，一般也是先到素有地利、人和优势的香港落脚，奠定基础，然后北上。如南洋烟草公司、先施、永安、大新等百货公司在香港轫办后，锐意进取，插足全国经济中心上海，取得巨大的成功。民国时期，形成了一批横贯海内外具有雄厚实力的华资集团，如香港广东、东亚、永安、华侨、国民商业储蓄、上海商业储蓄、金城、中南等银行；南洋兄弟烟草公司；永安、康年等人寿保险公司；永安、先施、大新、新新等百货公司；广生行化妆品公司；永安堂、陈李济、新亚等制药厂；中华书局、商务印书馆；大华铅笔厂、冯强树胶厂、中华电池厂、协同和机器厂、天厨味精厂、淘化大同罐头公司等工厂；新亚、大东、亚洲酒店；四邑、新南海、西江轮船航运公司等，它们具有突出的特色，经营管理也达到了较高的水平。

正是在香港这块中西合璧之地，诸多行业都开了风气之先，如广东烟厂宏济烟草公司在我国“始创机器卷烟”③；中国康年人寿保险

---

① 《李煜堂》，转引自吴醒濂编《香港华人名人史略》，1937 年版。

② 上海市医药公司等编：《上海近代西药行业史》，上海社会科学院出版社 1988 年版，第 280 页。

③ 《中国始创机器卷烟告白》，《香港华字日报》1905 年 10 月 31 日。

公司“为中国始有之最完善的保寿公司”[①]；利商农工商务公司“为中国开办世界振兴实业之第一公司”[②]；其他如化妆品业、橡胶业、西式饼点业、百货商业、电池业等，也是源起于香港后，再发展影响到内地。

（四）香港最重要的经济实体

香港开埠之初，以英商执经济界之牛耳。但华商势力很快便赶上来，开创或占领了许多重要的行业领域。

在香港经济史上有至关重要地位的转口贸易即归功于南北行、金山庄的兴起。南北行是香港商业发轫期最重要的行业之一，中国内地土特产和南洋货品，大都经由其进行转口贸易。该行的商家长期控制着香港的米行、药材行、瓷器业、纸业、茶叶业、凉果行、柴炭业、汇兑及侨批（侨批，闽粤方言，指一种书信、侨汇合一的特殊邮传载体）等行业；[③] 金山庄行业的形成稍晚于南北行，它是随着近代中国劳工贩运和海外移民浪潮而兴，两头联系着海外华人（尤其是美国三藩市）社区和大陆侨乡，其业务除经营购物出国外，还办理商人或华人的汇兑、代理外国人在华招工、兼办移民事宜等。[④]

南北行、金山庄的相继兴起，是19世纪中叶华商实力增长的突出标志。当时，香港和内地的双边贸易已开始扩及全国各地，港督罗便臣亦承认：香港的发展“有赖在港的华人”，他们“将香港变成为中国沿岸贸易的中枢”[⑤]。此外，买办也通过自立行号向商人转化，成为香港贸易经济的重要支柱。到19世纪80年代初，华商实力逐渐赶上英商，他们是港岛的最大业主。港督轩尼诗承认：港英政府税收有90%来自华人；后又透露：港埠每季缴纳地税千元以上的业主18人，除了怡和洋行外，余均为华人。[⑥]

---

① 《康年人寿保险公司广告》，《香港华字日报》1916年5月18日。

② 《利商农工商务公司广告》，《香港华字日报》1904年10月12日。

③ 广东省汕头市政协文史资料委员会编：《潮商俊彦》，第288—289页。

④ 《香港“金山庄”兴衰史》，《羊城今古》1993年第6期。

⑤ 霍启昌：《香港与近代中国》，第93页。

⑥ 同上书，第168页。

香港华人金融资本约始建于19世纪80年代，历史最悠久者为瑞吉、郑天福等银号，其业务与内地同行无异，以按揭（存放款）为主要业务者，多属联安堂（1907年成立，有成员30余家）。1932年年底改组为香港银业联安公会，共计拥有资本上千万元；以买卖为主者，多属金银贸易场，有240余家。① 该业与港商各行广通声气，以辅助其金融融通。并对本埠与内地金融调节亦起重要作用，如港商发展华洋物产贸易、集资回乡开办实业或福利事业等，这些资金（包括大量的海外侨汇）主要是透过香港银号流入内地的。

华资银行兴起于民初，最盛时有20余家（包括非香港注册者），组织了香港华人银行公会，凡在港各华资银行皆为会员，以中国银行香港分行居于首席。并在香港汇兑银行公会（由中外银行合组）占有半数席位。②

民国前期，华商产业资本的发展也很突出，据香港工商日报社1934年对较典型的华资工厂的调查，85%以上均创办于辛亥革命以后，作为近代产业骨干的织造业迅即崛起，工业门类趋于完备，各行均有了一批颇具实力的大厂，生产水平也由手工业而转变为机械化。③到抗战前期，华资工厂总数突破千家，创空前纪录。此时，“香港所有的工业，大多数是华侨资本的”④。

就整个商业而言，港督轩尼诗于1881年向英国议会呈报中讲道：“香港很大的一部分商业由华人经营，华人是香港最富有的商人。”⑤到20世纪30年代末，全港商业大部分都已掌握在华商手中。⑥ 笔者根据《香港略志》统计概算，1940年时香港120余个行业中，除洋行完全由外商经营，银行、保险、航运、糖业等为华洋均沾外，其他几乎归华商经营，估计每年营业额达10亿多港元。⑦

---

① 姚启勋：《香港金融》，第37—42页；《香港金融》，转引自汇丰银行编《百年商业》。

② 同上。

③ 张晓辉：《近代香港的华资工业》，《近代史研究》1996年第1期。

④ 郑大明：《香港工商业的演变》，《香港商业年鉴》1949年版。

⑤ 霍启昌：《香港史教学参考资料》第1册，三联书店香港有限公司1995年版，第64页。

⑥ 陈大同：《香港概观》，转引自汇丰银行编《百年商业》。

⑦ 参见《香港略志·工商业概况》，第1—72页，载《香港华侨工商业年鉴》，1940年版。

正因为仰靠祖国内地为依托，集纳海内外华人圈的经济力量，发挥内引外联的特殊功能，香港华商才得以迅速地崛起。

（原载《近代史研究》1997 年第 6 期）

略论近代中国民族金融资本中的华南财团

华南财团是中国近代民族金融资本的一个重要组成部分，各银行的创办人及经理人以华侨及侨商为主，有明显的粤闽籍地缘特色。其以港粤系为核心，活动基地在香港和新加坡，但在南洋、美洲、澳洲及内地尤其是穗沪等埠建有众多分支机构，辐射范围远及海内外。该资本集团虽无具体组织形式，但各银行在背景及经营的发展途径上颇多一致之处，业务以经营国际汇兑及侨汇等为主，存放款对象亦侧重粤闽籍人士及其工商企业。华南财团资本家中不少人早期同孙中山革命政府有较深的渊源，但与北洋军阀政府和南京国民政府关系比较疏远。华南财团具有较强的独立性，构成近代华侨金融之枢纽，起到了沟通海外侨胞与祖国经济联系的作用。

关于“近代中国民族资本大财团”的定义，新中国成立后学术界大致有两种观点：一是超越银行范畴，将其界定为以某地域为活动基地的、以金融资本为主体的大资本集团的总称，且一般都按其地域分布和联系紧密程度认为有江浙、华北、华南三大财团（或加华西财团而称为四大财团）。[①] 二是按活动地域将各大财团分别界定为“四大银行集团”，认为其属于金融界的庞大势力。[②] 历史上学界

---

① 参见姚会元《略论“江浙财团”的形成》，《江海学刊》1995 年第 1 期；黄逸峰、姜铎《旧中国的买办阶级》，上海人民出版社 1982 年版；姜铎《略论旧中国的三大财团》，《社会科学战线》1982 年第 3 期。

② 参见全慰天《中国民族资本主义的发展》，河南人民出版社 1982 年版，第 163 页；林汉甫《关于上海中国银行 1916 年抗令兑现的回忆》，上海市政协文史资料委员会编《上海文史资料存稿汇编（5）》，上海古籍出版社 2001 年版，第 10 页。

多持后一种观点，如王承志所著《中国金融资本论》，提到中国银行业内有华北、江浙、华南及华西4个集团，“在华南集团之下，分福建系和港粤系”；另据王宗培研究认为，“中国现存银行中，存在着几个银行集团”“国内各商业银行，皆可按其性质与动态，分类归纳为南、北、东、西四大财团之下”。在20世纪30年代，“华南财团活跃于闽广与南洋群岛，握有华侨金融之枢纽，而负沟通南洋侨胞与祖国经济之使命”[①]。民末《中国豪门》一书亦讲“中国银行界可分为华北、华中、华南、华西四个集团”，华南集团“为广帮即华侨及福建港、粤系”[②]。可见，时论早有“华南财团”之说，并明确指为银行资本，笔者亦持此论。由于华南财团活动中心在海外，其力量主要偏于港、粤一隅，实力远不如江浙及华北财团，故以往经济史、金融史著述都未予充分重视。20世纪80年代初，黄逸峰、姜铎著《旧中国的买办阶级》和姜铎著《略论旧中国的三大财团》等，对华南财团作了一定的阐述，但总的讲研究不够深入，且由于发表时间较早，其主要观点（如认为华南财团主要是买办资本积累的结果，被买办阶级所控制和操纵，并对其历史作用估计很低等）似应再行探讨。

一　华南财团兴起的背景

作为中国近代民族金融资本的一个重要组成部分，华南财团兴起的大背景与全国情况基本上是一致的。外国银行在华之设立和发展，激发了中国人自办银行的思想。戊戌维新后，中国民族资产阶级逐渐形成，其在重大政治事件及经济发展中，均有表现，展示实力，为华资财团的崛起创造了条件。19世纪末20世纪初，我国工商界有识之士已深悉银行的重要性，郑观应著《盛世危言》中有“银行”专文，将银行视为“商务之本”“百业之总枢”。1907年10月，上海商务总

---

① 转引自王承志《中国金融资本论》，光明书局1936年版，第97—98页。

② 引自陈真编《中国近代工业史资料》第3辑，生活·读书·新知三联书店1961年版，第1139页。

会有发起创办中国华商银行之议，新加坡、广州等埠商会迅速表示赞同，要求参与发起之列。其他海内外商会代表对此亦有浓厚的兴趣。至1910年6月底止，海外各埠认股金额达570万元，国内各埠亦有400余万元。[①] 遗憾的是，由于当时金融恐慌和时局动荡不居，筹备了数年的中国华商银行终未能成立。而“民国肇兴，政治一新，工商业感受刺激，生机骤动，银行之设立，亦转趋活跃”[②]。民初“华资银行的设立产生一个飞跃”，1912—1927年15年间新设达304家，为清末华资银行设立数的10倍。[③] 这种盛况显然与第一次世界大战期间及战后几年间，帝国主义列强无力东顾，洋货来源阻塞，历次高涨的反帝爱国运动开拓国内外市场，[④] 民族工商业“黄金时期”较大发展、资金调节之需要增加有密切的联系。

当然，华南财团的兴起亦有其独特的一些因素。“南洋华侨生活的中心，是在经商”，据1930年调查，印度尼西亚和菲律宾华侨经商者分别占两国华侨总人口的36.6%和33%，其他如马来亚、暹罗（今泰国）、法属印度支那等地，情形大致相似。他们的经济活动，“不仅限于南洋，且推及中国，经营中国与南洋间的商

---

① 徐鼎新、钱小明：《上海总商会史（1902—1929）》，上海社会科学院出版社1991年版，第108—110页。

② 杨荫溥：《五十年来之中国银行业》，中国通商银行编《五十年来之中国经济》，第41页。沈云龙主编：《近代中国史料丛刊续编》第81辑，文海出版社1974年再版。

③ 汪敬虞主编：《中国近代经济史（1895—1927）》下册，人民出版社2001年版，第2198页。

④ 号称“中国第一商会”的上海总商会曾与南洋地区一些商埠的中华总商会合作，在当地举办国货陈列展览。如接新加坡中华总商会来函，希望出面征集国货产品参加在1922年春夏举行的马来半岛婆罗洲商品展览会。上海总商会很重视，多次开会集议，认为“事关吾国工商业前途，至为重大”“新加坡为华侨荟萃之地，国货推销，较易着手”，绝不能错失良机。遂一面分函国内各大商埠总商会，一面精选展品赴会。由于准备周到充分，展品精益求精，在南洋各埠赢得了国货产品的声誉，基本上达到了“以促实业之进步而增国货之光荣”的预期目标。又如翌年春夏之交，印度尼西亚巴达维亚（今雅加达）中华总商会致函上海总商会，要求配合侨胞抵制劣货，“征集国货样品运至该会陈列，俾便代用”。上海总商会当即分函各国货工厂征集，获广泛响应。一大批赠品和商品运抵巴城，在当地中华总商会陈列后，对侨胞抵制日货运动是有力的支持和鼓舞，也为国货工业品拓展南洋市场创造了条件。参见徐鼎新、钱小明《上海总商会史（1902—1929）》，第272、275页。

务"[1]。闽粤商帮从事跨国贸易，积累了资本和经营经验，接触金融较早，对华南财团的形成具有积极的促进作用。粤港、新加坡及南洋各埠城市的发展，环南中国海的区域性贸易网络、社会经济的繁荣及大量侨汇的驳接等，则为华南财团的活动提供了广阔的天地。日本学者滨下武志先生研究认为：自19世纪以来，亚洲区域内贸易"伴随着香港、新加坡的登上历史舞台而越发活跃"，这两个城市得到了建设，并大量吸收了华人商业的资金。此两地都是流动的中国人的商业中心，由于中转贸易的发展，"香港和新加坡之间的金融关系进一步加强"，两市"作为金融市场的作用日益增大"。至20世纪初，以香港和新加坡为中转地的东南亚—东亚贸易网已经形成。[2] 加以香港与南洋间有着密切关系，近代中国对南洋的贸易，大都经由香港转口，所以人们一般认为："（中国对）南洋贸易，实际上香港与南洋可以合并言之。"[3]

近代香港主要依存于转口贸易，基本上是一个纯粹的商业社会，故其经济与货币及金融之关系尤为密切。清末，由于抵制美货和收回利权运动的推动，中国内地出现了设厂高潮。同时，散布于美加、澳洲各地的众多粤籍华侨，将平素积蓄大量携带返乡。他们"中有致巨富者，其资财先付香港存储，渐用为振兴土木工业"[4]。香港因此"商务日兴，工艺蒸蒸日上"[5]，一批实力雄厚的企业创办起来。据报载："本港富商巨贾创设大公司股本百万者不知几所矣。"[6] 当时，粤商许多人兼有港商、侨商的身份，在海外从事商业活动，据闻其"营业于香港者不下一二十万人"[7]。民初以降，中国内地时局多变，"中上流社会，固以香港为世外桃源；而资本家之投资，又争以香港为宣

---

① 陈达：《南洋华侨与闽粤社会》，商务印书馆1938年版，第63—64、67页。

② ［日］滨下武志：《近代中国的国际契机——朝贡贸易体系与近代亚洲经济圈》，朱荫贵、欧阳菲译，中国社会科学出版社1999年版，第60、93、221页。

③ 中华民国商会全国联合会编：《中华民国商会全国联合会纪念刊》，1948年编印，"专论"第27页。

④ 汪敬虞编：《中国近代工业史资料》第2辑下册，科学出版社1957年版，第1009页。

⑤ 《论香港工艺蒸蒸日上》，《香港华字日报》1905年7月10日。

⑥ 《省港造冰及贮冰有限公司招股告白》，《香港华字日报》1903年9月26日。

⑦ 转引自复旦大学历史系等编《中国近代资产阶级研究（续辑）》，第129页。

泄之尾闾”。[①] 这为香港提供了丰富的人力、财力资源，成为促进社会经济繁荣的重要因素。

20世纪初，随着向马来半岛移民的增多和从国内吸收资金的增加，华商对马来半岛的投资日盛。同香港一样，新加坡亦为自由港，是“欧亚转输总汇之区，附近各埠物产若胡椒、甘蜜、树胶等，凡售于洋商者，均非联合大公司设立银行不可。盖公司为华商经营物品之总部，物品运到公司可酌定时价，先付本银，裨资周转，则操纵有自主之权，买卖无抑勒之患。公司既立，非设银行无以资流通，无以便出纳”[②]。清季，聚集于新加坡的华商多达20余万人。民初，据1914年日本人调查，新加坡华侨资本家中拥有4000万元叻币（叻指新加坡，叻币即新加坡币）资产者1人、数百万元者3人、100万元者4人、数十万元以上者29人，其实力可见一斑。他们主要经营锡山、椰子园、橡胶园、轮船及银行等业。[③]

由此可见，华南财团出现并以香港和新加坡为活动基地，绝非偶然。

二　华南财团的基本概况

华南财团的崛起，主要是在中华民国建立以后。[④] 1912年，美国华侨陆蓬山鉴于香港缺乏华资银行，遂应时代之需要，集资发起组织广东银行。此后，华资银行之兴起，如雨后春笋，逐形成华南财团。

---

① 《与客论省港比较》，《香港华字日报》1923年9月27日。

② 《商务》，第35页，《东方杂志》丁未年（1907年）第1期。

③ 李长傅：《中国殖民史》，商务印书馆1937年版，第334页。

④ 香港华资银行开其先河者，当首推1891年创立的香港中华汇理银行（National Bank of China Limited, Hong Kong），该行董事会共7名成员，其中华人占3席，可见其实为华洋合资银行。在20世纪初，它实备资本291万余元，分支行与代理处“遍布天下”（《香港中华汇理银行广告》，《香港华字日报》1906年3月6日和1907年10月31日），并曾在香港发行过面额5元、10元的钞票。但该行于1911年关闭。迟至清末，香港华资银行尚付阙如，有识之士呼吁：尽快设立华资银行“为当今急务”（《论说·论设银行为当今急务》，《香港华字日报》1905年9月24—27日）。尽管新加坡粤系商帮于1903年和1907年分别开设了广益银行和四海通银行，但并非华南财团的骨干单位。

华南财团各银行业务经营发展很快。据1936年调查资料显示，广东银行资本额已达614万元，东亚银行为560万元，国民商业储蓄银行为419万元，[①] 均比其初创时的资本额增加了1倍以上。但总的来说，与实力雄厚的外资银行相比，这些华资银行的发展尚处于幼稚时期，有些银行规模很小，如嘉华储蓄、金华实业、康年储蓄等银行资本额仅几十万元。

华南财团在中国民族金融资本中占有重要的地位，尤其是其中几家主要银行，已跻身于全国资本较雄厚的银行之列。据《银行周报》资料统计，在1918年14家主要华资银行中，广东银行已缴资本为200万元，次于中国银行、交通银行、中国通商银行居第4位；各项公积金40万元，居第4位；各项存款468.1万元，居第7位；各项放款273.2万元，居第11位。[②] 据中国银行总管理处经济研究室1933年所编《中国重要银行最近十年营业概况研究》资料，在1926年25家主要华资银行中，列有广东、和丰、东亚、中兴等4行。以实收资本计，当时除中国银行外，居第2位至第4位的分别为中兴、和丰、广东银行，东亚银行居第8位。此4行实收资本共计3789.8万元，占当年全国25家华资银行总额的32.96%；公积金共计535.5万元，占13.42%；各项存款共计9818.4万元，占10.5%；各项放款共计1.07亿余元，占12.16%；纯益共计534.3万元，占31.59%。[③] 另据《民国二十三年度中国重要银行营业概况研究》，所列27家银行按实收股本额华侨、中兴、广东、东亚银行分别居于第3、4、5、10位，4行合计为5354.5万余元，占本年中国重要银行实收股本总额的21%；4行资产总值为2.37亿余元，占6.2%；纯益为182.7万余元，占5.8%。[④]

---

① 《中行月刊》第16卷第6期，1938年6月，第52页。

② 汪敬虞主编：《中国近代经济史（1895—1927）》下册，第2202页。

③ 参见汪敬虞主编《中国近代经济史（1895—1927）》下册，第2202—2203页。

④ 参见同书编委会编《民国小丛书·中国货币史银行史卷》，书目文献出版社1996年版，第4063—4065页。

华南财团主要银行概况表

银行名称	创立时间	总行所在地	分行所在地	初创资本额（实收数额）	主要创办人或主持人
广益银行	1903	新加坡	吉隆坡	40万叻币	张郁才、廖荣枝、周锦泉
四海通银行	1907	新加坡	香港、曼谷	100万银元	陈振贤、李伟南、黄寿山、蔡寄湖
广东银行	1912.2	香港	沪、穗、汉、汕、台山、澳门、曼谷、纽约、旧金山	200万港币	陆蓬山、李煜堂、李自重、李星衢、梁季典、邓勉仁
华商银行	1912	新加坡	—	100万叻币	—
中华商业银行	1913	棉兰	泗水	200万印尼盾	温清河、李承金、丘金钟
和丰银行	1917	新加坡	港、沪、穗、南洋各地	400万叻币（1927年）	林秉祥、林秉懋、黄汉梁、徐业明等
康年储蓄银行	1916	香港	广州	40万港币	李星衢
香港工商银行	1917	香港	沪、穗、津、汉、江门、九龙	80万港币	蔡增基、陈杰初、薛仙舟、容子名、孙哲生、王国璇、程天斗、容星桥
香港华商银行	1917.8.11	香港	沪、穗、西贡、纽约	122万港币	刘亦焯、刘小焯、刘季焯、刘希成、刘焕
东亚银行	1919.1.4	香港	沪、穗、西贡、海防	200万港币	简东浦、周寿臣、冯平山、简英浦、李子方、李冠春
华侨银行	1919	新加坡	南洋各地	525万叻币	李光前、柯守智

续表

银行名称	创立时间	总行所在地	分行所在地	初创资本额（实收数额）	主要创办人或主持人
中兴银行	1920.8	马尼拉	新加坡、霹雳、欧美、日本、沪、厦	571.3万菲币（1936年）	薛敏老、李清泉、王天申等
中华国宝银行	1920	马尼拉	沪	—	—
香港国民商业储蓄银行	1921.12	香港	沪、穗、汉、津、中山石岐	200万港币	马应彪、郭乐、郭泉、黄焕南、蔡昌、蔡兴、王国璇、陈少霞、马永灿等
东方商业银行	1922.7	香港	沪、穗、津、亚那湾	210万港币	锺仲芍、林藻英
香港嘉华储蓄银行	1923.1	香港	穗、沪、梧、桂林	52万港币	冯达纯、张立才、谭希天、林子丰、冼锡鸿、张新基等
香港华利银行	1924.1.19	香港	沪	100万港币	—
华侨银行有限公司	1932.10	新加坡	港、沪、厦、槟城、马六甲、巨港、芙蓉、霹雳、八打威、仰光、柔佛、吉隆坡	1000万叻币	李光前、柯守智、陈延谦、许炳业、邓镜强等。由前新加坡和丰、华商、华侨三行合并而成。
金华实业储蓄银行	1933.1	香港	穗	40万港币	张拔超、朱仲儒、朱家藩、余扬庆、朱荫桥、雷惠周等
香港华业银行	1933	香港	沪	—	—
永安商业储蓄银行	1934.10	香港	沪、穗	229.5万港币（1936年）	郭乐、郭泉、郭顺、郭琳爽、郭琳弼、杜泽文、杨辉庭

续表

银行名称	创立时间	总行所在地	分行所在地	初创资本额（实收数额）	主要创办人或主持人
香港汕头商业银行	1935. 1	香港	穗	25 万港币	马泽民、刘荣基
大华银行	1935	新加坡	—	200 万叻币	黄庆昌、王丙丁、吴静山

资料来源：姚启勋：《香港金融》，香港泰晤士书屋 1940 年版；《现阶段之中国银行业》，《中行月刊》第 13 卷第 2 期，1936 年 8 月；《全国银行现势之统计与说明》，《中行月刊》第 15 卷第 4—5 期合刊，1937 年 10—11 月；《全国银行调查表》，《中行月刊》第 16 卷第 6 期，1938 年 6 月；《上海的内国银行》，《上海通志馆期刊》第 1 年第 2 期，1934 年 3 月；徐寄庼编：《最近上海金融史》下册，（上海）华丰印刷铸字所 1932 年增改第 3 版，第 112—124 页；《华侨之金融机关》（抄件），中国第二历史档案馆藏，档案号 28—1427；中国银行总管理处经济研究室编：《全国银行年鉴》，上海汉文正楷印书局 1936 年版；同书编委会编：《民国小丛书 · 中国货币史银行史卷》，书目文献出版社 1996 年版，第 3517—3531、3718—3723、4523—4527 页；金融史编委会编：《旧中国交易所股票金融市场资料汇编》下册，书目文献出版社 1995 年版，第 2183—2189 页；郭小东等：《近代粤省二十余家商办银行述略》，载《银海纵横 · 近代广东金融》，广东人民出版社 1992 年版，第 152—164 页；报载各银行广告。

民初新设立的 304 家华资银行大都是中小型的，据统计其平均创办资本仅 58. 1 万元，规模在 200 万元及以上者只有 18 家。① 对照上表相比较而言，华南财团各行资本额还是较充实的。

华南财团主要银行多集中于香港及南洋，新加坡乃南洋地区“华侨银行最多之处”，其他如印度尼西亚曾有日里、黄仲涵、马森泉银行，暹罗有福成银行等，但与国内联系不多。② 民国时期，广东省内也先后成立过一批商业银行，如大信、远东实业储蓄、广东储蓄、兴中商业储蓄、南方实业储蓄、惠丰商业储蓄、台山岭海、台山南中、鹤山民众、华美、大中储蓄、五华实业信托、广东丝业、琼崖实业、

① 汪敬虞主编：《中国近代经济史（1895—1927）》下册，第 2200 页。

② 《华侨之金融机关》（抄件），中国第二历史档案馆藏，档案号：28—1427。

正和、中山民众实业等10余家银行，[①] 但大都规模小、资本少、存在时间较短，且经营局缩于粤省一隅，故影响非常有限。福建省经济欠发达，商业银行创办较晚，数量亦少，主要有厦门商业、福州商业、华南商业储蓄、东南、集友、莆田实业、莆仙农工、仙游农民银行等，影响不大，与粤港及南洋联系亦不多。

由于金融业竞争激烈，华南财团成员时常有惨遭淘汰者。如中华国宝银行创于1920年，仅3年后即关闭。[②] 1924年6月12日，香港华商银行由于经营管理不善而被迫倒闭。[③] 1926年6月10日，东方商业银行因资金不能周转而“自行收盘”[④]。1929年开始了世界性的经济大萧条，30年代初，香港经济陷入低谷，银行倒闭迭有发生。如香港工商银行多次发生挤兑风潮，1930年7月初，终因其上海分行停业而牵连到总行亦一齐倒闭。[⑤] 香港华利银行停歇。[⑥] 嘉华银行因挪用存款过巨，无法兑现，复受其在广州的企业嘉南堂和南华置业公司从事地产投机失败之牵累，于1935年一度破产停业。[⑦] 金华实业银行因金融恐慌，业务萧条，遂于1936年暂行结束。甚至连较具实力的广东银行也难以维持，在濒临倒闭之际，依赖国民党实力派人物之一的宋子文进行增资改组，才能得以维持。1936年11月23日，该行举行复业典礼，董事长为宋子文，董事为霍芝庭和陈鉴波。[⑧] 1941年前后，新加坡广益银行，印度尼西亚日里、马淼泉银行等亦倒闭。[⑨]

据南京国民政府财政档案统计，至抗战前夕，全国华资银行共有

---

① 广东省政协文史资料研究委员会等编：《银海纵横·近代广东金融》，广东人民出版社1992年版，第152—164页；曾仲谋：《广东经济发展史》，1942年版，第316—320页。

② 参见同书编委会编《民国小丛书·中国货币史银行史卷》，第3723页。

③ 《特别记载：华商银行倒闭》，《广州民国日报》1924年6月14日。

④ 《香港东方商业银行歇业》，《广州民国日报》1926年6月12日。

⑤ 《港粤工商银行停业情形》，《银行周报》第14卷第26号，1930年7月15日，第8页。

⑥ 《上海的内国银行》，《上海通志馆期刊》第1年第2期，1934年3月，第488页。

⑦ 冼锡鸿：《嘉南堂·南华公司·嘉华储蓄银行》，《广州文史资料》第14辑，1965年1月。

⑧ 《银行货币》，《中行月刊》第13卷第6卷，第65页，1936年12月。

⑨ 《华侨之金融机关》（抄件），中国第二历史档案馆藏，档案号：28—1427。

164 家，其中粤、闽、香港及国外者共 23 家，占总数的 14%（见下表）。

我国历年开设银行地别统计（1896—1937 年）

地点	全国合计	广东	福建	香港	国外
设立银行数（家）	390	14	12	17	8
现已停业数（家）	226	7	8	10	3
现存数（家）	164	7	4	7	5

资料来源：财政部财政科学研究所、第二历史档案馆编：《国民政府财政金融税收档案史料（1927—1937 年）》，中国财政经济出版社 1997 年版，第 373 页。

三　华南财团的特点

华南财团具有近代中国金融资本的一般属性，但也有其自身的一些特点。

（一）得益于华侨投资颇多

华南财团的大部分银行是由华侨投资创办的，如广东银行由美国华侨陆蓬山等集资创办，初设旧金山，后与日本华侨李煜堂、李自重、李星衢等合股在香港成立总行。和丰银行由南洋华侨集资组织，最大股东林秉祥、林秉懋昆仲系新加坡著名的资本家。东亚银行由日本华侨简东浦等创办，中兴银行由菲律宾华侨商人薛敏老、李清泉等创办，香港工商银行由美加华侨集资创办，香港华商银行由香港世传的越南米商刘氏家族投资创办，金华实业银行主要由美国华侨投资创办，永安商业储蓄银行由澳洲华侨郭氏家族创办，嘉华储蓄银行由美洲及澳洲华侨创办，国民商业储蓄银行由澳洲华侨马应彪、蔡昌、郭乐等 30 多人创办，[①] 东方商业银行系由南北美洲及南洋华侨组织。[②]

① 《本埠新闻》，《申报》1922 年 11 月 28 日，第 17 页。

② 《本埠新闻》，《申报》1922 年 12 月 16 日，第 17 页。

（二）华侨金融的枢纽

广东银行营业发达，“俨然为华侨银行中之中央银行”①。中兴银行是“菲律宾惟一华侨金融机关”②。香港华商银行纽约支行于1922年1月2日开幕，舆论称之为“美国华人第一银行”③。和丰银行“规模宏大，信用昭著”④。新加坡和丰、华商及华侨3家华资银行实行合并后，“便为海外华人资本最雄厚之银行”⑤。香港工商银行在粤居于重要地位，有“与广东银行共为广州银行界之翘楚”的美誉。⑥其沪行于1921年10月31日开始营业，董事有孙科，参议有虞洽卿、张静江，监理有戴季陶等名人。⑦ 此后沪行成为该行营业最盛的分行。国民商业储蓄银行穗行被称为粤省“华资经营之银行中后起之健者”⑧。其沪行于1922年11月3日开幕，上海军政绅商各界领袖前往道贺者，车水马龙，备极一时之盛，当日即收绅商及工商业各项存款及大宗储蓄颇巨。⑨

（三）侧重经营国际汇兑

由于所处地域的产业尚未充分发展，而商业却非常旺盛，华侨汇款额巨大，国际转口贸易占有极为重要的地位，故华南财团各主要银行的活动，首推经营国际汇兑。如民初我国国内银行兼营国外汇兑者约有10家左右，其中广东、东亚、工商即占3家，其营业皆以国外汇兑为主，⑩ 并在内地及世界各大商埠设有分支机构或代理。如东亚银行收集

---

① 陈真编：《中国近代工业史资料》第3辑，第1039页。
② 《中兴银行广告》，《银行周报》第20卷第34号，1936年9月1日，第18页。
③ 《国外专电》，《申报》1922年1月5日，第6页。
④ 《本埠新闻二》，《申报》1927年2月20日，第15页。
⑤ 李长傅：《中国殖民史》，第239页。
⑥ 广东省政协文史资料研究委员会等编：《银海纵横——近代广东金融》，第155页。
⑦ 《工商银行沪行开幕广告》，《申报》1921年10月31日，第2页。
⑧ 广东省政协文史资料研究委员会等编：《银海纵横——近代广东金融》，第157页。
⑨ 《本埠新闻》，《申报》1922年11月28日，第17页。
⑩ 参见徐寄庼编《最近上海金融史》下册，华丰印刷铸字所1932年增改第3版。

资本和存款几乎尽为外汇而运用。[①] 广东银行还做进出口押汇，1927 年前后每年做 300 万元，是华资银行做此业务最多者之一。[②]

（四）与国内历届政府关系较为疏远

近代中国金融资产阶级并未完全支持北洋军阀政府，华南财团与之更是缺少渊源。民国时期，我国银行业与政府公债有不解之缘，由于公债被银行承兑而转化为银行资本，并未转化为产业资本，而由银行转贷给政府作为政费和军费，给国民经济和资本主义发展都造成消极影响，但华南财团此种作用甚微。华南财团主要银行设在香港和新加坡，在英国当地殖民政府注册，故受国内政局的冲击较小。出于种种考虑，有些内地华商企业亦在香港注册，如嘉华银行主要由广州嘉南堂和南华置业公司投资组成，其成立时因怕受国内时局变动的影响，定在香港注册。其实香港总行仅一块招牌，真正的总行还是在广州。直至 1929 年看到省港间汇兑业务繁多，原来只挂招牌而不营业的总行才真正办了起来。[③] 除广东银行于 1935 年因受世界不景气影响，经营失败倒闭，经宋子文插手活动，加入官股、改组人事后复业，实已被宋系势力所控制外，华南财团其他银行始终保持着纯粹的商办性质。

（五）创办人大都为金融业外行

民国时期一大批具有较高修养的职业银行家登上金融建设的历史舞台，他们多数受过高等教育，不少人还留学国外，掌握了近代金融专业知识。而华南财团的创办人及主持人大都是华侨，尽管对西方经济知识较为熟悉，但缺少训练有素的银行家，[④] 故经营颇为坎坷。以经商的经验办银行，并热衷于投机，倒闭者不在少数。如香港华商银

---

① 黎照寰：《也谈解放前华侨在广州投资纪略》，上海市政协文史资料委员会编《上海文史资料存稿汇编（5）》，第 319 页。

② 汪敬虞主编：《中国近代经济史（1895—1927）》下册，第 2292 页。

③ 冼锡鸿：《嘉南堂·南华公司·嘉华储蓄银行》，《广州文史资料》第 14 辑。

④ 简东浦、薛仙舟等乃属少数的例外。简氏早年曾留日，先后在日本正金银行和横滨万国宝通银行服务达 12 年。见《简东浦》，吴醒濂编《香港华侨名人史略》。薛氏"为国内有数之经济学家，亦为中国提倡合作事业最早最热心者"。见《本埠新闻》，《申报》1927 年 9 月 15 日，第 14 页。

行之倒闭，系因纽约分行投机美金失败，而牵累香港总行及沪、穗分行一同倒闭;[①] 工商银行沪行有大量流动资金及活期存款，都来自投机分子，不及10年，因外汇投机而多次受打击，遂自行宣告倒闭。[②] 嘉华银行主持人缺乏办银行的业务知识和经验，总经理冼锡鸿、司理张新基、司库梁基等从未办过金融机构，抵押放款做得太随便，并从事地产投机和公债投机，故其失败并非偶然。[③]

（六）成员结构的闽粤地缘性

华南财团各银行的主持者几乎都是闽粤籍人士（详见下表），特别是与广东有不解之缘，因为“粤人擅长经商，国外华侨，各省商帮，每年均有巨额余利汇回故乡，此种汇拨收入，尤为粤省继续增加之财富源泉”[④]。浓厚的地缘色彩性也会产生一些狭隘性，如香港华商银行沪行的存款“大半均系粤人所存”[⑤]。中兴银行负责人对国内华资同行还有一种排斥性，如1938年春，交通银行准备在马尼拉设分行，遭其不满，认为交通银行前来竞争，对之不利，后经几度联系解说，始获谅解。[⑥]

华南财团银行主要成员情况表

姓名	籍贯	曾任银行职及工商业兼职调查
李煜堂	粤	广东银行董事长、监察人。南洋兄弟烟草公司候补董事兼监察人。创设金利源、永利源药材行和香港联益、康年、联泰、上海联保、羊城等保险公司，并投资内地企业甚多

① 《国内要闻》,《申报》1924年7月1日，第10页。

② 黎照寰:《也谈解放前华侨在广州投资纪略》，上海市政协文史资料委员会编《上海文史资料存稿汇编（5）》，第318页。

③ 冼锡鸿:《嘉南堂·南华公司·嘉华储蓄银行》,《广州文史资料》第14辑。

④ 《国内要闻·广东金融之分析》,《银行周报》第20卷第36号，1936年9月15日，第2—3页。

⑤ 《本埠新闻》,《申报》1924年6月13日，第13页。

⑥ 沈叔玉:《菲律宾交通银行概况》，上海市政协文史资料委员会编《上海文史资料存稿汇编（5）》，第72页。

续表

姓名	籍贯	曾任银行职及工商业兼职调查
陆蓬山	粤	广东银行总司理
陈鉴坡	粤	广东银行监委会主席。宏发公司及英利行总司理、宝安岩口车路公司董事长、港安轮船公司董事兼司理
李自重	粤	广东银行副司理。上海联保水火险公司总司理、中国康年人寿保险公司及香港安乐园公司董事
欧伟国	粤	广东银行司理。上海先施公司总司理、先施公司伦敦分行司理
周寿臣	粤	东亚银行董事长。曾任南洋兄弟烟草公司常务董事兼董事长，中华娱乐置业公司及中华百货公司董事局主席，香港置地信托、电话、电灯、电车等公司董事
简东浦	粤	东亚银行总司理。南洋兄弟烟草公司董事
李冠春	粤	东亚银行副董事长
李子方	粤	东亚银行副总司理
马应彪	粤	香港国民商业储蓄银行监督。创办先施公司及保险、化妆品、银业信托等公司，倡办及附股的企业多达100余家
蔡兴	粤	香港国民商业储蓄银行董事长。参与创办先施和大新公司并任两公司总行董事局主席，广东银行、永生公司、香安燕梳公司董事兼主席，参与创办的企业还有马玉山饼干公司、兴华制面厂、华洋织造厂、中华糖厂、中澳航业公司等
王国璇	粤	香港国民商业储蓄银行正司理
郭乐	粤	永安商业储蓄银行总监督。香港、上海永安公司总监督，永安水火保险公司、永安人寿保险公司总监督，上海永安纺织公司监督
郭泉	粤	永安商业储蓄银行经理、国民商业储蓄银行董事、中山民众实业银行董事长。创办永安公司并任总司理，并创办上海永安纺织印染公司、永安水火保险公司、永安人寿保险公司、香港维新织造厂、港粤沪大东酒店等，或兼董事，或任司理
薛敏老	闽	中兴银行董事兼协理，中央银行和上海商业储蓄银行监察人
李清泉	闽	中兴银行董事长
林秉祥	闽	和丰银行创办人及最大股东。在南洋经营轮船公司、油厂、水泥厂、树胶厂等大批产业
林秉懋	闽	和丰银行创办人及最大股东。在南洋经营轮船公司、油厂、水泥厂、树胶厂等大批产业

续表

姓名	籍贯	曾任银行职及工商业兼职调查
李光前	闽	华侨银行有限公司董事长
柯守智	闽	华侨银行有限公司总经理
薛仙舟	粤	香港工商银行总经理、著名经济学家
程天斗	粤	香港工商银行董事长
冯达纯	粤	香港嘉华储蓄银行董事长
谭希天	粤	香港嘉华储蓄银行总司理
冼锡鸿	粤	香港嘉华储蓄银行总经理和监督。南华置业公司创办人并兼董事会主席
林子丰	粤	香港嘉华储蓄银行总行司理。广州嘉华银号创办人
张拔超	粤	香港金华实业储蓄银行董事长
朱荫桥	粤	香港金华实业储蓄银行总理
马泽民	粤	香港汕头商业银行总经理
李星衢	粤	康年储蓄银行总司理。曾参与集股创办广东银行
张郁才	粤	广益银行董事长
陈振贤	粤	四海通银行经理

资料来源：吴醒濂编：《香港华侨名人史略》；中国征信所编：《上海工商名人录》，美华书馆1936年初版；金融史编委会编：《旧中国交易所股票金融市场资料汇编》下册，第2183—2189页；广东省政协文史资料研究委员会等编：《银海纵横——近代广东金融》；报载各银行广告。

（七）具有较强的独立性

中国内地所有主要的华资银行都以中国、交通两银行为中心，有的甚至就是在两行的直接帮助下产生和发展起来的，大都需领用两行发行的钞票，许多华资银行还对两行进行投资入股。但华南财团各行很少有这种情况。内地华资银行之间的协作关系，还表现在银行家的相互投资和兼职，以加强团结和沟通联系，但此特点在华南财团中亦不突出（参见上表）。

华资银行内部关系之一即是同业组织，华南财团虽不像华北财团有四行准备库和储蓄会那样的联合组织，但与在香港的外资银行及内地华资银行分行建有同业组织。香港乃远东地区新兴的商业中心和中国对外贸易的重要转运站，也是联系海外华侨与祖国内地的桥梁，港商既沟通了国内和海外市场，又融合了海内外华商的力量，故在华南财团中，亦以香港华人银行为凝聚的核心。香港华人银行公会以银行为会员单位，凡在港各华资银行（包括国内外华资银行设于香港的分支行）皆为会员，会址并无一定，该公会主席由各行轮流担任。华资银行还在香港汇兑银行公会（由中外银行合组）占有半数席位。[①] 通过同业组织，各银行常互通声气，在舆论方面采取一些协调行动。

四　华南财团的历史作用

谈到这里，必须就华南财团的性质做一剖析。过去学术界一般认为中国近代金融业无不带有买办性和封建性，而银行等则具有更多的买办性，并兼有封建性。特别是对所谓的几大财团，如“文化大革命”前，黄逸峰曾在天津史学界讲：旧中国江浙、华北、华南等财团是由买办阶级组成的。[②] 20 世纪 80 年代初，黄逸峰、姜铎著《旧中国的买办阶级》仍认为三大财团是买办阶级，在 20 世纪 20 年代后，华北、江浙财团代表人物的结合，构成代表当时中国买办资本和买办阶级的核心力量。华南财团和江浙财团一样主要是职业买办队伍资本积累的结果。[③] 姜铎在《略论旧中国的三大财团》一文中又提出三大财团兼有民族资本和官僚资本二重性格，而以后者为主要倾向。[④] 也有学者持不同见解，如黄逸平认为 1927 年以前的四大财团都是民族资产阶级，只不过有较多的买办性和封建性，既未形成资本垄断，又非买办阶级，江浙财团中有不少买办已转化为民族资本家。[⑤] 应该说，几大财团具体情况并不完全一样，华南财团并非官僚买办阶级，一是其中主要成员为华侨，职业买办寥寥无几，如前述简东浦曾在日本正

① 参见姚启勋《香港金融》，第 37—42 页。

② 冯士钵：《中国买办资产阶级的几个问题》，《历史教学》1964 年第 8 期。

③ 黄逸峰、姜铎：《旧中国的买办阶级》，第 144 页。

④ 姜铎：《略论旧中国的三大财团》，《社会科学战线》1982 年第 3 期。

⑤ 黄逸平：《江浙财团析》，《学术月刊》1983 年第 3 期。

金银行和横滨万国宝通银行服务，东亚银行广州分行正司理陈省薇为万国通宝银行的退休买办；[①] 二是不像华北财团、江浙财团那样曾与北洋政府和南京国民政府有过极为密切的关系。

华南财团所发挥的历史作用主要表现在以下几个方面。

1. 支持孙中山领导的资产阶级民主革命

华南财团以粤籍人士居于主流，广东的情况比较特殊，在相当长的时期内，它是民主革命的策源地和孙中山北伐的根据地，政治色彩浓厚，金融资本家亦深受影响。如李煜堂早年加入同盟会，辛亥前后大力赞助革命，输财助饷，筹策匡时。其子李自重亦为同盟会会员，追随孙中山从事民主革命，后弃政从商，入广东银行。[②] 香港工商银行“始终带有政治意义”，首先是作为孙中山和华侨联络的一种机构，创始资本绝大部分是由前“仁社”一些在沪、港的社员提供；其次是在香港和上海的前同盟会会员中应招；最后是来自北美华侨。该行发起人蔡增基为美国华侨、同盟会员，陈杰初亦为美国华侨，早年认识孙中山的家人，曾赞助过革命。香港华商银行亦曾大力支援广东革命政府。[③]

2. 辅助实业，调剂金融

华南财团各银行是港、粤、闽系工商界金融活动的中心，它同近代华商四大百货公司关系密切，如香港国民商业储蓄银行“为我国海内外绅商、暨先施永安各大公司同人所合组”，在港、沪、汉购置地产，建筑行址，发行钞票，准备十足，市面乐用。其“营业稳健，手续敏捷，利息公允，汇水低廉，处处以便利顾客为前提，尤为社会所赞许，业务因是而日盛”，信用和办事效率在各华资银行中，“亦可首屈一指”[④]。广东银行大股东和董事长李煜堂为新新百货公司的大股东和监督，其穗、沪分行经营非常活跃，沪行于1927年前还曾有过纸币发行权。华南财团还联系着一部分由归侨所主办的近代工业，

---

① 广东省政协文史资料研究委员会等编：《银海纵横——近代广东金融》，第155页。

② 《李煜堂》《李自重》，吴醒濂编《香港华侨名人史略》。

③ 黎照寰：《也谈解放前华侨在广州投资纪略》，上海市政协文史资料委员会编《上海文史资料存稿汇编（5）》，第315、319页。

④ 《本埠增刊》，《申报》1926年10月10日，第1页。

如东亚银行和广东银行与南洋兄弟烟草公司有密切的合作关系。东亚银行董事长周寿臣和总司理简东浦均为该公司董事，周氏还曾一度担任过公司董事长。广东银行董事长兼监察人李煜堂亦参加公司的董事会议。[①] 华南财团通过向内地民族资本企业放款，与产业资本相互交融。如金华实业储蓄银行“以辅助实业为宗旨”[②]。广东银行和国民商业储蓄银行对上海永安纺织印染公司大量贷款，1935 年秋，两行因经营困难而突然停业，使上海“市面异常震动”，该公司“所负港方之债，急需如数筹还。……负担猝重，营业维艰”[③]。1939 年 12 月，南洋兄弟烟草公司曾向广东银行借款购买厂地，在沪筹建新厂。[④] 此外，沪上粤商主办的鸿裕、伟通、鸿章等纱厂，也为这些银行的金融往来对象。[⑤]

3. 发挥内引外联的特殊作用

近代我国民族资本在海内外设有不少联号企业，需要华资银行提供金融服务，由本文“华南财团主要银行概况表”可见，它们在国内外各埠广设分行，至于其代理处更是遍及欧美、澳洲及南洋各地，由此编织起辐射海内外的经贸网络，扩大了华南财团在海内外的影响，亦加强了与中国内地的经济联系。如华南每年从北方输入大量货物，最重要的是粮食品、医药品及棉织品等，交易几乎完全经由华商进行，且由银行或银号介入。华南的小生产、小商业、小工业等，经常向香港融资，如谷农、蚕农等向香港银行借贷生产资金，以今后收获物作抵押。此外，香港资本与华南其他各方面的关系也十分密切，被大量地借用。[⑥] 汇兑之依赖进出口贸易自不待言，而华侨每年由海外汇款回国，泰半经由香港银行或银号之手，此项庞大交易，在香港金融业务场中扮演了重要角色。如香港工商银行除经营一般银行业务

---

① 上海社会科学院经济研究所编：《南洋兄弟烟草公司史料》，上海人民出版社 1958 年版，第 471、753 页。

② 《银海纵横 · 近代广东金融》，第 162 页。

③ 同公司史料组编：《永安纺织印染公司》，中华书局 1964 年版，第 128—129 页。

④ 上海社会科学院经济研究所编：《南洋兄弟烟草公司史料》，第 516 页。

⑤ 参见姜铎《略论旧中国三大财团》，《社会科学战线》1982 年第 3 期。

⑥ 参见满铁经济调查会《香港通货——殖民大臣任命调查委员会报告书》，1931 年 5 月编印，第 16—26 页。

外，营业重点是接驳侨汇，改变了过去美洲华侨主要由汇丰等外资银行办理汇款的局面，故吸引了越来越多的侨汇，对北美华侨的影响日益增加。[①] 其他各商业银行在其所在地除储蓄、按揭等业务外，亦兼营汇兑、保管等业，管理手段先进，很受内地民众和华侨华人之信任，营业稳固。

4. 与内地同行相互提携

华南财团经营重心虽在海外，但与内地同行亦保持着密切的联系和配合。如上海银行公会乃中国民族金融资本最重要的组织，广东银行是其最早的成员之一，参加了 1918 年 7 月 8 日的第一届董事成立会。东亚银行于 1920 年 9 月加入，香港工商银行于 1924 年 9 月加入，和丰银行于 1927 年 12 月加入，中兴银行于 1931 年 12 月加入，香港国民商业储蓄银行于 1932 年 6 月加入。至此，该会共 29 家银行中，华南财团占了 6 席。[②] 此外，广东银行汉口分行还是汉口银行公会的会员之一。[③] 华南财团和内地同行间在重大问题上是相互帮助和支持的，如国外汇兑便利国际贸易，调剂中外金融，关系綦重。华商银行界一开始即注意及此，而以香港、上海二埠营业最为发达，招致洋商银行之忌，不断加以阻挠，酿成风波。1924 年 6 月，香港华商银行因亏累闭歇，渣打、正金等外商银行因外汇关系，均被亏欠巨款。香港各外商银行遂利用此机会通过新章，借故排挤华资银行，使之不能再做外汇业务。香港华资银行一致抗议（尤以东亚银行副总司理李子方态度坚决，“宣言不愿与洋银行疏通，一切听其自然”），并请求内地华商银行支持和从中调停。特别是“香港华资银行在上海皆有联行，是以谊属一体”，故上海银行公会致电香港华人银行公会，对其“深表同情，愿为后盾，务望坚持到底”。广州华报亦纷纷著文声援。[④] 又如 20 世纪 30 年代初，新加坡和丰银行发生挤兑，当地侨

① 广东省政协文史资料研究委员会等编：《银海纵横——近代广东金融》，第 156 页。

② 徐寄庼编：《最近上海金融史》下册，第 112—114 页。

③ 裕孙：《沪汉津平各地银行公会会员银行调查》，《银行周报》第 13 卷第 18 号，1929 年 5 月 14 日。

④ 中国人民银行上海市分行金融研究所编：《上海商业储蓄银行史料》，上海人民出版社 1990 年版，第 217—227 页。

领深恐波击另外两家（即华商、华侨）银行，要求国内中国银行张嘉璈给予支持，当中国银行宣布本行给予“无限制援助”后，风潮即告平息，这显示出上海金融业对新加坡金融业的有力影响。[①] 当然，华南财团亦乐意帮助内地同行，如上海商业储蓄银行初创时，陈光甫赴南洋各地考察，曾向李清泉、薛敏老等招募股款。陈氏对香港国民商业储蓄、中兴、华侨等银行的情况比较熟悉，1934 年年初派职员赴南洋考察，与各行接洽，建立联系。[②] 抗战初期，金城银行在马尼拉成立友联公司，请中兴银行总经理代为进行登记。张嘉璈亦飞槟榔屿，为邮政汇业局同华侨银行负责人签约，合作尽量吸收侨汇，并派朱文熊任该行董事。[③] 此外，香港华商银行亦曾扶助过广州远东实业储蓄银行。[④] 在长期的发展过程中，华南财团内部亦加强了团结与合作，收到较好的功效。如南洋华侨组织散漫，由于他们地域观念甚深，因语言之差异，有各种派别，不能相容，极大地削弱了御外之能力。但 30 年代初情况有所好转，特别是新加坡和丰、华商及华侨 3 家华资银行实行合并，被认作“侨胞觉悟之先声”“其活动力陡增，股票价格陡涨”[⑤]，由此而增强了竞争实力。

可以说，华南财团是中国近代民族资本在闽粤及海外的一支生力军，其在商品流通、中外贸易、融通资金、民众储蓄、华侨汇兑、扶助实业乃至支持孙中山领导的资产阶级民主革命等多方面的建设事业做出了相当大的贡献，为加强海内外华人的经济联系，振兴城乡社会经济均起了积极的作用。

［原载《中国经济研究》1996 年第 1 期，
中国人民大学书报资料中心《复印报刊资料（中国近代史）》
2006 年第 7 期全文转载］

---

① 洪葭管：《关于近代上海金融中心》，《档案与史学》2002 年第 5 期，第 49 页。

② 中国人民银行上海市分行金融研究所编：《上海商业储蓄银行史料》，第 645 页。

③ 中国人民银行上海市分行金融研究所编：《金城银行史料》，上海人民出版社 1983 年版，第 579、612 页。

④ 广东省政协文史资料研究委员会等编：《银海纵横 · 近代广东金融》，第 158 页。

⑤ 李长傅：《中国殖民史》，第 239 页。

乱世中的稳健势力：民初广州的银钱业及其组织

民国初年是广州银钱业及其组织从传统向现代转变的关键时期，至20世纪30年代初，其发展达于巅峰。由于新式银行的业务发展尚未成熟，故银钱业仍执广州商贸之牛耳。银业同业公会的成立与活动促进了本地域内金融资本家由分化走向整合，加之追求和平与有序，故成为近代乱世中之稳健因素，并在地方经济社会事务中亦经常发挥重要的作用。

粤省近代金融业以广州为中心，主要有银号、当押店、银行、保险及信托公司等类。由于历史的原因，银钱业虽是一种传统的金融行业，但在民初仍以经济实力长期居于商贸中坚之地位，其公共组织具有良好的管理效能和权威，与政府财政当局处于既抗争又合作的互动关系，并在本地商会中占据举足轻重的地位，为社会变革做出了积极的贡献。目前，国内外学术界对于行业同业公会的研究还非常薄弱，本文主要以广州银钱业的公共组织银业同业公会为个案，在此领域开展一些探讨。

一 广州银钱业的经营种类及经济地位

银钱业是我国封建社会经营货币信用业务的旧式金融行业，起源于铸币的交换。广州银号（在上海等地称为钱庄）产生年代久远，向乏调查，不见于稗官野史，不详于志书传记，但据银业界老行尊口述，其实滥觞于清康熙朝前。当时除以放款、揭项为主体的忠信堂各会员银号外，尚有以开炉倾销为业的“五家头”（即裕祥、大昌、德昌、宝源、阜安五家，由藩署批承开设，专铸藩库银）、“六家头”（即永安、谦受、厚全、宝聚、泗隆、慎诚六家，由盐运司批办，专铸盐库银）银炉，以及以汇兑与存储官款为主要业务的“西号”（以山西人经营的票号为主）等。这几类银号各有团体组织，不相统属，何者先创尚难确断。其业务虽各有特殊范围，但皆经营放揭款项。至清末，因银行业务兴起，银钱业的经营受到影响。进入民国后，山西票号因放出款项不能收回，周转不灵，多行倒闭。倾炉业则因改用铸币，也相继停顿。仅忠信堂属下各银号，因资本宏大而得以继续营业。①

广州银号向为顺德人所经营，后四邑（台山、新会、开平、恩平）归侨亦向此发展，因之业内遂有顺德帮和四邑帮两大集团势力。前者执银业之牛耳，成立最早，地位亦最重要，放款多以丝业为对象，营业方针略为守旧，保持百年银业固有的色彩；后者实力稍弱，且经验较浅，经营除仍具银号原有之特点外，并兼新式银行之制度，作风较为革新。

民初广州银钱业行计分两大类型：虽是同属一行，而营业却颇异。一称做架（即附揭生息），此类银号早期俱入银业行会组织忠信堂。其资本较雄厚，专做汇驳按揭、丝偈买卖单口生意，年营业额多则上百万元，少亦数十万元。款项之存放，大多为相识主顾，或经由中间人介绍，一般客户綦难请求通融资金。银号对于存放款之利息，向无定律，须视顾客之关系、信用及银根之宽紧为标志。一称做仓（即代客买卖货币），此类店铺除找换金银货币、买卖有价证券外，多从事买空卖空的投机事业，特别是炒卖铺，其盈亏实不可测，金融上愈多风潮就愈多机会，同时亦愈危险。

虽自近代以降，银号不论是资本还是经营方式都远不能同银行相比，但因其熟悉地方情况，经营灵活自由（银号向能适合商人之心理，如注重信用放款，借款不需抵押，不限营业时间，力求办理手续简便；又以票据运用，活泼资本，使中小商人亦得便利等），并专设“行街”（银号派出探查行情的人员）终日来往于各店号以招揽生意，

① 参见区季鸾、黄荫普《广州之银业》，中山大学法学院经济调查处1932年发行。

故仍在粤省金融界拥有极大势力。直到20世纪20年代，尽管广东银行业已取得了较大的发展，但真正起到工商银行职能的仍旧是银号，尤其是正当银号经营方针稳扎稳打，恪守信用，为全省金融之中坚。工商界一般较少与银行打交道，平时市上各行商凡有进出口货买卖者，更是多与银号保持来往关系（因有汇划制度，可省去现金），如花纱、煤油、铜铁、油豆、海味及米面等杂行，无不赖银业之汇驳附揭兑换，以资周转流通。尤其当夏季蚕丝出产极盛时期，所有出口丝价之汇驳和毛单之买卖，年达8000万元（粤币，下同）之巨，全赖银业为之周转。此外，秋、冬两季之侨汇回粤，岁逾亿元，亦多靠银业转驳，故可谓其“实居商场上最重要之地位”①。广州银钱业虽不发行纸币，但大银号都代收捐商捐官的税款，发给收条，凭此可作缴款入库之凭据，国库及省库在此类收条上盖章，银行即当缴过款之凭证。银行凭收条入账，而钱仍在银号手中。如霍芝庭的福荣银号、邹殿邦的广信银号、植子卿的胜兴银号等，所发收条，在商场上几乎等于银行本票，信用不下于银行纸币。②

银钱业曾被称为广州“百业之首”，如1918年市面不景气，“盈余者寥寥，亏折者指不胜屈，能获厚利，则以银业行为首屈一指”③。不过广州银钱业自身存在着缺陷，主要是多数企业规模小，经营者个人及字号的信用，亦缺乏确实之保障。银号为无限责任性质，股东的资产是银号的后盾，而许多银号股东并无雄厚的资力，一遇风吹草动，担负不起他们应负的无限责任。故银业界的兴替变化节奏较快，很难准确统计实数。20世纪30年代初全行业店铺达540家，资本总额约700万元（实际数额应高于申报额，因为各号为减轻纳税，在开始营业注册备案时即未实报，有些竟数倍于申报资本总额）。④另有

① 《社会调查·广州银业界之近况》，《广州民国日报》1928年3月22日。

② 邵仲池：《收购白银前后忆述》，《广州文史资料》第37辑，广东人民出版社1987年版，第322页。

③ 汪敬虞主编：《中国近代经济史（1895—1927）》下册，第2216页。

④ 《银行货币》，《中行月刊》第5卷第6期，1932年12月，第95页。

估计广州银钱业资本当在2000万元以上，全行业资力约值1亿元。[①]如此巨额资金，足可左右金融。

1932年“一·二八”淞沪抗战爆发，港币与大洋价格猛涨，做投机营业者惨遭失败。又因世界经济危机波及中国，以及白银大量外流所引起的金融危机，致使大批店号倒闭。4月1日，广州合德、宝华两大银号因资金周转不灵倒闭，亏欠各户存款百余万元。风声所及，存户纷纷向各银号提款。[②]金融界与官场皆蒙受重大影响，仅1个月倒闭银号即达20余家，造成全市性金融恐慌，[③]乃广州银业界数十年未见之险象。20世纪30年代中期，广东银行业发展进入鼎盛阶段，受此影响，广州银钱业经营多趋收缩，获利较少，在惨淡经营中求生存和发展。1935年政府实行币制改革后，产生更大影响，店号数量剧减。[④]

二 广州银钱业的组织及其管理

（一）广州银钱业的组织演变

近代以后，“五家头”“六家头”及山西票号因行业不存，难稽沿革。而忠信堂（会员为以放款为主体的银号）之历史证诸碑志，发源于清康熙十四年（1675）前，假银行会馆为会址，作为银业行商们开会议事的地方，其主要职能是共同订立行规，维护同行利益和限制不正当竞争。[⑤]会馆屡经重建，会务日渐发达，入会者日增，至1873年时，已拥有会员68家（不包括找换店）。[⑥]1917年2月，北

---

① 广州银业资本难以确实统计，因股东负有无限责任。全市银号资本额估计约当在粤币2000万元以上，至于吸收存款，至少应4倍于营业资本。见《粤金融业组织调查》(24)，《香港工商日报》1936年8月10日。

② 《金融》，《银行周报》第16卷第15号，1932年4月26日，第2页。

③ 《银行货币》，《中行月刊》第4卷第5期，1932年5月。

④ 《西南六省社会经济之鸟瞰（下）》，《中行月刊》第16卷第6期，1938年6月。

⑤ 据忠信堂重建银行会馆碑志所记，清康熙十四年（1675），广州众多银号自行捐资重建银行会馆，可证该堂之组织当在此之前。见《粤金融业组织调查》（3），《香港工商日报》1936年7月4日。

⑥ 《中国近代金融史》编写组编：《中国近代金融史》，中国金融出版社1985年版，第76页。

洋政府农工商部颁布《工商同业公会规则》后，广州忠信堂同全国各地旧有工商行会一样，进行改组，遂由传统的行会演变为近代新式团体。

1923 年广州市银业公会成立，这是依照政府法令而设的工商团体组织，加入市商会为会员，选出代表参加商会的会员代表大会和选举商会的理事。忠信堂原有的同业公共组织之职能移交，变成主要是承办厘金的机构。银业公会初假忠信堂为会址（在西关珍巷连珠里），后迁西荣巷绸缎行会馆地址。银业公会成员既有做架的银号，也有做仓的找换店。1931 年时，根据南京国民政府所颁之工商同业公会法，又改组为广州市银业同业公会。①

（二）广州银业公会的业务管理

在形势动荡的年代，经济风险很大，做架银号特别是顺德帮惯做信用放款，每遇客户营业失败，无力偿还，首先既受拖累，甚而倒闭者亦属不少。1927 年，广州银业公会以年来行中放出款项迭遭倒挞，为维持同业公共利益计，拟就规则 8 条，作为信用放款之保障。主要内容为：凡同业有被外行挞欠者，即宜将该挞欠行股东及司事经手人姓名标贴于会内，使众周知；凡同该挞欠围内字号有连带关系者，同业亦一律宣告停止其交易及买卖汇驳一切交收；凡挞欠号的股东及司理经手人，各债务未清而再行另改字号营业者，亦一律宣告停止其交易买卖及汇驳交收；凡本会同业内有故意抗众，对于已宣告停止交易及买卖汇驳交收之店号，而仍与之交易者，一经查出有据，每次罚款 500 元以示惩戒。如不遵罚，即行革除会籍，不得入市买卖，会底充公。②

在银钱业做仓投机活动中，“好友”（买入方，亦称多头）、“淡友”（卖出方，亦称空头）揸扎（意即买入）期西（指港币期货）租仓订有规则，做仓银号旁观胜负坐收渔人之利。另外做仓银号与同业

---

① 广东省政府秘书处编：《广东年鉴》，1941 年，第 15 编《金融》第 2 章“钱庄”。

② 《粤金融组织调查》（17），《香港工商日报》1936 年 8 月 3 日。

交易，亦订有仓务规则，由银业公会自治课颁订，会员均须遵守，[①]因投机事业极复杂，故订立游戏规则以保同业利益底线和平衡。

由于省内伪劣币混杂纷乱，忠信堂和银业公会为鉴别真赝以息纷争起见，于1928年联合成立毫币鉴用委员会，附设于银业公会内。另又在银业公会内设收条清理处，以忠信堂董事和毫币鉴用委员会委员组织之。[②]该处作为银钱业的汇划机构，其性质类似于票据交换所。每周各银号将所接收的银票、汇票或受同业委托代交收款项之收条，及买卖时找结数尾所发给的收据等，依时汇集携赴该委员会办理，以免纠葛。同时亦有利于减少现金使用和同业间的资金占用，减少凭证递送环节，缩短递送时间，节约人力，加速资金的流转。

（三）广州银业公市

广州市银业公会成立后，创办了广州市唯一的综合性金融贸易市场——银业公市（与香港的金银业贸易场相似，设在银业公会内，1930年后改称银业交易所）。公市的日常管理工作亦由银业公会所设的自治课负责，凡属银业公会的会员，缴纳会费和厘金，并凭公会发给的证件，即可入市。公市有警察把门，凭证进场，可进行买卖香港汇单、港纸、中纸（泛指中国银行广东分行、广东革命政府中央银行及其后续银行所发行的纸币）及有价证券的交易。公市买卖，每日分早、午两市，交易方式极为独特，双方以手势议价，然后多互拍对方肩头表示定交。成交后不须立据，多守信用，不得反悔。[③]参与交易的银业公会会员均依时齐集，平时有二三百人，济济一堂，喧呶聒耳，其叫嚣之声不亚于纽约、伦敦及巴黎等交易所，初入者朦胧如坠云雾之中。[④]银业公市之买卖，基本全属银业行商人，虽有几家商办银行参加，然而各种货币的“众盆”（即公价），均为银业行所操纵。

广州金融市场由有影响的大银号担任理事，为了剂盈酌虚，因应

---

① 《粤金融业组织调查》（19），《香港工商日报》1936年8月5日。

② 《广州银行业设立收条清理处》，《银行周报》第12卷第47号，1928年12月4日，第29—30页。历史上粤币亦称毫币。

③ 《银行周报》第14卷第9号，1930年3月18日，第11页。

④ 《粤金融业组织调查》（20），《香港工商日报》1936年8月6日。

缓急，联合组成银业集团操纵银市。由于省港金融行市息息相关，港币控制了华南的进出口贸易和货币金融，并又是粤人的交易媒介、保值手段和投机对象，故广州银业公市受到香港金融市场的操纵。广州市外汇汇率均由银市根据香港行情发布，这同旧中国上海、天津、汉口等地外汇汇率由汇丰银行挂牌有所不同。

广州银市在20世纪30年代中后期屡闭屡开。1936年年底“西安事变”爆发，局势动荡，金融投机商因买卖期货（广州银市上交易的外币俱属期货，多为港币）而致亏数百万元，银店倒闭100余家，影响社会经济。财政当局派员制止期货买卖，以免发生金融大波动。银市停业数月后，商人以长此停止期货贸易，妨碍外汇之流通，请求复市。翌年4月中旬，广州市银业公会奉财政厅令草拟新银市规约，严格规定入市经纪资格，并加强组织管理。改组后新银市复开，市内允买卖各国货币（期货）及国内一切有价证券，经营业务与金融交易所无异。①

当时广州银市对社会有着两重性影响：（1）积极方面。首先是它有利于广东对外贸易的发展。当时中国尚无外汇管理，港粤人员来往自由，货币携带不受限制，走私盛行。有了银市后，期货、外汇买卖可以使进出口经营商把用外币计价结算的交易在进行实际结算前，先将汇价定下来，从而避免日后计价波动的危险，有利于确定成本和销售价格，保障预计的利润。其次是它可以沟通异地金融，调剂余缺，促进物资交流，帮助吸收侨汇，从而推动工商企业的发展。（2）消极方面。主要指金融投机性的严重危害。参加投机者，表面上是银钱业界的人物，但其背后有政府官员染指。投机商力图拉拢官僚政客，以利了解时局发展的“行情”。于是，官商勾结，哄抬市价，牟取暴利。

三　广州银钱业与财政当局的互动关系

广州银钱业与历届财政当局之间的关系十分复杂，基本上表现为抗争与合作的两面性，集中反映在货币和捐税等问题上。对于政府强

---

① 《国内要闻》，《银行周报》第21卷第15号，1937年4月20日，第7页。

制行使缺乏信用保证的纸币和滥征苛捐杂税，银业公会所采用的对策往往先是消极地通电或请愿，力争对话协商妥善解决，若不奏效，难免也会发展到抗税、罢市的地步。

民国时期广东纸币花色种类繁杂，各个不同年代印发的钞票大都属于所谓“官纸”，而且发行量相当大，动辄数百万元数千万元，甚至上亿元。但这些纸币缺乏信用基础，其发行不过借以弥补统治当局财政之不敷，毫无例外都经历过贬值、低折、拒用、挤兑、停兑等恶劣局面。这种现象背后反映了深刻的社会经济危机，正是由于政局动荡，政权更迭过速，必然导致金融不稳，经常发生纸币风潮，辗转循环，为害极烈。广州银业公会成立伊始，即要面临如此严峻之局面。究其根源，纸币挤兑，或因官方银行缺乏发行准备，纸币不敷信用，遭到银业店号拒收；或因银钱业操纵纸币市价，利用其低折投机图利。故官商既相对抗，如银业罢市和政府强制开市；又相妥协，如共同维护和解决纸币问题，并支持币制改革等措施。

货币经常贬值，必然引起市面恐慌，造成民众的严重损失。因此，纸币问题可谓真实反映商民对待官方态度的“晴雨表”，而银钱业资本家无疑是充当了领头的角色。民初广东官营银行曾发生过无数次纸币挤兑风潮，银业店号深受其害，被迫承受纸币低折之损失。官厅强令十足兑现纸币，曾引致银钱业以罢市相对峙。如 1922 年 3 月广州纸币风潮爆发，政府一筹莫展，授意工界出面维持，工人纠察队四出捕拿银业“败类”。4 月 2 日晚，各银业商在银业公会集议，决定于次日罢市抗议。罢市后，“一切汇兑交收，概行停顿，全省商场，大受影响”。工商对立加剧，财政厅厅长惧酿事端，遂请出广东商会联合会调停，银业罢市才得以解决。① 6 月陈炯明叛孙事件发生后，粤省纸币价跌，民心不安，11 月 4 日，新任省长陈席儒邀请商会及银业行会商维持办法。② 1923 年年初，孙中山利用各路军阀驱逐陈炯明，在广州再次建立革命政权。9 月上旬，财政当局为整理全省金

① 《广东纸币风潮已解决》，《申报》1922 年 4 月 15 日。

② 汕尾市人物研究史料编纂委员会编：《陈炯明与粤军研究史料（2）》，1994 年印行，第 261 页。

融，召集工商各界代表筹备成立整理纸币委员会，银业界代表梁祖卿当选为委员长。[①]

由于孙中山革命政府和广州驻军发行货币过多、抽收税捐过重，与商界之关系极为紧张，罢市潮迭起。如1924年3月30日，广州银钱业为抗议省财政厅增抽“银业买卖捐”而全体罢市1天，财政当局“深恐钱业罢市，影响甚巨，其他各业亦将受其牵动”，遂回复银业公会会长杜瑨英，被迫取消之。[②] 6月初，广东造币厂开工鼓铸钱毫，广州银业公会反映民意，通过总商会致函该厂监督梅光培，要求其“依照部章，严定成色……以释群疑，而维币政”[③]。7月24日，广东政府大本营召开政务会议，通过了省财政厅厅长和广州总商会提出的《维持省行纸币之办法》，决定由广州总商会、银业公会等和政府共同组织“整理维持纸币联合会”[④]，但并未解决问题。10月广州第二次罢市，银钱业亦参与，迨商团事件被处理后，风潮平息，才先后复业。[⑤] 镇压商团一案使各银号损失极大，所借出之款项殊难收回。因各商号店铺或被焚，或为兵掠劫而无力经营，故专营放款的银号损失最为惨重。事后银号的复业亦为最迟。[⑥] 翌年宋子文致函省财政厅维持纸币，令所有政府收入机关应限只收中纸，不得再收毫银及银号凭单。财政厅遂电令各厘税收入机关，一体遵办，[⑦] 此举对于银号的营业亦为不利。

财政当局时有勒索认债之举，这种作风严重伤害了银钱业商的正当经营活动。如1927年8月下旬，国民政府财政部部长兼广东省财政厅厅长古应芬为应付中纸挤兑潮，以“非常手段”举借临时公债1000万元，规定广州市银业承担400万元，各银号按商业牌照资本额的44% 缴纳。由于银业界未刻按期限缴纳借款，古氏认定为故意

---

① 《粤省进行整理纸币》，《银行月刊》第3卷第9号，1923年9月，第20—21页。

② 《国内财政经济》，《银行月刊》第4卷第4号，1924年4月，第12—13页。

③ 《广东造币厂已正式开铸》，《银行周报》第8卷第23号，1924年6月17日，第31页。

④ 《粤省整理纸币办法》，《银行周报》第8卷第30号，1924年8月5日，第28页。

⑤ 《银行界消息汇闻》，《银行月刊》第4卷第11号，1924年11月。

⑥ 《时局紧张中之各埠金融市况》，《银行月刊》第5卷第2号，1925年2月。

⑦ 《银行界消息汇闻》，《银行月刊》第5卷第6号，1925年6月。

稽延，遂采取强硬措施，令军警于9月1日查封市内银业店号，并拘禁胡颂棠等6名商董，限即日缴足借款。至次日各行号多遵令缴款后，才撤封和释放人质。此举招致商界强烈不满，迭由国民政府查究，终致古应芬引咎辞职。①

20世纪20年代后期，粤省各属发生拒用1924年所铸银毫（因疑其私铸及滥铸）的大风潮，对政府形成很大的压力。1928年3月31日，广东中央银行奉命召集各商会、银业公会及各大公司代表开会，协商办法，达成共识，遂使该币复归流通。由于拒用银毫风潮与银业界投机分子炒买炒卖亦有密切关系，故广州总商会于7月11日召集各商会及银业公会联席会议，讨论救济金融办法。会后根据议决办法，由商会和银业公会各推举委员5人组成救济毫币委员会，并在总商会内设立临时鉴定处，由银业公会派出精干人员负责秉公鉴定，处理所有交收之纠纷。② 翌年2月，市面又突起拒用1928年所铸毫币的金融风潮，国税公署于21日特召开官商联席会议，决定由省市商会、广州银业公会及各商民团体，会衔通告各地民众使用新毫币。③

南京国民政府的统治确立后，广东"小洋"（又称"毫洋"，为清末民初粤省本位币）的兑换行情起伏相当大，人民多次吃到纸币发行过多而价值贬低的苦头，要求改进币制的呼声高涨。1929年3月12日，广州市银业公会和忠信堂开会议决：（1）改两为元，以后买卖港单港纸，一律通用元数，废除两数；（2）推行纸币，维护"中纸"，以巩固摇摇欲坠的市面金融。④ 此举得到财政当局的支持，财政厅发出布告，称经过省政府会议议决，决定废除天平制度改两为元

① 《粤闻》，《香港华字日报》1927年9月3日。又见《广东金融风潮记》，《银行周报》第11卷第36号，1927年9月20日。20世纪40年代末，广州银钱业在呈国民政府财政当局函中曾云，该业往昔"共负担北伐公债八厘库券四四借款等约数百万元"。可能即与正文所提到的款项有关。见中国第二历史档案馆编《中华民国史档案资料汇编》第5辑第3编财政经济（6），江苏古籍出版社2000年版，第406页。

② 吴志辉、肖茂盛：《广东货币三百年》，广东人民出版社1990年版，第239—240页。

③ 《粤官商维持新毫币办法》，《银行周报》第13卷第9号，1929年3月12日，第9—10页。

④ 《广州银业公会议决改两为元》，《银行周报》第13卷第11号，1929年3月26日，第38页。

(因以银两交收须用天平，而平银时，有大小平之称，元、两杂出，计算纷纭，奸商乃借机牟利)，[①] 走在了全国的前列。直到1933年，中央政府才公布废两改元的法令，规定从4月6日起，禁止银两交易，确定银本位币以银圆为单位。

1931年发生的几件事，明显地反映了政府同银钱业界间的控制与反控制较量。如3月4日，广东中央银行忽然挤兑，舆论认为起因于某些银铺操纵纸币市价，造谣图利。[②] 4月23日，中纸因遭银业店铺拒收而发生挤兑，次日即平。[③] 同月27日，银号反对财政厅取缔(实为整顿，因银业公会制订流通收条办法，以港币为本位，有歧视国币之嫌；又有某些银号资本不实，故财政当局对二者皆予以取缔)银业办法，拒用中纸，致银行再生挤兑。次日又派代表请愿，官商双方态度均甚强硬，财政厅厅长范其务允延期一月施行。[④]

1932年2月，陈济棠将广东中央银行改组为广东省银行时，派定广州各界代表组成广东省发行纸币监理委员会（负责银行新纸币基金之保管及副署签发），植子卿即为委员之一，该会在此后省银行遭遇挤兑时为其支撑了门面。同时，省政府亦应银业公会的要求，同意贷款给银铺，以应付存户提款。[⑤] 翌年福建事变的消息传播后，广州人心突生浮动，广东省银行自11月16日发生挤兑，纸币风潮影响商场，银钱业首当其冲。广州银业界于28日召开大会商讨维持办法，决定全市同业一致联络，相互支援以防店号倒闭。银业公会并经呈准财政厅，通令限兑到期存款，以谋救济。[⑥] 1935年11月初，财政当局实行币制改革，组织广东省法币发行准备管理委员会，由省银行、广州市立银行、省市商会、银行公会及银业公会之代表组成。植子卿和邹殿邦均列为委员，各大银号在收购白银（币制改革章程规定以所谓“法定”纸币即省银行、市银行兑换券收兑民间存银）过程中得

---

① 《银行周报》第13卷第43号，1929年11月5日，第34页。

② 《国内要闻》，《银行周报》第15卷第9号，1931年3月17日。

③ 《银行周报》第15卷第15号，1931年4月28日，第3页。

④ 《国内要闻》，《银行周报》第15卷第16号，1931年5月5日，第7—8页。

⑤ 《广州金融恐慌续志》，《银行周报》第16卷第15号，1932年4月26日，第2—3页。

⑥ 《银行货币》，《中行月刊》第7卷第6期，1933年12月，第77—78页。

到了极大的好处。[①] 此后不久，外间盛传陈济棠已将收得的白银运到香港卖光。省政府为了辟谣，特邀省市参议会、省市商会、银业公会、忠信堂以及其他民众团体前往检查。[②]

1936 年“两广事件”爆发后不久，省内形势紊乱。7 月 1 日，广东省法币发行准备管理委员会对于保管准备金安存问题，开会议决将其中一部分运付香港或广州沙面租界存放，同时关于仓库问题，派定由邹殿邦等赴香港调查。[③] 同月 6 日，该会又讨论维持金融办法，决定分函广州市商会、银行公会、银业公会及忠信堂等，转知所属各商，勿助港币市价高涨，禁止买空卖空。[④] 陈济棠下野后，随着时局逐步发展，广东金融渐呈稳定，中央政府决定整顿粤省纸币，以俾统一币制。财政厅亦召集银行公会、银业公会、银业找换业公会等各代表开会，宣传解释意义。[⑤] 8 月，广东法币准备管理委员会成立，财政部指定宋子良为主席，邹殿邦列为委员之一。[⑥]

当然，这并不预示着新政府与商界从此就和谐共处了。1937 年 1 月中旬，作为广州市商会主席的邹殿邦率领 120 余同业公会之代表结队赴省财政厅举行大请愿，要求取消营业税课税新标准，表示将“誓死力争”。刚上任不久的财政厅厅长宋子良因群情激昂，恐生事端，预先飞往上海，暂避风潮。[⑦]

上述事例充分表明，尽管存在着矛盾和冲突，但银钱业界和财政当局仍尽量寻求妥协与合作，以达共存。

四　广州银钱业在本地商会中的地位

晚清以降，我国时代的主旋律是反帝反封建的民主革命，寻求近

---

① 邵仲池：《收购白银前后忆述》，《广州文史资料》第 37 辑，第 316 页。

② 秦庆钧：《民国时期广东财政史料》，《广州文史资料》第 29 辑，广东人民出版社 1983 年版，第 26 页。

③ 《广东新闻》，《香港工商日报》1936 年 7 月 11 日。

④ 《粤金融业组织调查》（8），《香港工商日报》1936 年 7 月 9 日。

⑤ 《粤金融业组织调查》（6），《香港工商日报》1936 年 7 月 7 日。

⑥ 《金融日志》，《银行周报》第 20 卷第 31 号，1936 年 8 月 11 日，第 27 页。

⑦ 《国内要闻》，《银行周报》第 21 卷第 3 号，1937 年 1 月 26 日。

代化发展道路，商会是中国早期现代化过程中的一个主要承担者。广州商会的建立，是当地资本主义发展和资产阶级力量增长的结果，反映了社会组合的必然趋势，它负有“联商情、开商智、扩商权”之使命，领导工商业资本家追求民主政治、反对独裁专制和军阀割据，抵制洋货、振兴国货，致力于“实业救国”，成为推动近代岭南社会变革的重要力量。广州商会具有凝聚、沟通、促进、调和、慈善公益、地方自保等诸多社会功能，由于其法定职责得到商界的承认而发挥领导作用，并因拥有相对雄厚的经济、政治实力而成为本省社团网络的聚合中心。由于近代产业的不发达，广州的资产阶级主要是商业资产阶级，商会成员的构成亦显示如此特点。① 金融资本家在广州商会中具有举足轻重的地位，银业公会是商会的重要成员之一，其领袖人物以经济实力和较高的威望在商会权力机构中占有一定的优势，有些还曾数度担任商会负责人，长期执掌会务。

早在清末，广州银钱业店号即本地商会重要的始创成员。如1905年年初，广州商务总会由七十二行商发起组织时，集款之法定由各号公摊，计每股10银圆，各银号即允承担了2000股。②

民初广州总商会被汇丰银行买办陈廉伯所控制，1924年商团反抗政府被镇压后，陈氏逃往香港，但商会的实权仍握于金融商手中，继任会长和12名会董中的4人，都是银钱业界的代表。③ 1927年1月中旬，广州总商会选出新任正、副会长邹殿邦（广州银业公会主席、广信银号经理。曾兼任广东省议会议员、广州电力公司总经理、国华银行董事。1936年又开设盐号，转营盐业）、胡颂棠。正由于银业公会及其领导人在广州市商会中的地位和作用，在某些重要问题尤

---

① 例如1910年时改选的广州商务总会共有会董57人，其中商业资本家49人，占总数的86%；工业资本家5人，仅占8.8%。1928年时，广州总商会有同业公会会员66个，1937年增至108个（其中工业行业仅10余个）。1946年广州市商会重新成立时，有同业公会会员115个，其中仍以商业同业公会最多，达93个，工业同业公会其次，为22个。见王相钦、吴太昌主编《中国近代商业史论》，中国财政经济出版社1999年版，第173、546页；《广州市商会周年特刊》，广州市商会1947年编印，第71—75页。

② 《羊城杂志》，《申报》1905年1月3日。

③ ［苏联］C. A. 达林：《中国回忆录（1921—1927）》，侯初均等译，中国社会科学出版社1981年版，第201页。

其是有关金融货币方面的情况，商会经常联络银业公会一致行动。如1929年爆发粤桂战争，中央银行纸币低折。广州总商会为安定人心救济金融，于9月24日召集有各商会、银业公会及忠信堂代表参加的联席会议，请财政当局官员报告时局真相和金融状况，并建议政府收预饷以减少流通额，并重申投机之禁令，另又劝各商照常通用纸币，[①] 使纸币价格旋即回复原状。

国民党在全国的统治建立后，逐步在"整理商人团体"的名义下取消原有的总商会，以期统一成立由官方直接控制的商会。1929年9月，国民政府颁布《商会法》和《工商同业公会法》，令全国商会限期改组。广州总商会决议先成立改组筹备处，举行会员总登记。旋奉国民党广州市党部民训会指令，将广州总商会、市商会、市商民协会合并，重新组织一个市商会，"以谋商运统一"[②]。1931年2月23日，召开了广州市商会会员代表大会，有60个工商同业公会的846名代表参加。两天后，选出邹殿邦等22名执行委员会及候补执行委员。新广州市商会依法成立，邹殿邦任主席。[③] 此后几年间商会内部舶来货商派（以何辑屏为首）和国货大联合商派，死力竞争，邹殿邦遂利用矛盾，保持其在商会中的领袖地位。但部分行商认为邹氏领导下的商会殊无建树，且会务废弛，于1936年发起联署，强烈要求国民党广州市党部派员改组整理之。[④] 翌年7月中旬，邹氏被迫赞成广州市商会改组，并宣布辞职以谢商人。[⑤] 实际上，此后直至民国末年，广州商会的领导权大部分时间里仍被控制在植子卿、关能创等银钱商手中。

值得一提的是，在陈济棠统治时期，广州许多大银业商都有官僚的背景关系，如邹殿邦以财政厅厅长区芳浦、国民党广州市党部霍广河等为后台，谈国英（银钱找换业同业公会主席）的祥兴、关能创

① 《要闻》，《广州民国日报》1929年9月25日。又见《粤闻》，《香港华字日报》1929年9月26日。

② 《粤闻》，《香港华字日报》1931年2月24日。

③ 《广州市商会第一届职员名籍表》，广东省、广州市商会合编《广东商业年鉴》，华英公司1931年版。

④ 《粤闻》，《香港工商日报》1936年11月3日。

⑤ 《粤省要闻》，《香港工商日报》1937年7月15日。

的国源、植子卿（金业同业公会主席）的胜兴等银号，都与达官贵人及其太太宠妾打通渠道，以做靠山并利于款项调拨，更设法贿赂电报电话局、警察局及法院等部门的权势，故消息相当灵通，有时竟甚于军政机关之情报，据称不论发生什么天大的案子，都可大事化小，小事化无。①

综上所述，由于民初新兴的金融机构银行实力未能超越和取代银号，故广州银钱业及其同业组织仍能在经济社会中起到举足轻重的作用；忠信堂和银业同业公会有着延续和并立的关系，而该业公共组织的重心显然是向更具现代色彩的后者倾斜；银钱业公共组织活动的主要驱动因素是经济利益，由此而决定了其与国家、政府之间的互动关系；广州市商会历来内部矛盾十分尖锐，而银钱业的领导层则比较协调一致，这有助于其长期控制商会的实权，以反映和维护商民的利益，并扩大了金融资本家的社会影响和地位。

[原载《暨南学报》（哲学社会科学版）2004 年第 6 期，
中国人民大学书报资料中心《复印报刊资料（中国近代史）》
2005 年第 2 期全文转载]

① 柳乃斌：《陈济棠时代的官僚巨贾》，《广州文史资料》第 3 辑，政协广州市委员会文史资料研究委员会 1961 年编印，第 44—45 页。

海内外粤籍华商与辛亥革命

20 世纪初，是中国社会由传统向现代转型的一个关键时期，也是近代中国国家形成的关键时期，辛亥前后粤籍华商的表现灿烂多彩。

近代岭南文化是中国传统文化与西方外来文化结合的结晶，商业文化是岭南文化中相当重要而最具特色的部分，能汲取国外先进的物质文明，同时又对内产生较强的辐射力。近代岭南文化的主要载体是粤籍商人，在形态上有粤地商人、省外粤商、港澳粤商及国外粤商等四类。[①] 海外粤商中的先进分子很早就追随孙中山进行革命活动，是近代资产阶级运动中最重要的势力之一，并促进广东成为中国民主革命的策源地。省内粤商则以推动立宪等改良方式响应和配合革命形势。海内外粤籍华商从总体上推动了中国以资本主义经济发展为核心的早期现代化进程。

---

① 历史上的粤商不限于广东（含今广西沿海、海南）省内以及在外省经营的粤籍商人，也包括香港和澳门等地乃至华侨中的粤籍商人。在广东省内，有潮汕帮、广府帮、客家帮的划分。港澳地区华商的地缘性色彩非常浓厚，如纵观港商历史，出身于粤籍者始终居于主流，早期的“港商”甚至就是粤商在海外的一个分支。在清末民国时期，粤商中许多人兼有港商、侨商的身份，在海内外从事商业活动。据对港澳数百个企业广告内容的分析，得知其大部分都与广东的工商界有直接关联，这充分反映了早期港澳华人来源的地域集中性、华人社会的高度商业化及粤商在港澳的优势地位。取得事业成功者也以粤籍居多，笔者根据《香港华人名人史略》（1937 年版）列出 51 名工商人物，查其原籍为广州府者至少有 42 人、潮汕籍 3 人。此外，在近代华人资本家构成的地域板块中，即使广东以外的内地人士和华侨，追溯其祖籍，亦有不少在粤。

一　辛亥革命前粤商的斗争

（一）港澳及海外粤商

港澳及华侨商人是中国资产阶级的重要组成部分，在民族资本主义发展和民主革命过程中起过积极作用，尤其是在辛亥革命前夕，海外粤商鼎力支持孙中山领导的反清活动，站在斗争的第一线。

1. 参与组织发起革命团体

中国近代第一个资产阶级革命团体是兴中会，该组织的成员以粤籍为主，其中不乏商人。1894 年秋在檀香山召开的成立大会，在卑涉银行经理何宽家中举行，他被选为副主席，负责保管组织的所有秘密文件，永泰和商号经理刘祥（广东新宁人）当选为主席。① 据统计，在 1894—1905 年兴中会有姓名籍贯可稽的 286 人中，明确为粤籍的华商共 118 名，占 41. 25%。他们的籍贯以珠江三角洲地区（尤其是香山县）最多，绝大部分是华侨，居住地高度集中于檀香山及附近，其次为日本横滨、南非、越南等地。②

冯镜如（南海县人）在 1895 年被推举为首任兴中会横滨分会会长，他在横滨创立的文经商店成为兴中会同志的活动场所之一，以后还经常资助孙中山在日本的革命活动。③

香港处于清政府统治之外，又因其毗邻广东，出入方便，有利于革命党人以经商为掩护，积极开展工作。香山人杨鹤龄家世豪富，与孙中山、陈少白、尤列等被称为反清“四大寇”，他在香港开有杨耀记商店，作为友人聚集场所。④

在辛亥革命时期，香港曾是兴中会和同盟会活动的重要据点。1895 年 1 月，孙中山到香港筹建香港兴中会，在港粤商黄咏商、谢缵泰等均为早期的主要骨干。香港辅仁文社和华商会所皆由谢缵泰倡议成立，他年少时即立志以武力推翻清朝统治，后辅仁文社解散，并

---

① 冯自由：《革命逸史》，新星出版社 2009 年版，第 648、1013 页。

② 参见冯自由《革命逸史》，第 661—683 页。

③ 朱晓燕：《辛亥革命在佛山》，《广东史志视窗》2011 年第 5 期，第 45 页。

④ 冯自由：《革命逸史》，第 19 页。

入兴中会。后成立华商会所，有利于谢氏与香港华商沟通联系，他的商店也成为革命的谈话所。①

1905 年同盟会在日本成立后，孙中山委托会员冯自由、李自重等赴港，筹备组织同盟会香港分会。首次加盟者有百人之众，其中粤商李纪堂、郑贯公、林直勉等是颇具影响力的人物。1909 年秋，同盟会南方支部在香港成立，最初的开办经费即由林直勉捐助。李纪堂、邓荫南等在香港新界开办的农场，也常被用作革命党人的招待所，发挥了重要作用。②

孙中山于 1902 年参观越南河内大博览会时，已与当地粤籍华商杨寿彭、黄隆生、甄吉廷、张奂池等共设兴中会分会。1907 年春，又改组为同盟会分会。③

新加坡是海外华侨的重镇，也是孙中山结合革命志士，鼓吹和策划革命的重要舞台。潮籍橡胶巨头张永福是革命事业的热心支持者，为同盟会新加坡分会会长，并参与创办《图南日报》和《中兴日报》，组织同德书报社，担任社长。1906 年 2 月，他将房产晚晴园送给孙中山，以方便其进行革命活动。晚晴园不仅见证了同盟会新加坡分会的诞生，而且多次重要起义亦在此秘密策划，从此革命思潮遂弥漫于南洋群岛。④

同盟会菲律宾分会的成立及《公理报》之出版，以阳江县华侨李萁出力为多，武昌起义军兴，广东同盟会亟图响应，他受命发动阳江军事。民国成立后，李氏认为欲兴中国，必赖农业，与侨商李煜堂、李海云等集镇资创办江南福群实业公司。⑤

1909 年冬，同盟会澳门分会成立后，会员、富商子弟卢怡若以绅商身份，申请设立濠镜阅书报社，作为分会联络群众、发展会员的

---

① 冯自由：《革命逸史》，第 209—210 页。

② 余绳武、刘蜀永主编：《20 世纪的香港》，中国大百科全书出版社 1995 年版，第 60 页。

③ 冯自由：《革命逸史》，第 743 页。

④ 新加坡孙中山南洋纪念馆开幕志庆展览，2011 年 10 月 8 日。

⑤ 冯自由：《革命逸史》，第 609 页。

场所。澳门另一富商卢廉若在辛亥革命期间，曾资助孙中山的革命活动。①

1907 年后，光复会骨干因党祸先后避往南洋，各埠分部陆续成立，成员尤以潮、嘉两府人物为盛，由是光复会势力为之一振。②

2. 积极投入革命斗争

大批海外粤商加入了革命斗争，如台山人李煜堂经商美洲致富，后集资到香港创办药材行。他见国事日非，慨然加入同盟会，以酬夙昔爱国之志，始终不懈达 40 年。1910 年广州新军起义失败，革命党人逃于香港，李氏的金利源药店成为集合中枢。从黄花冈起义至 1912 年民国政府成立，海内外军需之出纳，器械之贮藏，皆唯金利源是赖。③ 李煜堂的长子李自重信仰三民主义，加入同盟会和孙中山在日本东京开设的革命军事学校。1905 年夏，奉孙中山命与冯自由回国，共负联络粤、港、澳三地同志之责，并任入会主盟事宜。④

四邑人梁长海自幼靠兄长在美国当劳工抚养成长，1889 年到越南海防谋生。后来开设天成号，经营米业，成为当地较富裕的侨商。1903 年，孙中山到越南宣传革命，梁长海受到影响，邀请孙中山到其商号做客，以天成号为据点，接待越南华侨，宣传民主革命思想。革命军发动镇南关起义，梁除了负责军需供应外，还秘密运送枪支弹药到各起义军据点。⑤

梅县华侨梁密庵为印度尼西亚巴达维亚中华总商会会长，早年弃学在南洋经商。1907 年在香港加入同盟会，后在南洋多次筹款，支持革命党人起义。1912 年受胡汉民之邀，回粤兴办实业，后又筹款支持反对袁世凯的斗争。⑥

潮阳华侨林义顺是南洋巨富，1903 年因上海《苏报案》而反清，

---

① 广东革命历史博物馆编著：《广东辛亥革命史迹图志》，广东人民出版社 2011 年版，第 204—205 页。

② 冯自由：《革命逸史》，第 860 页。

③ 《李公煜堂》，吴醒濂《香港华人名人史略》，第 7 页。

④ 《李自重先生》，吴醒濂《香港华人名人史略》，第 53 页。

⑤ 周治中：《国立中华国民银行行长梁长海》，《文史纵横》2016 年第 3 期（总第 63 期），第 78—79 页。

⑥ 广东革命历史博物馆编著：《广东辛亥革命史迹图志》，第 148 页。

“是为南洋华侨同情革命之第一声”[①]。他加入同盟会南洋分会，担任交际干事，负责对外联络和外交事务。1906 年受孙中山委派，参与主持成立同盟会槟榔屿分会。次年又参与筹办《中兴日报》，为第一任总经理。林氏还为多次武装起义筹集军饷，当起义失败后，又协助安顿流亡到新加坡的革命志士。[②]

20 世纪初，永安百货公司创始人郭氏兄弟的堂兄郭标加入了同盟会，并成为澳大利亚华侨同盟会的主要领导人之一。[③]

大埔人张振勋是张裕葡萄酒创始人，曾号称“南洋首富”，被誉为近代著名爱国侨领、振兴中华实业先驱和“中国葡萄酒之父”。辛亥革命初兴，他即鼓励儿子加入同盟会，并暗助孙中山银两。辛亥革命爆发后，他又向革命党人捐赠巨款。[④]

3. 为武装起义筹措资金

辛亥革命的指挥部大部分时间设在海外，革命经费也主要依靠华侨。许多粤商为革命捐款，其中不少人毁家纾难。特别是由于粤籍港商慷慨解囊，使香港成为革命党人的经费筹集之地。孙中山的首次革命尝试及其后的数次起义，都在香港进行组织工作，与他得到华商的财政援助分不开。乙未广州之役（1895）是革命党人发动的第一次武装起义，所需经费原定是由孙中山负责向夏威夷华侨募集，但届时经费不足，由于得到香港黄咏商和余育之的及时襄助，才使起义得以依原计划进行。黄咏商将他的一所洋楼卖掉，得款 8000 元，充作经费。日昌银号东主余育之也捐助军饷上万元。[⑤]

1900 年惠州之役，革命军用费约 10 万元，其中十分之二三系由李纪堂资助。起义失败后，善后费用都由李氏供给，他回忆道：“迨至惠州失败，交我之二万元不够，我垫去十八九万元，办理善后，我分得遗产不少，所以有款可垫。”[⑥] 据冯自由著《革命逸史》记载：

---

① 冯自由：《革命逸史》，第 132 页。

② 《百年辛亥 南洋回眸》，新加坡《联合早报》2011 年 10 月 6 日，特辑第 21 页。

③ ［法］白吉尔：《中国资产阶级的黄金时代（1911—1937 年）》，张富强、许世芬译，上海人民出版社 1994 年版，第 176 页。

④ 《百年辛亥纪念特辑》，《广州日报》2011 年 9 月 15 日 A118 版。

⑤ 冯自由：《革命逸史》，第 17、44 页。

⑥ 余绳武、刘蜀永主编：《20 世纪的香港》，第 66 页。

李纪堂乃清季革命党员捐助历次起义军饷最巨者，其家业因之耗费而渐呈衰竭，“昔之开国元勋，几于身无立锥，求一饭而不可得者，比比皆是，纪堂其一人也”①。

1903 年洪全福广州之役，所需军饷和经费完全由香港粤商承担，主脑人物为谢缵泰、李纪堂和洪全福，军装和其他用品都是在香港购备和制成，然后设法运入广州应用。根据事后广州官员的报道，此次起义的革命党人曾拥有至少价值 18 万元的军械火药。②

徐统雄（大埔客家人）是南洋富商，1906 年加入新加坡同盟会，曾为惠州七女湖起义、镇南关起义、云南河口起义筹募军费。他在孙中山最困难时，毅然将 7 间店铺全部变卖，资助革命。孙中山深受感动，视其为海外知己。③

1907 年潮州黄冈起义和惠州七女湖起义，主要经费在香港筹集，大都由李纪堂、曾锡周、马培生、李海云等承担。潮安人许雪秋是新加坡华商，同盟会会员，1906 年被孙中山委任为中华国民军东江都督，翌年 5 月发动潮州起义。他三度在粤东进行军事之经费，所得于新加坡潮州籍侨商林受之（系该役助饷最力者）、沈联芳、潘兆鹏等捐输者，为数不赀。④

1910 年广州新军起义时，原定由孙中山在海外筹募全部军费，但到起义前夕，所需尚欠 2 万元。李海云（台山人，香港远同源汇兑业商号经理、同盟会员）提款 2 万元，作为购置军械之急需，使起义如期举行。⑤ 同年 11 月 13 日，孙中山在马来半岛的槟榔屿，召集同盟会重要骨干会议。此前以会党为主力在边区的起义皆未能成功，革命正陷入低潮，会议议决集同盟会精英，在广州部署一次大规模的武装起义，与清政府决一死战。南洋各埠代表均应允尽力募捐，以成义举，其中包括邓泽如、沈联芳等粤籍商人，很快即募集了 10 多万元。⑥

---

① 冯自由：《革命逸史》，第 78 页。

② 余绳武、刘蜀永主编：《20 世纪的香港》，第 66 页。

③ 《百年辛亥 南洋回眸》，新加坡《联合早报》2011 年 10 月 6 日，“特辑”第 35 页。

④ 冯自由：《革命逸史》，第 313—317 页。

⑤ 同上书，第 158 页。

⑥ 同上书，第 547 页。

1911 年黄花岗之役爆发前，黄兴曾在李纪堂所提供的香港屯门农场居住和策划事宜，起义人员的集结、军械粮食的运输等都与此农场有关，革命党人还多次在农场内试验枪炮炸弹。[①]

为此，冯自由所著《革命逸史》曾作了一段总结："通观四十年来一部商人的革命救国史，关于个人募款最多者，乙未广州一役为黄咏商，庚子惠州及壬寅广州二役为李纪堂，丁未镇南关一役为曾锡周、马培生，庚戌广州新军一役为李海云，民五讨袁逐龙一役为简让之、林晖廷，讨莫荣新一役为杨西岩、郭民发，讨陈炯明一役为伍学焜、杨西岩，除曾、马外，俱为港商。"[②]

美洲是广东华侨聚集之地，孙中山为了发动起义，积极筹备经费，进步华侨热烈响应。如檀香山富商和牧场主孙眉（孙中山的长兄）自始即赞助创办兴中会，后收束苦心经营数十年的生意，所得之款继续支持革命。[③] 当地巨商邓荫南为支持起义，尽数变卖家财以作后援，并只身回国参与策划广州起义。[④] 邓氏逝世后，孙中山为其遗像题词道："爱国以命，爱党以诚，家不遑顾，老而弥贞。载瞻遗像，犹怀友声。"[⑤]

邓泽如为广东新会人，早年赴南洋，经营工商业致富。他愤恨清政府腐败，立志革命。1907 年加入同盟会，任挂罗庇朥埠同盟分会会长，积极为同盟会在两广和云南发动的历次武装起义筹集款项，[⑥] 孙中山誉其"筹饷之功，必与身临前敌者共垂千古而不朽矣"。

4. 捐助革命报刊及教育

《中国日报》是中国第一份革命报刊，1901 年年初创办于香港，实际上是兴中会和同盟会的机关报，在宣传革命宗旨和提高革命理论方面起了极为重要的作用，被誉为"中国革命提倡之元祖"。该报开办头几年的经费，大部分由李纪堂支付。1906 年，《中国日报》陷入

---

① 邓开颂、陆晓敏：《粤港澳近代关系史》，广东人民出版社 1996 年版，第 207 页。

② 冯自由：《革命逸史》，第 147 页。

③ 同上书，第 196—200 页。

④ 广州市政协学习和文史资料委员会编：《浩气长存——广州纪念辛亥革命一百周年史料》，广州出版社 2011 年版，第 133 页。

⑤ 广东革命历史博物馆编著：《广东辛亥革命史迹图志》，第 116 页。

⑥ 陈旭麓等主编：《中国近代史词典》，第 141 页。

困境，李煜堂应陈少白、冯自由之请，出资承办，达6年之久。[①] 冯自由赞谓："自丙午以迄辛亥，此革命枢纽之赖以维持不堕，实以先生之力为多。"[②] 辛亥革命成功以前，尚有至少10多种革命刊物在香港出版，在港粤商捐助创办革命报刊的经费为数不少，对于坚持革命宣传阵地的贡献实在很大。此外，香港光汉学校开办于1906年，经费多由李纪堂、李煜堂等负担，以提倡新学及宣传革命为宗旨。[③]

5. 为革命流血牺牲

海外粤商不仅为革命捐款，还直接参加反清武装斗争。如1900年郑士良联合会党和绿林，在惠州组织反清起义，倚邓子瑜（博罗籍商人）如左右手。1903年年初，洪全福谋夺取广州，博罗籍商人梁慕光被委任为义军总司令，事泄亡命日本。[④] 他们有的还为革命而牺牲，如刘岐山为越南华侨商人之有力者，籍贯广东新宁。革命党人来往越南及购运武器，多由他料理，辛亥年在台山被害。梁慕义在广州经商，参加洪全福起义，失败后被害。[⑤]

（二）粤地商人

在清朝的残酷统治下，广东省内的粤商不太可能直接参加革命活动，他们主要是通过立宪和实业救国等较温和的方式来推动社会进步和民族独立，这些活动在客观上响应和配合了革命。

1. 投入反帝爱国运动

1905年，为反对清政府与美国签订的《限制来美华工保护寓美华人条约》续约，全国掀起了轰轰烈烈的抵制美货运动。由于旅美华侨以广东人最多，故这里的运动规模大、坚持时间长，各行商人集合表示誓不购买美货。7月23日，广东拒约会成立，公举总商会的总商董郑观应等8人为主席，作为运动的领导机关。省港商界同人还订立议案，以打破美国对华人和华工的限禁。李煜堂以其时望，相与策划，成立香

---

① 《李公煜堂》，吴醒濂《香港华人名人史略》，第7页。

② 冯自由：《革命逸史》，第144页。

③ 广东革命历史博物馆编著：《广东辛亥革命史迹图志》，第200页。

④ 冯自由：《革命逸史》，第677页。

⑤ 同上书，第444—445页。

港对美拒约会，卓有成效。[①] 粤商自治会是广东商人独立的团体，成立于1907年11月，先后领导了反对英国攫夺西江缉捕权、抵制日货、反对葡萄牙扩大澳门侵占地、反对日本侵占东沙岛等一系列反帝爱国斗争，捍卫了国家主权和民族利益。1908年2月3日，广东发生中国水师及海关捕获日本军火走私船“二辰丸”事件，清政府接受了日本提出的一系列屈辱条件，激起民怨沸腾。广州民众率先发起请愿拒日运动，粤商自治会起了领导作用。3月20日，在广州召开了国耻纪念大会，粤商自治会代表陈惠普任主席，到会数万人，当场烧毁日货，决定推行维护主权、抵制日货的爱国运动。全国各地以及海外华商纷纷致电声援，[②] 形成波及全国乃至南洋的声势浩大的抵制日货运动，充分揭露了清政府的卖国面目，沉重打击了日本的侵略气焰。

2. 抗捐、罢市、保路

清季民变频繁，广东各行各业商人的抗捐和罢市遍及省内各地，极为频繁。[③] 1904年，广州总商会成立，提倡各种实业，以塞漏卮，而挽利权。在当时国人轰轰烈烈的收回路矿运动中，粤商力争废除了清政府与美国华美合兴公司签订的《粤汉铁路借款合同》，将该路收回自办。1906年春，粤督岑春煊以武力将粤汉铁路收为官有，香港富商陈席儒、陈赓虞昆仲（檀香山华侨大种植家陈芳之子，香山县人，各得其父遗产巨万，在香港商界中素以财雄见称）和杨西岩（新会县人，曾任檀香山领事，早年接受不少土地遗产，时人皆以大地主称之）以大股东资格，领导广东及港澳各地股东开会反抗，他们以函电向清政府极力抗争，达数年之久。而为陈席儒、陈赓虞、杨西岩三家之谋主者，即同盟会香港分会会长兼《中国日报》社长陈少白。陈杨三家与革命党人发生关系，即在此时。[④] 1911年5月，保路运动爆发，商人的政治态度发生根本转折，广东粤汉铁路股东于6月初召开声援保路运动大会，与会者极为激烈，将斗争矛头直接指向清

① 《李公煜堂》，转引自吴醒濂《香港华人名人史略》，第7页。

② 张振鹤、丁原英编：《清末民变年表》，《近代史资料》1982年第3期，中国社会科学出版社1982年版，第174页。

③ 参见张振鹤、丁原英编《清末民变年表》，《近代史资料》1982年第3期。

④ 冯自由：《革命逸史》，第327页。

朝统治者，粤商融入变革大潮，成为推动历史进程的重要力量。

3. 参与立宪运动

同盟会与国内资本家没有渊源，与内地商人关系较密切的资产阶级立宪派团体，于1906年后才出现，带有强烈的地方色彩。广东绅商组织众多，如七十二行商会、九大善堂、总商会等，粤商自治会就是与当地士绅联合而成的纯粹地方性团体。这些团体当时在国内省内政、商两界都具有相当的影响力，在清季立宪运动中起了重要的组织和领导作用。

4. 暗中支持革命者

在辛亥革命前夕，省内粤商有不少转而同情或暗中支持革命。江孔殷是清末民初广东大富商，他利用其地方名士的身份，广结各方朋友，在当时的政坛举足轻重。江氏对本省革命有过较大贡献，如黄花岗起义后，他力担风险，协助同盟会秘密会员潘达微收敛烈士遗骸，成为一大义举，孙中山和宋庆龄为此还专门登门拜谢。江孔殷还资助绿林出身的李福林到越南见孙中山，加入同盟会和参加镇南关起义。辛亥革命爆发后，正是他的巧妙斡旋，最终促成当时的革命党人汪精卫、陈景华获赦，两广总督张鸣岐同意对清朝独立，水师提督李准转变态度，从而实现了辛亥年广州的和平光复。① 又如广州方便医院由当地中药、丝绸、土杂货业等商行募捐创建，曾参与了对黄花岗起义牺牲烈士遗体的收殓。②

5. 兴办实业、挽回利权

祖国落后被列强欺凌，使爱国粤商倍感凌辱，“实业救国”，成为许多人创业的初衷。“振兴国货，挽回利权”，频频出现于企业广告中。如19世纪末的一则保险公司创业广告云：“现海禁大开，中外互市，我华商窃恐自有利源偏流旁藩。”③ 广东南洋烟草公司是有鉴于洋烟销华，造成莫大漏卮，“欲挽回烟草之利权”而创。④ 这些都切实反映了近代粤商的忧患意识和创业动机，他们确认兴办实业，“步

① 《百年广州·百年辛亥》，《广州日报》2011年8月12日C1版。

② 广东革命历史博物馆编著：《广东辛亥革命史迹图志》，第38页。

③ 《创办济安洋面保险公司小引》，《香港华字日报》1895年7月19日。

④ 广东南洋烟草公司广告，《香港华字日报》1905年12月22日。

武欧美之富强，救起同胞之贫困，皆在此举”[①]。

二 辛亥革命后粤商的斗争

(一) 支持和响应辛亥革命

1. 热烈庆贺武昌起义

1911 年 10 月 10 日武昌起义取得胜利后，在全国引起连锁反应，各省革命党人纷纷起来响应。迅猛发展的革命形势，在广州商民中也引起了强烈的反应。据《申报》报道：10 月 28—29 日，城内七十二行商都已悬挂革命旗帜，民众燃放爆竹，欢呼如雷。[②]

2. 策动广东“和平独立”

自革命运动爆发以后，全国各省纷纷响应独立号召。广东人民也不甘落后，热烈投入革命运动中，希望凭借这次浩浩荡荡的运动，能够获得广东的光复独立。顿时，起义的烽火遍布南粤。在粤商自治会和广州总商会等的推动下，广东各界提出“和平独立”的口号和“公决承认共和政体”的方案，宣布与清廷决裂。粤港商人与革命党人联系，促使广东清政府高官的态度发生重大转变，被迫同意“和平独立”。和国内其他城市不一样的是，由于广州总商会、七十二行商及九大善堂等粤商组织的重要作用，广州比较平稳地结束了清朝的封建专制统治。[③]

1911 年 11 月 8 日，广东各团体代表在总商会集会，讨论宣布共和独立问题。翌日，同盟会南方支部部长胡汉民被各界人士推举为广东都督，他随即偕粤籍港商李煜堂、林护、容星桥、余斌臣、邓仲泽、杨西岩等 10 余人由香港抵达广州就职，广东遂告光复。[④] 当时，广东的人民群众以及其高涨的热情迎接了广东的光复。广州“城厢内外各商店，均高揭三色国旗，有书‘新汉万岁’者，有书‘民国军万岁’者。爆竹如雷，欢声雷动，剪发者尤众……五羊城中，焕然一

① 利商农工商务公司广告，《香港华字日报》1904 年 10 月 12 日。

② 汕尾市人物史料编辑委员会编：《陈炯明与粤军研究史料（1）》，第 336 页。

③ 广东革命历史博物馆编著：《广东辛亥革命史迹图志》，第 40 页。

④ 冯自由：《革命逸史》，第 552 页。

新世界矣!”①

3. 充当军政府的财政支柱

广州军政府成立之初，面临严重的财政困难，因前清两广总督张鸣岐逃跑时，将库银席卷而去，造成银根短缺，军队给养、政府开支均无来源。为稳定人心，军政府只好向商界借款，省港华商踊跃垫支。广州九大善堂、总商会、七十二行商、粤商维持公安会等，应允尽力筹募军饷。李煜堂出任军政府财政司，当时军需孔急，他很快即集款80万元。② 李煜堂还向杨西岩、陈赓虞等港商借款，发动华侨捐款，发行公债和纸币，以摆脱困境。军政府在香港设立筹饷局，由杨西岩担任会长，以发行债券或筹款方式来筹饷，得到商民的有力支援。此外，华商还在香港建立了一个强有力的委员会。③ 军政府在成立后半年多时间内，共收得捐款142.7万余元，借款381.3万余元。广州商会和银号还决定接受军政府发行纸币，承认现银与纸币一律通用。④ 由于省港商界予以鼎力支持，帮助军政府度过了财政难关。

4. 积极参加新政权的建设

有不少粤籍华商在新成立的军政府担任重要政务，如李纪堂为枢密院成员及交通司司长、李煜堂为财政部部长、伍藉槃为民政部副部长、李海云为官银钱局局长，等等。

（二）革命遗产的重要继承者和实践者

1. 继续支持孙中山的革命事业

在民初孙中山的历次革命斗争中，粤商仍踊跃捐输。如李煜堂虽于民国成立不久即洁身而退，专心从事开发实业，但对于国事仍一日不能去怀，孙中山讨伐袁世凯、护法，讨伐桂系军阀、北伐等役，均

---

① 杨万秀:《广州史话》，广东人民出版社1986年版，第197页。

② 《李公煜堂》，转引自吴醒濂编《香港华人名人史略》，第7页。

③ 余绳武、刘蜀永主编:《20世纪的香港》，第69页。

④ 沈晓敏、倪俊明:《喋血南国——辛亥革命在广东》，广东人民出版社2011年版，第217—218页。

曾联络香港华商界，筹集饷糈相助。①

林义顺迭任新加坡中华总商会正、副会长，热心招待祖国来往革命同志，1913 年秋各省讨袁军失败，将领多逃往南洋，他一概竭诚招待。1920 年，陈炯明率军讨伐盘踞广州的桂系军阀，林氏为之募集饷糈 30 余万元。② 因其贡献，多次荣获中国政府所颁勋章，如 1912 年孙中山以中华民国临时大总统名誉特颁旌义状，1915 年获得共和一等奖章。林义顺还出任不少部门的职位，如 1916 年被孙中山聘为护法政府参议，1919 年和 1920 年分别被聘为粤军总司令部顾问及广东省公署高等顾问。③

爱国侨领张榕轩、张耀轩兄弟（梅县人）是中国第一条民营铁路潮汕铁路的创办者，清末即对统治当局以“铁路国有”为名，出卖铁路主权和掠夺华侨资本的行径甚为愤慨。辛亥革命爆发后，他们把同情和支持转向革命党，捐献了一大笔资金，并影响和带动印度尼西亚华侨踊跃捐款。孙中山为筹款亲自到梅县松口镇，受到张榕轩之子张步青的款待。1912 年建立民国后，孙中山特为张耀轩亲笔题赠“博爱”大字一幅，以表彰其对革命的支持。④

梁长海于辛亥年从越南回国，参加孙中山就任中华民国临时大总统大典。1912 年 2 月 15 日，随孙中山谒南京明孝陵并合影留念。1922 年 1 月 7 日，孙中山以陆海军大元帅令，任命梁长海为国立中华国民银行行长。陈炯明部叛变后，梁曾筹款送上永丰舰接济孙中山，后又多次筹款支援讨伐陈炯明的各军。⑤

台山籍旅美华侨陈宜禧所创办的广东新宁铁路公司为支持广东革命政府，借款 12 万元作为军饷。孙中山曾指令任何机关、单位不得

---

① 冯自由：《革命逸史》，第 145 页。

② 同上书，第 133 页。

③ 《百年辛亥 南洋回眸》，新加坡《联合早报》2011 年 10 月 6 日，“特辑”第 32 页。

④ 缪俊杰：《创办中国第一条民营铁路潮汕铁路——爱国侨领张榕轩、张耀轩功绩卓著》，《炎黄世界》2011 年第 10 期，第 40 页。

⑤ 周治中：《国立中华国民银行行长梁长海》，《文史纵横》2016 年第 3 期（总第 63 期），第 79—80 页。

再向该路借款。[①]

杨西岩于1920年加入国民党，一直追随孙中山革命，踊跃输将，始终不懈，“更将其在港地产陆续变卖，悉充饷糈。毁家纾难，尤属难能可贵”[②]。

1923年年初，孙中山第三次在广东建立革命政权，当时财政拮据，靠借债度日，他仍得到粤商的广泛支持，不仅乐于借款，还出谋划策，献议大元帅大本营财政部特组财政委员会，得到采纳。[③] 有不少粤商出任政府高官，如杨西岩先后任大本营内政部次长、禁烟督办，李郎如任大本营参军，伍学熀先后任两广盐运使和大本营建设部次长。李煜堂、邓泽如、杨西岩、伍学熀、蔡昌、郭泉等一大批粤商，皆被委派为中央财政委员会委员。[④] 李纪堂曾出任广州市民产保证局局长。[⑤] 由粤商所创办的香港工商银行、华商银行等，也给予革命政府经济援助，前者为孙中山与华侨联络的机关，主要起政治作用。后者的款项则用于支援革命政府机构。[⑥]

2. 抵制洋货、提倡国货

辛亥革命后，国民的国家意识逐渐强烈，反帝爱国运动开拓了国内市场，资本家宣传购买国货，“杜塞漏卮，挽回利权”，为产品广开销路。“抵制外货，爱用国货”的口号，开始深入人心。许多粤商企业利用广告词，号召同胞奋起救国。谓：“处今日外交失败之秋，而欲我国图存，仍立于环球世界之上，非从事商战未由。而欲商战优胜，非振兴土货未由。”故“大声疾呼曰：请我国同胞，急用土货以救国亡！盖土货兴，则利权挽；利权挽，则漏卮塞。国赖以强，民赖

① 《给陈宜禧的指令》（1924年1月9日），《孙中山全集》第9卷，中华书局1986年版，第38页。

② 冯自由：《革命逸史》，第329页。

③ 《评论·论财政委员会设立主旨及军民应取态度》，《广州民国日报》1923年12月31日。

④ 参见杜永镇编《陆海军大元帅大本营公报选编》，中国社会科学出版社1981年版，第429—466页。

⑤ 《本省要闻》，《广州民国日报》1923年12月5日。

⑥ 陈子铭：《解放前华侨在广州投资纪略》，《广州文史资料选辑》1962年第2辑；黎照寰：《华侨资本的五家银行》，《广州文史资料选辑》1965年第1辑。

以富矣”[①]。马玉山糖果饼干公司揭橥“实行振兴土货主义”，始创自制糖果饼干。[②]

粤商组织国货维持会，以提倡国货，抵制洋货，发展实业，改进工艺，推广贸易为宗旨，曾多次举办国货产品的陈列和展览，成效卓著。

3. 致力于实业救国

辛亥革命成功，民国建立，激发了国人投资兴办企业的热情，社会经济愈趋活跃，时论称：“民国肇兴，政治一新，工商业感受刺激，生机骤动。”[③] 民初政府构建了一套较为完整的具有现代意义的经济体制（财经立法、管理机构）。1912—1916 年，仅经济立法即达 86 项之多，这不仅为经济现代化提供了法律及政策保障，也为民族经济的发展创造了有利的社会环境。

1912 年 4 月孙中山辞去临时大总统职后，提倡“实业救国”。李煜堂父子响应号召，弃政从商，列于香港华人名人之位。陈少白从事实业，始自清末摆脱《中国日报》职务后，在香港受李煜堂等敦请兼任四邑轮船公司经理，凡遇与外国势力发生业务纠纷时，便出面进行交涉。辛亥后，他致力于交通事业，在香港发动华商投资组设粤航公司，购轮悬挂华旗行驶于广州—香港航线，开收航权之嚆失。此外，还与李煜堂等组设上海联保水火险公司，贯彻孙中山实业救国的主张。[④]

1912 年 8 月，孙中山到烟台参观张裕葡萄酒公司，应邀欣然题写“品重醴泉”，以示嘉奖。郑观应对张振勋极其推崇，誉为“商务中伟人”，当其病殁后，又谓：“所最难者，拥厚资不自暇，晚年已垂老，不惮焦劳，无非欲提倡实业，遂其救国救民之志。”[⑤]

---

① 中国兴华制面公司广告，《香港华字日报》1919 年 6 月 2 日。

② 马玉山糖果饼干公司广告，《香港华字日报》1915 年 2 月 25 日。

③ 杨荫溥：《五十年来之中国银行业》，中国通商银行编《五十年来之中国经济》，第 41 页。

④ 陈察吾：《陈山白先生事迹拾遗》，广东省政协学习和文史资料委员会编《广东文史资料存稿选编》第 4 卷，广东人民出版社 2005 年版，第 59 页。

⑤ 叶显恩等主编：《“泛珠三角”与南海贸易》，香港出版社 2009 年版，第 421—422 页。

民国初年，工商银行在港粤成立，其宗旨为“光复国资之主权，图谋国业之自立”①。南洋烟草公司的简氏兄弟赋予其产品以新的含义，从而有效地与英美烟公司相抗衡。面对洋商不择手段的打击和排挤，简照南认为，为了保证南洋兄弟烟草公司的生存，必须在各地建立烟草销售分局，使它们遍布全国，就像“天空密布繁星一样”。这样即使英美烟公司可能会挤垮南洋公司的一些分公司，但绝不可能把它们消灭干净。到1919年时，南洋烟草公司已设立了16个分局。②

结　语

近代海内外粤籍华商与辛亥革命的关系，具有四大特点。

1. 孙中山多次表达过“华侨是革命之母”，这其中华侨商人起了极为重要的作用，而海外粤商对全国革命更是发挥了举足轻重的作用。华侨和归侨因有国外生活的经历，对中国现状较少保守态度。粤商多与海外有密切联系，视野开阔，现代意识较强，勇于献身。改良派和革命派都得到过海外粤商的帮助，一般讲在20世纪初他们较多支持改良主义，到辛亥革命前夕，面临内忧外患，革命思想开始被更多人所接受，特别是在侨商中间，如1910年后，马来半岛槟榔屿成为孙中山海外革命的基地。

2. 海外粤籍华商参加革命活动最早，在兴中会中所占比例高，这是中国其他商帮所不可比拟的。同盟会成立后，随着革命队伍扩大和地域拓宽，外省人士特别是会党和留学生人数增多，尽管粤籍商人所占比重缩减，但他们在资助革命方面仍起主要作用。

3. 广东省内的粤商对本区域的反清斗争起过一定的推动作用。同盟会与国内商人联系并不紧密，同他们关系较密切的资产阶级立宪派团体出现较晚，带有强烈的地方色彩，如粤商自治会系与当地士绅联合而成的纯粹地方性团体。粤商在省内立宪党人及商人团体的领导

---

① 香港工商银行广告，《香港华字日报》1918年4月19日。

② ［美］高加龙：《中国的大企业——烟草工业中的中外竞争（1890—1930）》，樊书华、程麟荪译，商务印书馆2001年版，第118页。

下，表现较为温和，发挥的作用有限。

4. 辛亥革命发生后，海内外粤籍华商联合一致，共同倒清，热情支持新成立的广东军政府。民国初期，粤商继续追求民主共和，其中有一部分参与了孙中山领导的国民革命，其余大部分坚持实业救国，融入了中国的早期工业化浪潮。

辛亥革命是中国人民为改变自己的命运而奋起革命的伟大里程碑，孙中山和辛亥革命的先驱们为中华民族建立的历史功勋彪炳千秋。广东是中国最早对外开放之处、中西文化交汇点和民主革命的策源地，海内外粤籍华商在辛亥革命波澜壮阔的征程中发挥了特殊的作用，那些在革命中英勇奋斗和壮烈牺牲的志士们，永远值得后人尊敬和缅怀。

（原载马明达、纪宗安主编《暨南史学》第 8 辑，
广西师范大学出版社 2013 年版）

广东近代民族工业的发展水平及其特点

由于旧中国缺乏科学的工业调查，故保存的各种统计数据颇有出入，给我们的分析研究带来了相当困难。本文对众多历史资料进行发掘、梳理、对照考证后，认为广东民族工业曾在全国占有很重要的地位，外国资本最早在粤开办企业，华侨大量投资于此，使广东在我国近代经济史上开了风气之先。广东民族工业起步早，具有显著的特点，但种种原因使其发展速度缓慢，在国内的地位亦呈现下跌的趋势。

一

各种统计资料均显示，清末民初广东民族工业的发展曾在国内居于领先的地位。

据统计，1895 年至 1913 年间，广州共设厂矿 16 家，资本额 579 万余元，分别占全国总数的 2.9% 和 4.8%。厂数列于沪、汉、津之后，居第 4 位；资本额列于沪、汉之后，居第 3 位。① 1900 年至 1910 年间，全国民族资本使用 500 工人以上的较大型厂矿有 116 家，广东为 38 家，占 32.7%，居各省第 2 位；共有工人 13.1 万人，广东为 2.16 万人，占 16.5%，亦居第 2 位。②

1912 年，在全国雇用 30 人以上的纺织厂（不包括外资企业）

① 计算依据：汪敬虞编《中国近代工业史资料》第 2 辑下册，第 654 页表。

② 同上书，第 1183 页表。

中，共有织工9.2万余人，广东为近4.2万人，占45.4%，位于各省之首位。① 此时，南粤拥有的工厂（场）数和使用新式动力的厂数，均居各省之首位。②

第一次世界大战期间，民族资本获得较大的发展。据1915年调查，25省共有使用动力的工厂478家，广东为101家，占21.1%，位居第3位，与江苏（包括上海）、山东并称为我国“用机工业发达之区”；另有不使用动力的工厂19321家，广东为755家，占3.9%，列居第11位；全国工人共约62万人，广东为5.4万人，占8.7%，居各省第4位。总起来看：江浙、山东、广东、湖北、河北等地，“为吾国工业最盛之省”③。

抗战前，民族工业的发展达到高潮。据1933年工业普查，全国有合乎国民政府所颁《工厂法》规定的厂矿共2435家，其中广东为231家，占9%；共有工人47.5万余名，广东为2.8万余名，占5.9%；共有资本额4亿余元，广东为1165万余元，占2.8%；1932年度已销售产品总值达11.1亿余元，广东为5743万元，占5%。④ 另据同年对沿海6大城市民族企业的调查，广州工厂数、资本额、工人数分别居于第3、6、5位。⑤

日本全面入侵，使广东民族工业惨遭摧残，沿海大批企业被炸毁、强占或倒闭。据1941年调查，全省民营工厂482家，资本额仅180余万元，工人2387名，⑥ 生产水平严重倒退。

战后初期，广东民营工业曾蓬勃一时，厂号为数近千（包括各种小型企业），且90%以上都集中于广州。⑦ 据国民政府经济部全国调

---

① 计算依据：汪敬虞编《中国近代工业史资料》第2辑下册，第1180页表。

② 梁荣主编：《论广东150年》，第39页。

③ 计算依据：陈真、姚洛编《中国近代工业史资料》第1辑，生活·读书·新知三联书店1957年版，第16—17页表。

④ 计算依据：刘大钧编《中国工业调查报告》（中册）表格，经济统计研究所1937年版。

⑤ 计算依据：陈真编《中国近代工业史资料》第4辑，生活·读书·新知三联书店1961年版，第95页表。

⑥ 赵元浩：《论目前广东轻工业》，《广东省银行季刊》第1卷第4期，1941年12月。

⑦ 陈真、姚洛编：《中国近代工业史资料》第1辑，第194页表。

查委员会1948年发表的《全国主要都市工业调查初步报告提要》计算：全国共有工厂14078家，其中广州为473家，占3.36%，位于沪、津、台、宁、渝之后，居第6位；全国合乎《工厂法》的企业有3312家，广州为269家，占8.12%，仅次于上海居第2位；不合《工厂法》的企业有10766家，广州为204家，占1.89%，居第8位；上述企业共有职工77万余人，其中广州为3万余人，占3.89%，位于沪、津、台、渝、沈、青之后，居第7位。①

由此可见，民国时期广东民族工业的发展比较缓慢，在国内所占比重不断下降。虽然广州在各大城市经济中尚保有相当位次，但对于全省来说，问题就非常突出。据1937年、1942年各省工业统计资料，广东不论工厂数、资本数、工人数、动力设备等指标，都已落后在第10位之后（1942年比1937年情况更严重）。② 20世纪40年代末，广东民族工业陷入困境，大批企业倒闭破产。到1949年，广州市工业生产水平比1936年降低了22%。③

广东民族工业得开放之利，起步亦早，但在进程中却难保持领先的地位，其原因是多方面的。有几个比较特殊的因素值得注意。

1. 民国前期近20年间，广东被卷入连绵不断的军阀混战之中，如滇系“济军”、旧桂系、滇桂军、湘军、新桂系等，都曾在粤拥兵自立。这些客籍军阀带有明显的掠夺性，正如时论所针砭云：地方每历一次变动，在位者即多一次卷逃或搜刮。④ 政局变幻莫测，兵匪猖獗，此状较其他省区为烈，极不利于社会经济的发展。

2. 广东商业气氛过浓和社会经济较大程度依赖侨汇等因素，对近代产业资本的发展造成某些负面影响。民初旧式金融资本（钱庄和典当业）比例大的都是内陆落后的省份。1912年，广东旧式金融资本为2004万元，工业资本为538万余元，前者是后者的372.4%，高

① 该资料载于杨家骆主编《大陆沦陷前之中华民国》第4卷，鼎文书局1973年版，第1499、1501页表。

② 计算依据：陈真编《中国近代工业史资料》第4辑，第96—97页表。

③ 中共广州市委宣传部编：《光辉的十年——广州市解放十年来的伟大成就》，广东人民出版社1959年版，第66页。

④ 《六年来广东之损失略论》，《香港华字日报》1916年5月30日。

于全国 300.8% 的平均值。而这种比例在山东、河北和江浙仅为 102%—121%。[①] 事实上，近代广东工矿业在国民经济中的地位亦远逊于商业。

3. 广东外资企业较少。这固然减少了外国侵略的压力，但另外也可能使广东民族工业缺乏竞争环境及外国企业在先进的管理、技术、设备、产品工艺等方面的示范，因而发展水平和速度并未领先于沿海其他省区。

4. 香港在南中国的崛起，削弱了广州的地位。而香港因其地理、资源及市场等因素的制导，也主要是一个商贸型的转口港埠，甚至是一个针对内地的走私基地，故对广东工业的发展难以起到协调或促进的作用。

二

抗战前，广东拥有新式工厂数百家，主要集中于机器、缫丝、火柴、树胶、肥皂、碾米、煤油、电力、玻璃、皮革、化妆品等业，[②] 曾创出了显著的业绩。

1923 年，全省有缫丝厂 194 家，丝车 4 万余台，产生丝 6.65 万担，居全国首位。[③] 1928 年，全国有火柴厂 184 家，其中广东 39 家（广州占 16 家），无论在各省或各市，均列榜首。[④] 20 世纪 30 年代初，广东制革厂数仅次于江苏、河北，居第 3 位。[⑤] 在广州，有大小针织厂约 50 家，居各城市第 3 位；[⑥] 有合乎《工厂法》的榨油厂 30 家，占全国该业的近一半；[⑦] 有电筒电池厂 12 家，是全国最大的电炬

① 计算依据：汪敬虞编《中国近代工业史资料》第 2 辑下册，第 1017 页。

② 狄超白主编：《中国经济年鉴》，太平洋经济研究所 1948 年编，第 29 页。

③ 陆仰渊、方庆秋等主编：《民国社会经济史》，中国经济出版社 1991 年版，第 182 页。

④ 杨大金：《现代中国实业志》（上册），商务印书馆 1940 年再版，第 515 页。

⑤ 陈真编：《中国近代工业史资料》第 4 辑，第 600 页表。

⑥ 上海申报馆编印：《申报年鉴》（民国二十四年），（台北）文海出版社 1970 年影印版，第 562 页表。

⑦ 刘大钧编：《中国工业调查报告》（中册），第 27 页表。

业生产基地；[①] 机器厂和翻砂厂的产值均列于各城市第2位。[②]

1936年，广东有电厂36家，次于江浙（未计东北）居第3位；总发电容量3.6万千瓦，次于苏、鲁、冀居第4位；发电1亿多度，次于江苏居第2位（不计外资厂）。[③] 此外，在有色金属锰矿和钨矿开采方面，广东亦占有很重要的地位。

笔者根据1933年唯一的一次全国工业普查结果，得知在符合《工厂法》的企业范畴中，广东省在诸如厂丝、棉织兼毛织、药棉纱布、衫裤、纱线团、火柴、梗片、电筒电池、化妆品、橡胶制品、碾米、榨油、糖果饼干、汽水、酒精、铁路机械、水泥、自来水、电气用具、铜铁铜料兼制钉、钢精片及器皿、搪瓷器皿、铜皮、印刷兼铸镕、制罐、油漆油墨、制胶、洋伞骨、牙签等行业，所拥有的企业量均居各省之前茅。[④]

在企业已售产品总值方面，粤省居于首位的有电池、自来水、碾米、榨油、汽水等业；居第2位的有动力机、各种机器、水泥、梗片、衫裤、橡胶制品、印刷兼铸镕、牙刷等业；居第3位的有修机及零件、棉织、厂丝、制纸等业；居第4位的有染炼、织袜、罐头食品等业；居第5位的有火柴、印刷等业。[⑤]

在各业资本额方面，粤省居于首位的有钢精片及器皿、汽水、纱线团、制胶等业；居第2位的有修机及零件、水泥、砖瓦、衫裤、橡胶制品、碾米、搪瓷器皿、酒精等业；居第3位的有电池、动力机、棉织、织袜、牙刷、织绸等业；居第4位的有各种机器、梗片、罐头食品等业；居第5位的有铁路机厂、厂丝、榨油、制纸、印刷等业。[⑥]

但是，广东在某些重要的行业表现出很落后，甚至是空白。在前述普查中，大类如冶炼业、饰物仪器制造业、家具制造业，小类如纱纺、面粉、卷烟、机械及金属制造、木材制造等业，广东则皆为空

① 商业部百货局编：《中国百货商业》，北京大学出版社1989年版，第254页。

② 上海申报馆编印：《申报年鉴》（民国二十四年），第570—572页表。

③ 陈真编：《中国近代工业史资料》第4辑，第873页表。

④ 根据刘大钧编《中国工业调查报告》（中册），第1—32页表整理。

⑤ 同上书，第377—428页表整理。

⑥ 同上书，第33—64页表整理。

白。在采煤业，粤省蕴藏煤层甚薄，质亦不佳，抗战前年产量约二三十万吨，不及全国的1%。[①] 冶炼能力也很弱，战前年产生铁不足万吨，[②] 1939—1942年再降至7000吨，只及全国产量的1/12。[③]

可以说，缺乏煤、铁矿及棉花等重要资源，极大制约了广东重化、纺织等支柱产业部门的发展，使国民经济基础比较薄弱。此外，民族工业行业发展亦不平衡，如缫丝业曾占相当大比重，由于该业过度依赖国际市场，以致在20世纪30年代初世界经济危机的打击下"惨败至极"[④]，严重影响了全省整体实力。

三

广东近代民族工业有如下特点。

第一，具有一定的总体发展水平，且高度集中于广州。广东在民族经济的诸多领域开了风气之先，起步较早，如机制缫丝、玻璃、砖瓦、树胶、电筒电池等，为全国之滥觞；另外，在机器制造、轮船修造、织布、针织、火柴、肥皂、制革、印刷、制药、糖果饼干、化妆品、电力、电灯、自来水等业，也诞生了一批较早的企业，有较大影响。工矿业门类亦较齐全，不少重要行业都排序靠前。特别是广州企业的经营效益较佳，如据1933年对沿海6大城市民族工业调查情况，广州厂数、工人数、资本额分别居第3、5、6位，而生产净值却仅次于上海而居第2位。[⑤] 但省内企业的地区配置很不平衡，大约九成都集中于省城广州。

第二，企业注册率较高，以合伙经营形式为主。按照西方资本主义经济制度，凡新创办企业都应向政府有关主管部门登记注册。广东企业的注册率很高，据1916年北京政府农商部统计，全国企业注册

① 陈真编：《中国近代工业史资料》第4辑，第909页表。

② 杨大金：《现代中国实业志》（下册），第294—295页表。

③ 陈真编：《中国近代工业史资料》第4辑，第760页表。

④ 《国内要闻》，《银行周报》第16卷第33号，1932年8月30日。

⑤ 计算依据：陈真编《中国近代工业史资料》第4辑，第95页表。

率平均为7.3%，广东为9.8%，仅次于江苏（包括上海）的43.2%，[①] 居第2位。

广东工厂的资本组成性质也有其特色。据1933年普查，省内合乎《工厂法》的企业以合伙经营者最多，有165家，占70.5%，远远高于全国平均40.8%的比率；其次为独资经营，有33家，占17.6%，低于全国平均23%的比率；有限公司只有18家，占7.3%，远低于全国平均25.1%的比率；其他（合资公司、无限公司及不详者）有4家，占1.7%，低于全国平均8.2%的比率。[②]

第三，企业规模偏小，某些重要衡量指标甚至低于全国平均水平。首先，每厂平均资本。截至1919年资料，广东已注册企业厂均资本额为17万元，低于湖北（173万元）、直隶（61.7万元）、江苏（26万余元）、山东（21.5万元）、浙江（19.4万元），居第6位。[③] 广州代表了全省经济发展的最高水平，据1933年全国12个主要城市民族工业调查资料统计，广州厂均资本额为2.9万元，低于全国厂均3.3万余元的水平；[④] 而到1949年，广州厂均资本已不及1.4万元。[⑤] 其次，每厂平均雇用工人。据对1900年至1910年间使用500名工人以上的厂矿（不计外资企业）调查，广东厂均雇用工人569名，全国平均值为1129名（江苏更达1382.5名）。[⑥] 1933年的调查显示，广州厂均雇用29名工人，而全国平均值为47.7人。[⑦] 到1949年，广州厂均职工数又降为21人。[⑧] 最后，每厂平均使用动力。1912年，广东厂均使用动力设备为33.6马力，低于全国67.6马力的平均数值；[⑨]

---

① 计算依据：陈真、姚洛编《中国近代工业史资料》第1辑，第20页表。

② 计算依据：刘大钧编《中国工业调查报告》（中册），第33—64页表。

③ 计算依据：陈真、姚洛编《中国近代工业史资料》第1辑，第18—19页表。

④ 计算依据：严中平等编《中国近代经济史统计资料选辑》，科学出版社1955年版，第106页表。

⑤ 中共广州市委宣传部编：《光辉的十年——广州市解放十年来的伟大成就》，第37页。

⑥ 计算依据：汪敬虞编《中国近代工业史资料》第2辑下册，第1183页表。

⑦ 计算依据：严中平等编《中国近代经济史统计资料选辑》，第106页表。

⑧ 中共广州市委宣传部编：《光辉的十年——广州市解放十年来的伟大成就》，第37页。

⑨ 引自复旦大学历史系等编《近代中国资产阶级研究（续辑）》，第132页。

1942年对国民党统治区的调查统计，广东厂均拥有动力设备19.8马力，而全国平均水平为38.3马力。①

与上海相比，广东的差距则更大。如广东虽最早使用机器缫丝，但技术设备的改进极为缓慢，一直沿用陈旧的法国式丝车。每车日产生丝150克，而上海使用意大利式直缫丝车，每车日产达375克。②故1929年，上海厂丝出口量已超过广东。沪粤同为我国火柴工业发达之地，广州厂数虽比上海多，但资本额却远不如上海，如上海大中华火柴厂有资本200多万元，比广州该行业资本总和还高出许多。③

由此可见，近代广东骨干大中企业少，以轻工业为主的小型企业多，资金匮乏，技术、设备均较落后。

第四，雇用女工多于男工，较少使用童工。由于广东民族工业的结构特点，所雇工人以女工为多。据1916年农商部统计，广东工人共计5.8万余人，其中女工4.2万余人，男工1.6万余人，女工数竟为男工数的2.6倍以上，为各省之最（全国男工数为女工数的1.6倍）。④ 广东民族工业较少使用童工，据1933年调查资料，全省共有47家厂使用童工468人，只占全国童工总数近4.3万人的1%；厂均使用童工约10人，比起全国平均水平，尤其是沪、苏、浙、冀、鲁等省，其比例很低。⑤

第五，华侨投资比例大。广东为华侨最早投资办企业的地方，据估计，中华人民共和国成立前全省侨资工厂共有332家，总投资额约占民族工业的1/2至2/3。⑥ 侨办企业引进了资金和先进的技术设备，并培养出不少管理人才，带来了近代观念的更新。

第六，与香港华侨企业建立联号的现象非常普遍。以香港为桥梁走向世界，使广东民族工业具有显著的外向性。据笔者粗略统计，近

① 计算依据：陈真编《中国近代工业史资料》第4辑，第96页表。

② 许涤新、吴承明主编：《中国资本主义发展史》第2卷，人民出版社1990年版，第877页。

③ 龚骏：《中国都市工业化程度之统计分析》，商务印书馆1934年版，第137页。

④ 计算依据：陈真、姚洛编《中国近代工业史资料》第1辑，第22页表。

⑤ 计算依据：刘大钧编《中国工业调查报告》（中册），第243—291页表。

⑥ 林金枝、庄为玑编：《近代华侨投资国内企业史资料选辑》（广东卷），福建人民出版社1988年版，第121页。

代粤港华资联号企业数以百计，其经营活动呈双向互动关系，涉及几乎所有的行业。鉴于内地和香港在市场、关税、政府政策等方面都有很大差异，故联号在经营上有明确的分工。一般内地部分主要负责国内市场的产销，香港部分则担负海外的业务。在原料和资金方面，联号内则互相调剂挹补。[①] 这些联号将海内外华人产业资本关系拧得十分紧密，同时也囊括了粤港近代华资企业的精华。

（原载《学术研究》1998 年第 11 期）

① 张晓辉：《近代香港的华资工业》，《近代史研究》1996 年第 1 期。

竞争与共生：对外贸易与广州的建设发展(1912—1936)

广州素以对外贸易兴市，由此进行生产要素的转换，实现经济循环。外贸与本埠市场开放、近代化生产、城市建设、市民生活等均有直接而重要的关系，产生了两面性的影响，洋行既控制了广州的外贸，对当地建设亦有推动。舶来品虽冲击了传统市场，但与国货生产并未脱离竞合的关系，并引领了市民的生活时尚。

落后国家对发达国家的贸易在其经济发展过程中到底起了什么样的作用？自20世纪50年代以来，西方经济学界一直众说纷纭，并最终形成了正统学派与激进学派两大学派的长期对立。正统学派认为，对外贸易是落后国家经济发展的动力；激进学派则强调落后国家与发达国家的贸易使其贸易条件恶化。孰是孰非，莫衷一是。正统学派强调了积极的一面：通过对外贸易引起发达国家的商品、资本和技术向落后国家转移。激进学派则强调了消极的一面：发达国家以贸易为手段，牺牲落后国家的利益，导致国际收入分配的不平等。应该说，这两种观点都有可取的一面，也都有一定的片面性。① 对外贸易对民国时期广州经济发展的影响是十分复杂的，尽管广州对外贸易的结构具有半殖民地半封建的性质，对外贸易不可避免地会带来消极影响，但在一定程度上还是对落后的广州产生了有益的作用。如外资企业带来了崭新的生产技术，提供了企业管理经验与企业家精神，广州商人在同西方发达国家贸易的过程中所学习到的有关资本主义经济和工业技术的知识，给当地的经济发展和近代化以积极的影响。

---

① 李一文：《近代中美贸易关系的经济分析》，天津人民出版社2001年版，第5页。

近现代任何国家和地区都不能离开国际经济环境而“遗世独立”，在开放、竞争的市场环境中，对外贸易与民国前期广州建设发展的关系总的来讲是多元的，呈现结果的复杂性。外贸是广州经济增长的重要动力，粤海关长期外贸出超虽不能改变全省外贸的半殖民地性，但对广州的建设发展却非常有利。华洋资本在广州市场激烈角逐，势力互有消长，舶来品固然带有倾销性质，但对民族资本生产技术改良和民众生活质量提高亦有促进。外贸发展促进了广州地区民族工商业和交通运输业的繁盛，对城市的近现代化具有重要的作用。

民国前期是广州近代城市建设发展极为重要的一个时期，外贸在其中所起的作用尤不可忽视，学术界有关近现代中国或广东对外贸易的论著一般都涉及广州外贸的内容，但本文并非单纯研究外贸，而是以广州为个案，试图考察在市场经济的环境下，外贸对近现代中国通商口岸乃至区域社会经济的实际影响。

一　对外贸易在广州发展建设中的地位

现代化是鸦片战争后中国历史的主题，中华民国建立后，真正启动了现代化的步伐，对外贸易服务于现代化和工业化，即其在国民经济中应有的位置。

（一）广州港以外贸型功能为优势

中国近代城市化仍以商业为主要动力，因商业资本始终大于工业资本。在工商业资本中，商业资本在抗战前约占70%，1948年时已占到90%。而近代的商业化又以外贸为主要特征，外贸城市成为近代新型商业城市的主体，外贸的发展和国外大量工业品的输入，说明近代城市化已受到了外力的巨大影响，此状况可视为西方城市对中国辐射的一种表现。[①]

因此，以开埠通商和对外贸易为特征的对外开放，标志着中国城

---

① 隗瀛涛主编：《中国近代不同类型城市综合研究》，四川大学出版社1998年版，第10页。

市从此开始了近代化进程，在一定意义上也可以说是中国经济近代化的起步。经济近代化在中国的最先体现，是在外贸推动下商品市场的转变和商品流通网络的整合，随之在与世界经济体制的互动下国内产品的商品化和国际化。广州乃以外贸兴市（所谓以外贸“兴市”，即指以外贸为龙头，引发出其他一系列的变化），自古亦然。

广州位于经济发达的珠江三角洲，亦通过内河与腹地相联系，海运的便利更是其得天独厚的条件。作为大陆腹地与海洋腹地的辐射点，广州是国内外物资集汇之重地、华南对外贸易的中心。早在1906年，富商冯耀卿就在广州创立了中国第一家华资贸易公司——利丰贸易公司。[①] 据1935年统计，全市经营外贸业务的报关行共有97间。[②] 直至清末，广州是全国第二大外贸口岸，民初仍保持在前4位。

对外贸易推动了广州航运业的大发展，在民初10多年间，广州口岸注册航行的轮船增长了两倍以上，增长幅度及船舶数量均超过上海。开始时这些轮船中的洋商船仅10多艘，第一次世界大战后增至20余艘，20世纪20年代迅速增长，1920年为22艘，低于上海的112艘，而1924年、1926年分别多达276艘、203艘，远超过上海同期的126艘、153艘。[③]

中国通商海关内港轮船注册总数 单位：艘

年份	1911	1912	1913	1917	1921	1923	1926
在广州注册数	310	395	432	512	600	708	879
在上海注册数	359	283	301	340	359	420	554
全国注册总数	1021	1025	1130	1550	1820	2205	2754
广州占全国（%）	30.36	38.54	38.23	33.03	32.97	32.11	31.92

资料来源：中国第二历史档案馆等编：《中国旧海关史料》，第68册第61页、第80册第69页、第88册第85页、第96册第121页、第100册第151页。

① 金叶：《海珠旧宅梦呓》，《广州日报》2008年7月6日B1版。

② 关其学、刘光璞主编：《论经济中心——广州》，广东高等教育出版社1987年版，第68页。

③ 中国第二历史档案馆、中国海关总署办公厅编：《中国旧海关史料（1859—1948）》，京华出版社2001年版，第68册第61页、第80册第69页、第88册第85页、第96册第121页、第100册第151页。以下简称中国第二历史档案馆等编《中国旧海关史料》。

20世纪30年代前期，广州港每年往来外洋的商船吨数占全国的12%—13%，仅次于上海而居第2位。而往来于国内的商船进出口吨数只占全国港埠总数的2.1%—2.8%，位于第11名以后。[①] 由此可见，广州港主要功能为外贸型，在国内贸易中所占比重不大。

广州港位于珠江口内，珠江源远流长，横贯滇、黔、桂、粤四省，腹地深远。民国前期，广州通过外贸货物而辐射四周，使腹地更为广阔，如20世纪20年代产量及出口量均居全国首位的珠江三角洲所产厂丝即主要是从广州出口。粤汉铁路建成通车后，又直接将腹地延至中原。内地出口物资南下经广州远销国外，而广州进口的环球百货则北上扩散到城乡各地。

（二）民国前期广州外贸概况

清季广州港进出口贸易激增，入超严重。输入舶来品以直接消费资料为主，其他生产资料和建筑材料也占了一定比例，还有不少军火、鸦片等非正当贸易商品。出口仍以农副矿原料及手工业品为主。[②] 进入民国后，广州港进出口贸易逆转为常年出超，进出口货物结构逐渐也发生变化。1912—1913年进口洋货仍以工业消费品为主，其他生产资料及建筑材料所占比例较小。1914—1918年第一次世界大战时，日、美商品异军突起，日本棉纱、手巾、面巾和美国煤油进口大增。1919—1924年，进口以棉货、粮食、海产、纸、煤、煤油为大宗，尤以印度及日本棉纱为最；民族工商业有了显著发展，产品出口以厂丝、土布、爆竹、草席、肉桂、烟叶、烟丝、纸伞、牛皮为大宗，尤以厂丝为最。1922—1924年进出口货值达到抗战前的最高峰，1919年和1922年分别创下了出超高达3355.4万和3478.4万海关两的纪录。省港大罢工期间，1925年洋货进口大跌，土货出口亦锐减，尤以生丝为最。翌年停止抵制英货后，洋货进口大增，贸易入超2194.5万海关两，造成民国以来本地首次且为巨额的外贸逆差。

---

① 程浩编著：《广州港史（近代部分）》，海洋出版社1985年版，第245—246页。

② 同上书，第143—146页。

1929—1933年洋货进口大幅度上升，固然有列强在世界经济危机中倾销过剩商品之因素，但确含地区经济发展而增大的需求，如输入的主要为纺织品、汽油、水泥等。由于土货出口衰竭，1932—1933年出现了连续贸易逆差，厂丝输出剧减乃主要原因。1933—1936年外贸严重滑坡，出口下降是因国际市场严重不景气，各国高筑关税壁垒，导致出口商品价跌，输出值减少；进口下降是由于国内进口税率提高，洋货成本上涨，走私猖獗。本埠民族工业较前发展，产品增多，能部分满足市场需求，使同类产品进口减少。如广东政府大力发展地方经济尤其是省营工业，抵御洋货输入，使洋糖、洋油及洋米充斥广州市场的局面得到很大的改变，国产水泥、纺织品还远销至南洋各国。

总的来讲，民国前期广州出口厂丝主要销往美国、法国，钨砂等矿产品主要销往欧美各国，土布、农副产品等日常用品主要销往南洋群岛；进口棉纱主要来自英印、日本，石油产品主要来自美国，机器、机械、武器装备、军事工业设备等主要来自美国、德国，谷米及面粉分别主要来自东南亚国家和美国，一般日用工业消费品主要来自西方各国和日本。

（三）民国前期广州外贸剖析

近代全国及广东对外贸易以入超为特色，而广州对外贸易却基本上是出超，尤其是民初10多年间出超速度增加很快，据粤海关资料，1929年较1912年出超几乎翻了一番。但若单以粤海关所列之统计数据为估价广州外贸之标准，是不够确实的。因为：转口运粤之物品，如洋米、煤油，向由民船经九龙关进口，其数额不列入粤海关统计之内；其他大部分进口钢铁、木材、化学品、电器等（每年可达上千万元）亦未计入；至于走私货物（包括广东当局用军舰直运广州的货物）等，全未列在粤海关统计之内。[①] 大体上讲，广州历年出口商品以农产品及自然特产为主，手工业产品次之；进口商品则以原料、燃

① 广东省银行经济研究室编：《广东经济年鉴》第4章“经济历史”，1940年，第42页。

料及各种消费品为多。如输出货物以生丝居首位，其次为爆竹、绸缎、烟叶烟丝、熟牛皮、针织品、草席、矿砂等；输入货物以棉纱、米粮等为主，其次为五金、矿物油、煤炭、化肥、白糖等。[①] 值得注意的是厂丝的大量出口（1928 年占广州港国货出口总值的 80%，供源地为广州附近的珠江三角洲各县市），[②] 作为最重要的出口产品，厂丝本属工业品，其在出口贸易中的作用反映了机器缫丝业在广东民族工业中的支柱地位，但出口的厂丝对于外国丝绸工业来讲仍是原料。

民国前期，广州广泛参与国际经济的竞争是无可争议的，问题在于其所处的消极被动境地，落后的进出口商品结构未从根本上改变，这种贸易格局体现了帝国主义国家对落后国家的关系，内地市场只能成为国际资本主义市场的附庸。广州经济对外贸的依赖有两重性：一是工业原料、技术设备及粮食依赖进口；二是为获取进口的资金，厂丝等主要工业品依赖出口。如不通过外贸进行生产要素的转换，广州的经济循环就难以实现。而广州商业对国外市场的依赖性则更大，如占商业总额 37% 的出口贸易，直接或间接地受到外国洋行或公司的控制，依赖进口商品的竟达 58 个商业行业和 20 多个工业行业。许多商业在组织上和经营上都受香港有关方面的支配，形成所谓“头在香港、尾在广州”的现象。[③]

还有一个值得注意的就是走私贸易的恶劣后果。陈济棠统治时期，广东“进口税率数度增加，走私之风愈炽。”海关税收损失惨重，据估计广东每年偷漏关税约为 2000 万大洋，达全省关税总收入的 70% 以上。[④] 在愈演愈烈的走私狂潮中，官、商竞相参与。官吏，特别是查缉人员，“以缉私之人为人运私，沿途关卡最便通行”[⑤]。地方势力经常干扰海关缉私，广东当局为扩大财源，发展地方实力，甚至利用军舰、缉私舰、警船等放肆走私。如 1933 年，由九龙海关转

---

① 武堉幹编：《中国国际贸易概论》，商务印书馆 1930 年版，第 412、414 页。

② 《经济新闻·广州土货出口之调查》，《广州民国日报》1929 年 9 月 1 日第 8 版。

③ 广州市委宣传部编：《光辉的十年——广州市解放十年来的伟大成就》，第 165 页。

④ 蔡谦：《粤省对外贸易调查报告》，商务印书馆 1939 年版，第 22、37 页。

⑤ 邹琳：《粤鹾纪实》，商务印书馆 1922 年版，第 31 页。

来的大宗逃税货物，由粤官方以军舰直接运进广州。① 省政府为了筹集官营企业的创办资金，亦利用走私进行贱买贵卖，曾演出工厂尚未建成，产品（所谓“无烟糖”，私运洋糖改头换面成为省营糖厂的出品）却已上市的闹剧。1935 年年初，费正清在目睹华南一带走私情形后感叹道：“当广州政府的炮舰为官办专利事业运进食糖时，海关缉私部队也无能为力。”②

粤海关直接对外贸易总值表（1912—1937）

单位：1912—1932 年为海关两；1933 年后为国币元

年份	洋货进口	土货出口	外贸共计货值	出超（+）入超（-）	占全国总值（%）
1912	25 796 004	42 877 242	68 673 246	+17 081 238	8.02
1913	31 791 219	55 937 841	87 729 060	+24 146 622	8.87
1914	34 880 588	44 144 353	79 024 941	+9 263 765	8.40
1915	26 037 359	42 127 765	68 165 124	+16 090 406	7.61
1916	25 939 697	55 074 383	81 014 080	+29 134 686	7.97
1917	27 874 400	49 994 066	77 868 466	+22 119 666	7.49
1918	28 215 554	50 436 445	78 651 999	+22 220 891	7.40
1919	31 121 914	64 676 057	95 797 971	+33 554 143	7.31
1920	32 509 218	59 221 881	91 731 099	+26 712 663	6.84
1921	41 496 668	71 333 839	112 830 503	+29 837 167	7.35
1922	54 232 571	89 016 601	143 249 172	+34 784 030	8.79
1923	73 846 423	90 228 494	164 074 917	+16 382 071	9.64
1924	54 019 748	82 775 970	136 795 718	+28 756 222	7.55
1925	40 430 586	49 832 293	90 262 879	+9 401 707	5.18
1926	67 174 985	45 229 330	112 404 315	-21 945 655	5.60
1927	43 474 751	69 981 148	113 455 899	+26 506 397	5.81
1928	40 084 903	73 337 131	113 422 034	+33 252 228	5.15

① 广东省银行经济研究室编：《广东经济年鉴》第 4 章“经济历史”，1940 年版，第 42 页。

② 吴伦霓霞、何佩然主编：《中国海关史论文集》，香港中文大学崇基学院 1997 年版，第 246 页。

续表

年份	洋货进口	土货出口	外贸共计货值	出超（+）入超（-）	占全国总值（%）
1929	41 758 404	75 097 383	116 855 787	+33 338 979	5.09
1930	51 161 683	60 366 910	111 528 593	+9 205 227	5.02
1931	56 212 088	61 811 221	118 023 309	+5 599 133	5.01
1932	54 153 800	34 115 087	88 268 887	-20 038 713	5.67
1933	62 009 108	58 404 194	120 413 302	-3 604 914	6.11
1934	33 848 152	47 128 447	80 976 599	+13 280 295	5.14
1935	33 761 036	39 936 377	73 697 413	+6 175 341	4.91
1936	30 905 425	42 486 866	73 392 291	+11 581 441	4.44
1937	45 166 170	63 845 966	109 012 136	+18 679 796	6.07

资料来源：中国第二历史档案馆等编：《中国旧海关史料》，第61—128册。

二　外国洋行在广州的经营及其作用

（一）外国洋行控制广州的外贸

外国洋行在广州主要从事贸易以及为贸易服务的航运、仓储、金融等业。由于洋行控制和垄断了广州进出口贸易的具体业务，故广州的外贸实际上就是与外商洋行的贸易。近代广州市场基本上属于英国的势力范围，第一次世界大战时，日本之货，销流甚广，20世纪30年代初，工业发达的美国取代英、日而大量输入面粉、燃油、金属制品及机械。

广州是我国最早被外国资本侵入的地区，第一次世界大战后，涉足广州的洋行更多了。沙面租界是外国资本对华南进行经济侵略的重要基地，经营进出口贸易的洋行有英商怡和、太古、卜内门洋碱公司、泰和、天祥洋行；法商新志利洋行、东方修焊公司；德商捷成、礼和、鲁麟、谦信、瑞记、禅臣、山打洋行；日商三井、三菱、铃木洋行；丹麦免那洋行；美商旗昌、慎昌、荣茂富、亚美、夏巴洋行、五金公司、中国电气公司等。亚细亚、美孚和德士古三大西方石油公司广州分公司都设在沙面。据调查，抗战以前，广州共有外商企业200多家，其中沙面租界有143家，市区内有116家，以英、美两籍为最多。①

各国在粤的资本势力主要是从事进出口业务的商业资本，控制着广东的外贸。英美籍的洋行实力最强，怡和、太古等大洋行，以及英美烟草公司、亚细亚、美孚、德士古三大石油公司等托拉斯垄断资本，都通过设于广州的分公司，建立起各自对内地无孔不入的推销网。如从20世纪初开始，三大石油公司就源源不断地向中国输入石油产品，并形成三足鼎立之势，垄断了华南进口矿物油的贸易。至20世纪30年代前期，广州港外贸进口额最多者依次为美、德、英，1935年分别为国币677.4万元、609.4万元、446.4万元。而对粤投资最多者为英国，达300万英镑。②

抗战以前，日本对广州有若干直接的事业投资，以输出入商业、银行、海运业等的附属事业为主。台湾银行广州支行是日本对华南进行经济侵略的主要据点，大力扶植日货在华倾销，三井、三菱洋行直接办货到粤批发，日本邮船、大阪商船、日清汽船株式会社海运业务，以广州为中心，向华南地区推销日货，都以台湾银行为金融支持。③ 据1927年的调查，日本在广州有三井、三菱、富士、铃木、伊藤等11家洋行，有南洋仓、日清仓2个货仓，有岳阳堂等4家商店，来往于日本和广东之间的船只有63艘之多。④

广州地区洋行的进出口业务往往是无所不包，如进口机器、军火、矿物油、煤炭、洋纸、钢铁，乃至小宗的日用百货、食品等。同时并经营生丝、丝绸、针织品、矿砂等华南地区的土产出口。大洋行除以上进出口业务外，还经营航运、仓储、保险等业务。如怡和洋行广州分行的主要业务是控制华南两广地区的贸易和航运；太古洋行以代理中国轮船公司的船务运输为主（其所属的太古轮船公司是在广东势力最大的外资轮船公司），以制糖和运输为辅（在广州建有仓库和

---

① 《粤市外商之调查》，《香港华字日报》1937年3月3日。

② ［日］古泽胜之：《南支经济丛书》第1卷，日本福大公司昭和十五年（1940）版，第402、410页。

③ 杨君厚：《日本帝国主义侵华企业台湾银行广州支行》，《广州文史资料》第12辑，广东人民出版社1964年版。

④ 《日本船只商店洋行货仓之调查》，《广州民国日报》1927年6月30日第4版。

码头)；美孚石油公司在广州建有大型油池油仓，除广东本省外，云南、贵州、江西、湖南等省油商均直接来广州运油；[①] 英商亚细亚火油公司在广州建有油池油仓，并在大涌口拥有地产。[②]

20 世纪 30 年代初，列强为转嫁经济危机，加强了对中国的商品倾销。如人造丝织品及人造丝掺杂他种纤维纺织品外表美观，价格低廉，1930 年广州的进口由上年的 7 万码骤增 6 倍多，达 50 万码，对本埠棉货市场冲击甚大。[③] 毛织品、汽油、水泥、钢铁、机器等进口量也成倍增长，而传统的生丝（生丝输出大幅度下降，引起整个蚕丝业的衰败）、土布、烟草、草席、茶叶、瓷器等出口都下降。唯钨矿砂的出口却大幅上升，1931 年比 1927 年增长达 4 倍之多。[④] 1930 年间，广州土制煤油厂设立，有如雨后春笋，达 130—140 家，“为我国工业中发展最速之新兴工业”。1933 年，三大洋公司在内地设厂提炼，削价竞争，华资各厂因之相继停业。后获地方政府补助，得以稍振，但复业者仅 30—40 家。广州橡胶业各厂以制胶鞋为多，所用原料大都出自南洋，出品起初销往南洋约占半数，20 世纪 30 年代因日货倾销，加以各国关税增高，难再外销。[⑤]

对外贸易与航运有密切关联，外国轮船公司控制、垄断了广州港的航运权。第一次世界大战期间，欧洲列强无暇东顾，日、美则乘虚而入。日本船只进出广州港逐年递增，由每年百余艘次增至 200 多艘次。美国船只进出广州港每年达五六百艘次，独揽了钨矿出口贸易和绝大部分的煤油进口贸易。[⑥] 但民国前期，英资航运势力仍占上峰，如 1914 年广州港进出船只，悬挂英旗的占 66%，悬挂华旗的占

---

① 陈真、姚洛、逢先知合编：《中国近代工业史资料》第 2 辑，生活·读书·新知三联书店 1958 年版，第 327 页。

② 程浩编著：《广州港史（近代部分）》，第 138 页；胡毓芬：《广州亚细亚火油公司忆述》，《广州文史资料》第 33 辑，广东人民出版社 1985 年版。

③ 中国第二历史档案馆等编：《中国旧海关史料》第 108 册，第 266—267 页。

④ 徐德志等编著：《广东对外经济贸易史》，广东人民出版社 1994 年版，第 156—157 页。

⑤ 全国图书馆文献缩微复制中心编：《二战时期中国工业调查报告》上卷，三河弘翰印务公司 2006 年版，第 169、175 页。

⑥ 程浩编著：《广州港史（近代部分）》，第 161、164—165 页。

22%，悬挂日旗的占5%，悬挂葡旗的占4%，悬挂其他国家旗帜的占3%。[①] 1930年时，来往广州港的船只，英轮占70%，日轮占10%。[②]

据著名经济学家蔡谦对1937年粤省进出口各业买卖方式所做的调查统计表明，出口各业方面：直接出口占当年出口总额的2.5%，经洋行出口的占58.5%，卖与香港办庄的占39%；进口各业方面：直接进口占2.5%，经洋行购进的占70.5%，购自香港办庄的占27%。而且出口货物的86.7%，进口货物的70.6%是依靠洋轮运输的。[③]

（二）洋行经营对广州建设的推进

洋行在广州的广泛经济活动并非都是消极的，在客观上对于地区的近代建设具有推动作用。民国前期广州工业发展所需的纺织原料、矿物油燃料、金属、机器设备等，大部分须从国外进口，且输入量逐增。如旧中国的石油开发几乎是一片空白，广东无论是民间点灯用的煤油、铁路建设用的机器油及润滑油、工业用的柴油，还是西南航空公司及广东空军所用的汽油等，均由美孚、亚细亚、德士古三大石油公司供应。德国禅臣洋行的广告称："除经营80年进出口及保险业外，并经理欧美名厂出品，常备现货，以便采购。"[④] 其广告中所列货物有：欧美各国所产的挖泥机、电表、汽车、印刷机、无烟火药、酒精厂、水泥厂以及化工原料等，品种众多；美国慎昌洋行穗分行创立于1920年，其工业用品营业范围很广泛，尤以电气设备批售予各商家者居最大宗，批售之后，再转售中国南方各地。广州电灯公司、粤汉与新宁铁路公司、省港各大纺织厂等，都是有赖该洋行供货的重要客户。美商中国电气公司在广州等地设有分公司，承揽穗、汕地区

---

① 中国第二历史档案馆等编：《中国旧海关史料》第65册，第454页。

② 中国第二历史档案馆等编：《中国旧海关史料》第108册，第266页。

③ 蔡谦：《粤省对外贸易调查报告》书后附表。

④ 国民党中央党部国民经济计划委员会编：《十年来之中国经济建设》，扶轮日报社1937年版，插页广告。

的电话安装工程。① 美商荣茂富洋行广州、汕头支行收买钨矿及各种矿质，兼办五金及各种机器入口。② 尽管洋行常居中操纵，价格偏高，使广东进口商受到损失，但减少了输入洋货的运输、报关等手续，免去一些不必要的麻烦，故他们仍愿意通过洋行购进洋货。

洋行的仓储、保险等商业投资、各国船只停泊及修理费等，是广州外贸的无形收入。如仓储方面，省港澳轮船公司在珠江边建有专用码头和仓库；太古洋行在白蚬壳建立仓库和码头；美孚石油公司在芳村、白蚬壳建有大型油池油仓；亚细亚火油公司在芳村、白鹤洞建有油池油仓，并在大涌口拥有地产；德士古公司广州分公司除油池外，还有货仓、制罐、修理厂设备等；日本洋行则建有南洋仓和日清仓。在当代广州第四次文物普查中，发现仓库、码头旧址共有6处，分别是英商太古轮船公司码头仓库、日商大阪株式会社码头仓库、英商亚细亚火油公司龙牌码头仓库和花地码头仓库、英商怡和公司码头仓库、荷兰商人码头仓库旧址。这些旧仓库、码头在广州对外贸易史上占有重要的地位，足以表明20世纪初，广州是整个南中国最大的物流中心。上述旧址不但大都保持完好，甚至有的现在还在使用。③

三　对外贸易与广州近代化生产的互动态势

民国时期，广州仍是内地货物出口外洋的一个重要连接点。特别是20世纪20年代末，中国政府实行关税自主政策，提高洋货进口税率，减免土货出口关税，保护国内市场，既抑制了舶来品的倾销，又降低了内地工业及手工业成本，增强了广州外贸出口商品的竞争力，鼓励了土货的生产与输出。

（一）外贸与民族工商业的发展

工业化程度是评判近现代国家和地区社会经济发展的重要标准，

① 陈真、姚洛、逄先知合编：《中国近代工业史资料》第2辑，第380—381、322页。

② 荣茂富洋行广告，《香港华字日报》1918年6月24日。

③ 卜松竹、温朝晖：《广州发现六处近代外商码头》，《广州日报》2004年7月19日A5版。

而工业化的推进离不开外贸的发展。20 年代末 30 年代初，以广州为中心的广东近代工业体系已初具规模。据 1933 年对沿海 6 大城市民族工业的调查，广州工厂数、工人数及资本额分别居第 3、5、6 位，生产净值仅次于上海而居第 2 位。① 抗战前广州有新式民营工业约 350 家，资本额 1000 多万元。② 取得这些成就与对外贸易的增长是相辅相成的，长期而大量的外贸出超反映了当时广州经济增长之强劲势头。

首先，外贸为民族工矿业输入必需的原料、燃料及设备。如 1918 年由于华资制烛厂日增，故广州口油蜡进口亦多，由 2726 担升猛升至 8787 担。③ 1923 年由于工业发展，增设新厂，广州锌片、铁条等进口大增，“电气用品，销场畅旺，各种机器亦然”。而水泥、日本及安南煤、美国煤油等输入皆增多。④ 民初广州新闻及印刷业所用油墨均靠进口，1926 年港商麦子和回穗开办义隆油墨厂，设备和原料都从香港进口，虽是家庭式小工厂，却填补了本埠油墨工业的空白。⑤

20 世纪 30 年代前期，广州地区工业进一步发展，制糖厂、硫酸厂、水泥厂、丝织厂、棉织厂、造纸厂、树胶制品厂、土制煤油厂等勃兴，抵制和排挤了同类洋货的输入。但同时这些工业不少对洋原料及设备的需求亦巨大，动力机械、机器、棉纱、柴油等皆须大量进口。1933 年，由于外国原料的输入，刺激制革业渐趋繁荣。至抗战前广州市已有 41 家厂，其中约 20 家厂使用机械设备，较大型的手工场有 10 多家。技术和产量都有发展，月产各种皮革 4 万余张。⑥ 此外，广州还有 300 余家手制皮革小作坊，产品多运销暹罗及安南

---

① 据陈真编《中国近代工业史资料》第 4 辑，第 95 页表整理计算。

② 《社会部劳动局广州区厂矿调查总报告》（1947），广东省档案馆藏，档案号：206—1—127。

③ 中国第二历史档案馆等编：《中国旧海关史料》第 81 册，第 593—595 页。

④ 中国第二历史档案馆等编：《中国旧海关史料》第 94 册，第 60 页。

⑤ 陈醒吾等：《解放前后广州市的油墨工业》，《广州文史资料》第 23 辑，广东人民出版社 1981 年版。

⑥ 交通银行广州分行编：《广州市私营制革工业综合调查报告》（1950 年 12 月 20 日），广东省档案馆藏，档案号：206—1—127。

等地。①

据中国海关华洋贸易报告载：1934年广东省营糖厂和其他纺织等项进口机器颇多，增加了进口值。② 1935年九龙海关进口增加有柴油（供广州地区提炼煤油之用）、机器（为广州制糖厂、酿酒厂、柴油提炼厂所购值30万元，省营造纸厂所购值150余万元）。③ 1936年因内地公路、铁路及航空等交通业的发展，汽油进口激增，由上年1800多万公升增至2070万公升；铁路材料进口值由上年70万元增至270万元。本年省营市头糖厂、西村啤酒厂扩展，进口机器价值230万元，造纸厂所购机器值140万元，均为九龙口购运入内。④

抗战以前，广州工厂所用动力，计分电气马达、柴油引擎及煤气引擎三种，其原料大都系舶来品，而价格之高低，须视外汇伸缩为转移。⑤

其次，洋机输入提升了民族资本的生产质量和竞争实力。广州作为沟通中西方文化的桥头堡，在接受西方商品的同时，学习并对舶来品进行仿制和改造创新，形成具有特色的“广货”。第一次世界大战后，外国优质机器大量涌入广州市场，如英制油墨滚筒机、德国纸煤内燃机、日式脚踏铁木织布机、美制机器织袜机等，低价倾销，推动了地方相关行业的竞争和发展。民族资本家通过仿制洋机、技术革新而提高了质量，制造出许多名牌产品，广销于国内外，并出现了针织、树胶、卷烟、油墨等新兴机制行业。

在中国海关历年华洋贸易报告中有不少相关记载，如1919年广东各口外贸较上年“殊觉稳健，其实业格外振兴……南方进口机器，有加无已，电光、电力，用途推广”⑥。1923年“尤足注意者，则工业之发展，如增设新厂，仿制洋式货物，亦有加无已”⑦。

最后，国货输出关系到民族工商业的盛衰。广州为外贸重镇和出

---

① 林金枝、庄为玑编：《近代华侨投资国内企业史资料选辑（广东卷）》，第215页。

② 中国第二历史档案馆等编：《中国旧海关史料》第120册，第346页。

③ 中国第二历史档案馆等编：《中国旧海关史料》第118册，第297页。

④ 中国第二历史档案馆等编：《中国旧海关史料》第120册，第346页。

⑤ 全国图书馆文献缩微复制中心编：《二战时期中国工业调查报告》上卷，第223页。

⑥ 中国第二历史档案馆等编：《中国旧海关史料》第84册，第32页。

⑦ 中国第二历史档案馆等编：《中国旧海关史料》第94册，第94页。

超大港，故国货输出与本地区社会经济发展有着密切关系，它有利于发展劳动密集型农轻工业，利用内地的资源和成本优势，改变出口结构，改善贸易条件。如果说丝绸、中成药、烟叶、烟丝、草席、纸伞、陶瓷器、果菜食品等的大量出口，有利于传统手工业的繁盛；而厂丝、针织品、胶鞋、化妆品、钨砂等的大量出口，则有利于民族资本工矿业的兴旺发展。如据1935年中国海关华洋贸易报告载：广州私人企业气象蓬勃，所有机器工厂制造的金属器具、电气物品，销售均畅，获利甚丰。下半年银价跌落，商业情形益形好转，出口货畅，在世界市场堪与洋货互竞。[①] 又如钨是军火工业的重要原料，我国钨矿大量开采始于1914年，这与欧战的需求有密切关系。20世纪30年代中期，意大利侵略阿比西尼亚（今埃塞俄比亚）的战争爆发后，各国均电其在粤行商，订购大量钨砂，广州遂成为国内钨砂汇集出口重地。

当国货输出遇阻时，亦会严重影响本埠经济。如民国初年，因华侨踊跃回国举办实业，故广州工厂曾盛极一时，出品销路大都以南洋群岛为尾闾，而20世纪30年代初由于日货倾销，各国高筑关税壁垒，昔日盛销南洋之货，如土布、胶鞋及电筒等，与盛销欧美之生丝等，均一落千丈。[②]

（二）地方政府的外贸统制政策及其效能

民国前期历届政府对外贸易一向采取放任政策，陈济棠主政广东时，曾把关税作为实行保护贸易的手段，当时省政府在广州建成一批规模宏大的现代化企业，为确保省营企业的主导地位，遂制订方案，由政府控制进出口货物，并以以货易货、禁止现金出口为原则。务期避免出超，由政府特设机关统制之。[③] 对外贸实行统制政策，目的在于树立对国外的关税壁垒，以打通本省产品的销路和由省营企业控制广东市场。如20世纪30年代前期，广州建设事业突飞猛进，国产水

---

① 中国第二历史档案馆等编：《中国旧海关史料》第118册，第298页。

② 全国图书馆文献缩微复制中心编：《二战时期中国工业调查报告》上卷，第222页。

③ 《特载·中国经济建设之概观》，《国际劳工通讯》第3卷第12期，1936年12月。

泥不敷市场需要，故外货仍有大量输入，省政府遂实行水泥统制，禁止进口和贩卖外国水泥，以维护本省水泥的销路竞争。①

广东省营企业利用外资，引进先进技术设备，机械化程度高，产品质量较好，畅销国内外市场。1933 年 2 月 9 日，广东省政府会议通过《广东省国货推销处组织大纲》。同年 6 月下旬，国货推销处派员成立港、澳两地签证处。② 1935 年 3 月 5 日，国货推销处呈准省政府改名为“广东省营产物经理处”，省营各厂所有产品均由其统一经销。③ 省营工业产品以糖、水泥、纺织品为大宗，价廉物美，销路甚好，不仅改变了洋货充斥广东市面的局面，还远销至南洋各国。

四　华洋商品销售在广州市场的竞合

华洋商品对于发展中的广州市场，均有其重要性，而在同一市场体系中，华洋商品的生存都不能背离客观经济规律和社会的基本需求，在激烈的竞销过程中，两者既较量又相依，对于市场具有内在互补乃至相互替代的功能。

（一）国货对舶来品的抗衡与相容

民国前期，随着民族资本的迅速崛起和国人国货意识的不断增强，国货与洋货存在着激烈的竞争，并因诸多因素而时占上风。如第一次世界大战期间，广州“华人机器各工艺厂所出布匹，足与洋货抗衡，而洋货价值高昂，华人工厂大受其益”④。“广州机器，仿制汗衫裤、袜子，人甚欢迎，丝织袜子，其品甚高”，售价便宜。⑤ 绵远纸厂近因无洋纸竞争，大受其益。1919 年抵制洋货运动时，由于民族资本南洋兄弟烟草公司、广东土制烟草公司及南方爱国烟草公司之竞

① 全国图书馆文献缩微复制中心编：《二战时期中国工业调查报告》上卷，第 59 页。

② 广东省档案馆编：《民国时期广东省政府档案史料选编》（3），1987 年编印，第 533、624 页。

③ 广东省档案馆编：《民国时期广东省政府档案史料选编》（4），1987 年编印，第 134 页。

④ 中国第二历史档案馆等编：《中国旧海关史料》第 73 册，第 565 页。

⑤ 中国第二历史档案馆等编：《中国旧海关史料》第 72 册，第 39 页。

争，后二者“成立甚速，有如朝菌”，而以南洋兄弟烟草公司与洋烟竞争最烈，使粤海关洋烟进口从上年4.2亿余支减至3.4亿余支。[①] 1933年广州进口洋货锐减，匹头（布匹及衣料）因5月以后进口税率增高，受到严重打击，不克与国内产品争衡；进口煤油因本地炼油工业勃兴，洋水泥因本埠新设水泥厂产品之排挤和进口税率激增1倍而陷于不振；新加坡橡胶制品，几乎被本地产品逐于市场之外。“其他各项洋货，无一不因进口税率增加，及本埠通货跌价，而蒙挫折焉。惟出口土货，则因海外需要趋殷，而见畅旺”，如钨砂、烟叶、烟丝、草席、纸伞等。[②] 1934年九龙海关直接进口货物大降，尤以洋米和煤油为甚，进口洋米由上年530万公担减至270万公担，煤油由前年的4540万公升减至仅20万公升。因两广当局征收煤油特税，又提升海关税率，使内地炼油业得到双重保护，益趋蓬勃。[③] 1936年粤海关直接进口洋货萎缩而进口土货激增，“按自国内实业逐渐发展以来，本埠进口之制成品，即已受有影响，本年则此项情形，犹为显著，盖以土货品质，益见改善所致”[④]。

华洋商品并非唯有抗衡，不仅某些民族资本行业及企业的生产与经营尚须依赖舶来品，国货亦不能完全替代洋货而满足市场需求。如民初广州土布厂“年多一年，洋布进口既少，土产自然获利，但因欧洲战务，不能添购机器，似于各工厂营业进步稍有窒碍，手织棉货工艺所，因洋货价昂之故，乘时而起”，制品“销流迅速，惟须向外洋购买棉纱，价值甚昂，故获利有限”。火柴业“营业亦好，但因外洋运来制造自来火物料，价甚昂贵，故获利亦殊不多”[⑤]。1918年粤海关土棉布出口“似有江河日下之势”，因洋纱贵而致土布价昂，销路不广。[⑥] 据20世纪20年代中国各埠海关贸易报告载：“本期进口洋货，价值昂贵，销路渐失，国货乘机起而代之，各项工厂勃然而兴，

---

① 中国第二历史档案馆等编：《中国旧海关史料》第85册，第526页。

② 中国第二历史档案馆等编：《中国旧海关史料》第114册，第159页。

③ 中国第二历史档案馆等编：《中国旧海关史料》第116册，第182页。

④ 中国第二历史档案馆等编：《中国旧海关史料》第120册，第349页。

⑤ 中国第二历史档案馆等编：《中国旧海关史料》第77册，第607—608页。

⑥ 中国第二历史档案馆等编：《中国旧海关史料》第81册，第598页。

外洋原料及半制品，因之进口递增，以备国内制造之用。”“其在国内未能仿制之洋货，如机器、电器材料及汽车等，输入仍见增加。”①

（二）抵制洋货运动的成效及有限性

市场上的华洋之争，是商战之大问题。民国时期，经常爆发大规模的抵制洋货运动，确实发挥过很大威力，沉重地打击了帝国主义侵略势力。但如前所述，舶来品对于市场的作用是非常复杂的，洋货来自不同的国家，种类繁多，与国货并非都是竞争与冲突的，其中有些与民族资本行业或企业有密切的依存关系，有些是所在地发展建设非常重要的物资，某些洋货还具有市场的不可替代性，再加以走私的销蚀，这些都极大地影响了抵制洋货运动的效力。以“五四”时期的抵制洋货运动为例，1919 年抵制日货风潮弥漫全国，予以广州地区纸厂、织造厂甚好机会，大都能获厚利，并增加出口。竹竿、毛羽、藤具等“因外需用，出口特觉加增，多系运往英国及美洲两处”。然而这次抵制运动的局限性很明显的，即便是集中抵制日本，也难以成功消除其所有货物，如广州口“日本棉货退缩，多因停销日货风潮之故，但其影响并非尽及各种日货”。据调查，该地使用的棉纱，日、印货分别占 7/10 和 3/10，“可知此项重要商品，并未受抵制影响也”。英国布仍受欢迎，各式均能畅销，进口大增；日本绣花手帕仍畅销，进口也较上年略增；日本铜锭铜块进口由上年 1789 担升至 7236 担，多系造币之用；另因造船厂所需甚殷，铁条进口大增，由上年 12832 担升至 36268 担；上年广州市政公所成立，拆城筑路，而广东水泥厂停工甚久，承办建筑商遂不得不大量进口水泥，由上年 8. 79 万担升至 13. 77 万担。燃油进口大增，由上年 3. 2 万加仑升至 4. 7 万加仑，实因广州汽车和小轮船增多。日本火柴虽遇本地厂家激烈竞争，而进口仍能维持原状，因后者所用之原料仍系由日本扫注。②

民国前期广州地区的抵制洋货运动以省港大罢工时的对香港经济

① 中国第二历史档案馆等编：《中国旧海关史料》第 158 册，第 349 页。

② 中国第二历史档案馆等编：《中国旧海关史料》第 85 册，第 525—527、532、539 页。

绝交规模最大，以抵制日货最为频繁，但均因斗争的复杂性和阶段性而异常艰巨，终难彻底奏效。①

进出口货物对广州市场的分割是随着时期的转移、形势的变化和社会需求的增减而互呈消长。总的来讲，一方面，民元以降，洋布、洋纱、化肥、洋纸、颜料、汽油、柴油、煤油、煤炭、火柴、海产品及许多日常用品充斥广州市场。20 世纪二三十年代后，由于民族工业的发展，国货通过激烈竞争，渐将洋糖、日据台湾煤炭、水泥、胶鞋、煤油及化妆品等舶来品逐出内地市场；另一方面，随着广州民族工商业的发展，尤其是20 世纪 30 年代初，经广东经济建设高潮，需要进口大批工业原材料及设备，故输入汽车、机车车辆、船舶、飞机、钢铁、五金、电器、机器、通信器材及煤炭、燃油等激增，有力地支持了全省现代工业、公路、铁路、航运、航空运输和邮电通信事业的发展建设。

正如有学者认为："近代中外企业在彼此的商业竞争与合作中，'中西共生' 甚至在某些重要方面已成为它们的一个基本发展模式，从而形成中国近代资本主义市场的一个特征，并且深深地烙印在了中国民族资本主义的发展轨迹上。"华资和外资企业"以最大限度地获取利润为目的，利用市场竞争的法则，规避竞争带来的损害，合法地进行合作，以便在合作中依存共生"②。这种依存"共生"过程对中国近代经济产生了积极的和消极的双重影响，尽管依存"共生"关系有利于企业的生存，但对于在华外资企业的发展显然更为有利。

五 对外贸易与广州的城市建设及市民生活

（一）对外贸易与广州城市建设的近代化

首先，外贸提供了充足的新式建设材料。据 1918 年中国海关华洋贸易报告载：广州港水泥进口大增，由上年 47167 担升至 87936

---

① 张晓辉：《略论近代日本人在香港的经贸活动（1845—1936）》，《暨南史学》第 1 辑，暨南大学出版社 2002 年版，第 279—291 页。

② 陈潮：《晚清招商局新考——外资航运业与晚清招商局》，上海辞书出版社 2007 年版，"导言"第 2—3 页。

担；玻璃片进口由上年44622丁方尺升至71441丁方尺，皆因省城内外建筑新式屋宇及各项工程甚多，而销路更广。[①] 1923年全省矿务处向省长呈称：现广州市大规模之建筑日多，需用各种石类甚繁，内地石矿供给不继，遂由港澳商人贩运各种石坎石子入口。[②] 1928年粤海关进口最多为日用消费品及石油产品，汽油进口之增，乃因“汽车运输日广，而汽车运输之发达，由于广州市及其他大市镇之维持所致也”[③]。1934年“自华南一带，即以柴油所炼煤油，作为汽车燃料之用者，尤有日增日盛之势焉”[④]。直至抗战爆发前，都保持着这种迅猛的势头。

正因为如此，民国时期广州的城市基建在全国立于前列地位。20世纪20年代广州进行以马路为中心的市政建设，先后筑成三四十条马路。机动车数量大增，1928年为400余辆，1931年时已超过1000辆。[⑤] 据1933年中国海关华洋贸易报告载：“广州市政，殊形进步。市内街衢，率多展宽；新式建筑，相继兴起。”年内房屋落成者，不下5652所。“而附郭之区，公路如网，交通极便，广汕公路，亦告竣工。”洲头咀填筑工程及河南堤岸兴工都在进行，连接珠江两岸市区的海珠铁桥、长堤码头等相继建成，沪粤航空线也开通。[⑥]

其次，外贸推动了黄埔大港的兴筑。现代化港口设施的兴筑与外贸拓展有着密不可分的关系。广州是我国古代主要的甚至是唯一的对外通商口岸，英国发动鸦片战争，摧毁了建立在中国闭关锁国政策基础上的“广州贸易体制”。五口通商特别是上海开放形成强势的竞争，使广州的经济地位受到相当削弱，广州下降为地区性的航运物资集散中心。随着我国近代外贸中心的北移，民初广州港进出口贸易在全国所占比重不断下降，时人有谓：“近十余年来，广州对外贸易殆无多大进步可言，在我国五大埠中，广州地位可谓独后。试一考其原

---

① 中国第二历史档案馆等编《中国旧海关史料》第81册，第593—595页。

② 尚明轩、余炎光编：《双清文集》上卷，人民出版社1985年版，第493页。

③ 中国第二历史档案馆等编：《中国旧海关史料》第104册，第85页。

④ 中国第二历史档案馆等编：《中国旧海关史料》第116册，第142页。

⑤ 《粤闻》，《香港华字日报》1931年4月14日。

⑥ 中国第二历史档案馆等编：《中国旧海关史料》第114册，第161页。

因，则香港之代兴，要为其唯一之致命伤。”因广州港湾设备不及香港，又非自由港。①

外贸及国际航运之需，产生了建设现代化大港的理想和实践。黄埔港乃广州的外港，也是中国古代“海上丝绸之路”的重要起点之一。但到20世纪初时，广州“这个规模有限的港口已证明对日渐增长的贸易的要求来说太小了”②。由于缺乏海运大港，严重制约了广州口岸地位的提高。孙中山早在《实业计划》中即提出在黄埔修建南方出海大港，并把黄埔开港作为南方铁路系统的组成部分。但此事屡议屡辍。省港大罢工时，广州国民政府积极组织黄埔开埠工作，于1926年成立开港计划委员会和黄埔商埠股份有限公司。罢工工人亦踊跃参加修筑从广州市区通往黄埔的中山公路和建港工作。

“货仓政策”曾被邓中夏称为港英当局掌握广东经济命脉的两个法宝之一，意即其利用香港的现代化货仓、自由港政策及先进而便利的交通运输条件，吸引中外商人，使粤省外贸受制于香港。广东当局一直力图使广州取代香港而成为中国南部最大的贸易中心，故对现代化港口建设颇为重视。1929年程天固出任广州市工务局局长时，认为广州港口工程建设，实为刻不容缓之举。1934年，工程师李文邦制订了详细的《黄埔港计划》。各界人士对于即将完成的粤汉铁路及筹议开工的黄埔商埠，均寄予无限希望，认为粤汉路建成后，中国内地各省及粤省内地货物，都将通过广东出口，世界各地产品皆将由广州转输内地，如此将促进广东社会经济繁荣、地位倍增。③ 1935年，广东省政府正式成立“各界开辟黄埔商埠促进会”，决定由粤海关支付四成经费，海关总税务司署也筹设独立的“黄埔海关”④。省政府又成立督办公署，并聘外国专家设计规划，开展测量工作。1936年粤汉铁路建成通车，为寻求该路出海口，中央政府亦决定建筑黄埔

① 武堉幹编：《中国国际贸易概论》，第410页。当时我国五大埠依次为上海、大连、天津、汉口及广州。

② 张富强等译编：《广州现代化历程——粤海关十年报告译编》，广州出版社1993年版，第67页。

③ 《粤游感想》，《银行周报》第20卷第1号，1936年1月14日。

④ 黄埔海关志编纂委员会编：《黄埔海关志》，广东人民出版社1997年版，“概述”第8页。

港。次年5月，建港一期工程正式开工。经过1年多时间的建设，黄埔港工程取得显著成绩，码头、货栈、仓库建筑，第一、第二沙航道疏浚等，均按计划完成。

（二）舶来品引领市民的生活时尚

辛亥革命以后，时髦的洋货往往成为现代消费导向，人们日常生活出现了西化的倾向，如喜穿洋装，喜饮洋酒，洋服、洋帽、洋酒等行业兴旺。对西方式样的狂热使一位爱插科打诨的人在1912年8月的《时报》上写道："民国新近成立了，什么都模仿欧洲和西方。大多数年轻人对西方产品深怀敬意。辫子剪掉了，西服时行了，所谓开明女学生，没有谁不爱洋货，她们从头到脚穿戴的几乎全是洋货。"①

广州是最早赶领服饰潮流的城市，市内兴起大型百货公司，各式洋货充斥于内。据1912年广东各海关华洋贸易报告载：进口牛皮大增，因"华人多有爱著西式靴鞋及造华式皮鞋之故，近来香港新开大洋货公司日渐其多，其由欧洲运来之华美用品及寻常日用各物，华人购用亦日渐其多"。进口洋货源源不绝，"销流于返自外洋之富厚华侨者，特占多数，盖侨民喜用洋货，衣服器皿农具莫不购用外来物品"②。20世纪20年代后，传统的服饰已逐渐被西式服饰所替代，尤其是青年中，即使女子的大袄、外套背心也趋向西化。因此，洋服装行业一直较为兴旺。广东经营西服的商店如雨后春笋，应时而生，仅广州就超过300家。③ 化妆品属社会高档消费品，在20世纪20年代末，"社会竞尚修饰"，不论男女，雪花膏、香水、头水、发胶等，成为中上层社会人士的普及用品，销路与日俱增。据报载，当时广州有大小化妆品商店700余家，年售额达百余万元。④ 广州家具制造业一直较为发达，采用进口红木，具有非常精致漂亮的外观，畅销海

---

① ［美］李明珠：《近代中国的蚕丝及外销（1842—1937）》，徐秀丽译，上海社会科学院出版社1996年版，第132—133页。

② 中国第二历史档案馆等编：《中国旧海关史料》第60册，第408、426页。

③ 黄增章：《民国广东商业史》，广东人民出版社2006年版，第87页。

④ 《经济新闻·新旧化妆品销途日滞》，《广州民国日报》1929年12月27日，第6版。

外，西式家具的制造在民国以后才大量出现。20世纪30年代后，人们审美观念有所改变，西式家具虽然不如传统红木家具耐用，但因外观引人，无论是机关社团，还是商界及新式家庭，非此不足以示时尚，争相订货。故西式家具行店兴盛，利润丰厚。①

受西化居住方式的影响，广州的城市建筑风格亦发生变化，出现了以砖瓦、水泥、玻璃及金属等材料筑成的楼房，这些建筑较中国传统的民居结构坚固、合理，采光也好，当时被人们称为“洋房”或“新式房”。20世纪30年代初，广州的东山还建成了西式住宅区。

各类工业文明日常消费品大量输入，与社会经济的发展变化有着密切的关系，据《广东之生活状态》记载：“粤省与外人通商最早，又最盛，地又殷富，故其生活程度，冠于各省。而省城地方，则殆与欧美相仿佛，较上海且倍之。”② 舶来日常消费品大量输入，也影响了人们生活习俗的演变，如西装、皮鞋、领带、裙装等带有鲜明近代西洋特色的服饰，逐渐取代了中国传统的长袍大褂，成为民众的新时装。汽车、飞机等新式交通工具的引入，新式马路的修筑，标志着新式公共交通事业的兴起。电灯、电话、电报、公共汽车等公用事业陆续举办，给人们带来最直接的感官刺激，形成迥异于传统文明的新式城市文化和生活方式。③

正如马寅初所分析的，“外货之输入，适足为吾人之师，使吾人多知制造工业品，与社会进化，大有利也”④。因此，洋货输入中国，并非不良现象，它促使一向生活极为简单且易满足的国人有所进化，产生新的欲望和需要，然后有模仿和大量生产，供给水平提升的消费市场。

（原载《中国社会经济史研究》2009年第4期）

---

① 黄增章：《民国广东商业史》，第98—99页。

② 胡朴安：《中华全国风俗志》下编，河北人民出版社1986年版，第370页。

③ 民初各种报刊文献资料和海关报告都记载了不少民众生活时尚趋新的情况，本文因篇幅所限不作展开。

④ 马寅初：《马寅初演讲集》第3集，商务印书馆1932年版，第244页。

民国时期广货出口与南洋市场

近代环南海的跨国商贸，长期以广东及南洋各地粤籍外贸商及广货营销为重心。南洋华侨聚居区是近代广货最重要的外销市场，各国关税壁垒和日货倾销是影响广货出口的主要障碍。广东与南洋素有特殊关联，广货出口南洋之所系，可谓粤人“生命线”。

学界关于近代中外贸易的成果很多，但疏于广东与南洋贸易的研究。有关近代广东外贸的著作主要有徐德志的《广东对外经济贸易史》（广东人民出版社 1994 年）、杨万秀主编的《广州外贸史》（广东教育出版社 1996 年）、黄启臣主编的《广东海上丝绸之路史》（广东经济出版社 2003 年）等，均未专及广东与南洋之贸易，对广货出口南洋的著述甚少。王赓武著的《南海贸易与南洋华人》（香港中华书局 1988 年版）时间范围虽限于古代，但对于了解中国与南洋贸易的由来，颇具价值。

广东是我国著名的侨乡，明朝中后期，沿海民众通番贸易、居留海外形成高潮。清朝海禁开放后，粤人搭乘商船前往南洋谋生者不断增多，到鸦片战争前，粤籍华侨几乎遍布于南洋各地，从事各种职业，成为推动各地社会进步和经济开发的积极因素。民国时期，南洋华侨共约600万人，其中除了170万为福建人外，其余基本上都是广东华侨。①

抗战以前，广东外向性的经济生产取得了相应的发展。在农业方

① 章渊若、张礼千主编，张荫桐译述：《南洋华侨与经济现势》，商务印书馆 1946 年版，第 6 页。关于“南洋”的确切范围，学界一直没有定论。通常所谓“南洋”，包括英属海峡殖民地（新加坡、马来亚）、缅甸、婆罗洲，荷属东印度（今印度尼西亚），法属安南（今印支三国），美属菲律宾，以及暹罗（今泰国）等地。“东南亚”作为一个地理、政治概念，则始于第二次世界大战。

面，随着商品经济的发展，市场对于经济作物需求的增加，生产专门化有扩大的趋势，如蚕桑、甘蔗、烟草、水果、花生、麻、蒲葵、四季蔬菜等，都形成了一些集中专业产区。特别是珠江三角洲的土地综合利用日见精细，形成了颇具岭南特色的农业近代化模式。农副产品大量向海外出口，不少农副产品还经由省港等地所设的办庄，大批外运南洋及美澳等洲，以应海外华侨市场之需。

在工业方面，民营工业获得了较大发展，产品远销南洋乃至美洲。因“民国肇造以后，一班华侨，回国举办实业，甚为踊跃，故一般工厂，曾经甚极一时，产品销路，大都以南洋群岛为尾闾”[①]。据1930年对省内各市县的工业调查，其大部分都与外洋有关联，或是原料、机器设备须进口，或是产品须出口到南洋。[②]

抗战结束后，因战乱而中断多年的海外联系重新接通。南洋市场极缺中国药材、食品和其他商品，当这些货物经香港转运到国外后，备受欢迎，“华侨欢尝祖国特产”，商人“利市百倍”[③]。

一　广货出口南洋的主要口岸

南洋历来被称为“华侨大本营”，也是广货出口的重要市场。广货输出南洋的口岸比较集中，主要由粤、潮、琼等海关办理，大量广货经港澳转销南洋。

广州是华南对外贸易中心，民国初年，粤海关出口的土布、农副产品等日常用品主要去向南洋群岛。1933年世界不景气转缓，广东“出口土货，则因海外需要趋殷，而见畅旺”[④]，其中烟叶、烟丝、草席、纸伞等，不少输往南洋。

汕头是广东第二大外贸港口，并为粤人拓展南洋的重要出发地，华商投资创立了汕头至南洋诸国的华暹、捷华、中暹、五福及美昌等海运船务公司。

---

① 全国图书馆文献缩微复制中心编：《二战时期中国工业调查报告》上卷，第222页。
② 《统计》，第35—37页，建设委员会编《建设》第10期，1931年1月。
③ 《商业调查团谈星洲香港贸易》，香港《华商报》1946年1月7日，第2页。
④ 中国第二历史档案馆等编：《中国旧海关史料》第114册，第159页。

海外潮人喜好家乡土特产，汕头的外贸伙伴主要是马来亚、暹罗、荷印群岛，消费对象主要是南洋的潮汕华侨。民国初年，潮汕海外华侨增至300万人，侨民需要大量家乡土特产。据潮海关贸易报告记载，汕头大宗出口货物主要是农产品，工业品除用洋纱织成的土布日益受海外华侨欢迎外，值得一提的只有陶瓷、纸扇、粗麻布等。①

海口为海南岛经济之枢纽，是本岛及雷州半岛附近货物集散的中心，也是广东第二大侨民进出口岸。自20世纪20年代后，海南岛贸易经济逐年发展。通常轮船在海南岛可停泊之处，只有海口一港。专航者甚少，多为中途经过之船，如往来于香港至越南海防、香港至新加坡、中国香港至泰国等航线，中经海口停泊搭载乘客。②

海南岛每年有大量人口下南洋，但本地直往南洋各地者只有帆船，载重量50—500吨不等。每年冬季北风起，由文昌之铺前港、清澜港，乐会之博鳌港，崖县之保平港等，装载人畜货物往泰国、越南、新马等地。来年夏季南风起，则驶回琼崖。③ 清澜港面积宽阔，有数十艘大型帆船，往来于本岛各港口及华南沿海、港澳、南洋各埠之间。④

20世纪30年代前期，琼崖小规模制造业颇形发达，每年营业总额40余万元。海口所产罐头及胶鞋，多销往香港及南洋。陵水、文昌等县所产的椰子油，则多销往南洋各埠。⑤ 文昌县附近各乡居民，织麻布运销上海、台湾和南洋群岛，每年价值约为39万元。⑥

由于广货多经香港而畅销海外，故人们一般认为：“南洋贸易，

---

① 中国海关学会汕头海关小组等编：《潮海关史料汇编》，1988年编印，第88—89页。

② 怿庐：《琼崖调查记》，《东方杂志》第20卷第23号，1923年12月，第48—50页。

③ 《交通》，第1—23页，《琼崖建设》创刊号，1929年2月。

④ 《佛南印支海南岛写真集（日文）说明》，海南印刷公司发行所编印，日本昭和十六年（1941），原书无页码。

⑤ 《琼崖各属工业之发展》，《新广东月刊》第27期，1935年3月31日，第125—126页。

⑥ 陈元桂：《建设新琼崖的管见》，《广东经济建设月刊》1937年第3—4期，1937年3—4月。

实际上香港与南洋可以合并言之。”[①] 此外，珠江口西岸江门、鹤山等地的不少土货经由拱北关转销南洋，如烟叶、葵扇、草席、土纸、茶叶、竹帽、木材等。[②]

二 广货出口经营商

（一）出口贸易商

广东的对外贸易机构与他省不同，进出口货物多须经由香港办庄。香港的办庄在粤省各埠广设分号或联号，如南洋庄、金山庄、海味行等是其较著者。抗战以前，香港有各种办庄200余家，另外制造业厂商和大商店兼办进出口的，也有数十家。战前广州出口商有100家左右，各行业间有比较完整的公会组织。广州的30余家办庄中，办理南洋业务的是南洋庄。[③]

在以中国为中心的东亚贸易圈，汕头主要是通过与上海、香港的贸易往来，与整个世界市场发生联系。在汕头的外贸中，以香港为中转站同南洋的贸易占其大部分。侨商和港商是汕头开拓海外商场的一支主要力量，他们既是潮汕土特产输出的组织者，又是这些货物到达海外后的推销者。汕头进出口业务形成了各有侧重分工的五大行商公会，即南商公会、暹商公会、酱园业公会、果业公会及抽纱业公会。

汕头南郊行是主要以采办土产运销南洋各地的商号的统称，根据营业地域范围，其中专以暹罗为营业范围的称为暹商（或称暹郊），其他地域则总称为南商。南郊行的性质是出口商，其营业对潮梅各地农村经济兴衰尤为息息相关。

经营向南洋出口贸易的商人始终是汕头最大的出口商，除了南郊行外，还有专门经营瓷器、蛋类、菜籽等行业的出口商。[④]

---

① 中华民国商会全国联合会编：《中华民国商会全国联合会纪念刊》，“专论”1948年，第27页。

② 莫世祥等编译：《近代拱北海关报告汇编（1887—1946）》，澳门基金会1998年版，第90、300、327、339页。

③ 蔡谦编著：《粤省对外贸易调查报告》，第9、11页。

④ 林济：《潮商》，华中科技大学出版社2001年版，第108页。

广东虽然商业较为发达，但粤商的贸易圈子仍主要限于传统的“商人社会”，他们遍布于国内及南洋各大商埠，大多组织同业或同乡团体。粤商经营出口货物最普遍的现象，就是派直系亲属或姻亲到有业务来往的商埠设立联号，或指定关系紧密的商店为联号。如江门烟丝行（联益堂）大小有20余家，从鹤山、新会购进烟叶，加工制成烟丝，多数是零星生意，其中朱广兰、罗奇生、广恒、朱有兰等四家称为“洋庄”，经营出口烟丝。朱广兰、罗奇生兼营茶叶，行销旧金山，朱有兰、广恒行销南洋各地。这些“洋庄”的规模颇大，多是由华侨经营的，在外洋及省港设有联号，在产地设有支店。①

华侨经营的进出口商行，是广东外贸不可忽视的力量，如1927—1937年汕头侨办进出口商行达80多家，出口行的南商、暹商年贸易总值在1000万元以上。②

（二）出口贸易方式

广州出口商的货物输出方式可分为三种，即直接输出至外洋；售于办庄；售于洋行。粤省货物也有由广州直接出口者，但为数极微，仅纱绸与草席分别有42%及10%系直接输往南洋一带，不假中间人手，抗战以前这两项货值共150余万元，在广州出口贸易总值中不占重要位置。广州外贸之土特产多经香港办庄或洋行转销海外，如爆竹、药材、木材、土纸等，全部售于香港办庄，除小部分销于香港外，其余则由香港办庄输至海外。③

广东省内其他各埠之输出入手续，大致与广州相同，“由广州情形可知粤省对外贸易之方式”④。20世纪20年代以后，汕头的商行多直接对外贸易，不复假手洋商以为中介。⑤

---

① 广东省政协文化和文史委员会编：《广东文史资料精编》上编第3卷，中国文史出版社2008年版，第32页。

② 广东省地方史志编纂委员会编：《广东省志·对外经济贸易志》，广东人民出版社1996年版，第44页。

③ 蔡谦编著：《粤省对外贸易调查报告》，第11、13页。

④ 同上书，第11页。

⑤ 中国第二历史档案馆等编：《中国旧海关史料》第158册，第348页。

（三）外贸金融与汇兑

广东外贸一向多在香港办理，故香港成为广东国外汇兑的接转中心。粤省银号以广州、汕头两地最为发达，银号曾被称为广州的“百业之首”，平时市上各业生意多与银业界有来往，赖其汇驳附揭兑换，以资周转资金；巨额侨汇亦多赖银业以为转驳，故可谓其“实居商场上最重要之地位”①。汕头钱庄向执本埠金融界之牛耳，在清末，其直接汇兑以香港、上海及新加坡三口为限。凡汇往北方及长江流域一带者，直汇上海；凡汇往南洋群岛者，直汇新加坡；凡汇往越南及日本者，则直汇香港。由此等地再行转汇。汕头钱庄共100余家，以汇兑为主，不过20世纪30年代初，因南洋萧条，营业不振，倒闭了不少。②

汕头市的汇兑可分为电汇、信汇及票汇等三种情况，尤以票汇居多。票汇以沪、港两埠为大宗，因该市进口货物大半购自上海和香港，至于输出之土产，则多运销南洋群岛。同时南洋的糖、鱼干、大米、锡及椰枳等，多以香港为销售综汇之地。因此，汕头、香港及南洋群岛各埠之汇兑，遂成一个三角形。即南洋各埠每当将款汇还汕头商人时，付以香港之汇票以清账，故港票多由汕头出口商转售于银庄，然后由银庄再售与汕头进口商。③

三　广货出口的商品结构

大体上讲，广东出口主要是农产品、自然特产以及工业制品。如抗战前输出货物以生丝居首位，其次为矿砂、五金、绸缎、菜蔬、针织品、草席等；战后输出货物以桐油居首位，其次为矿砂、五金、鲜干果、木藤竹器、针织品、土纸、菜蔬、药材等。④

---

① 《社会调查·广州银业界之近况》，《广州民国日报》1928年3月22日，第4页。

② 全国图书馆文献缩微复制中心编：《二战时期中国工业调查报告》上卷，第227页。

③ 杨起鹏：《汕头银业史略及其组织》，《银行周报》第13卷第15号，1929年4月23日，第25—26页。

④ 连璧：《华南贸易的新页》，《经济导报》第144期，1949年10月25日，第8页。

（一）纺织品

广东近代轻纺工业较为发达，亦注重向外尤其是南洋发展。

1. 土布

所谓土布，实际上是以洋纱为原料织成的布匹。粤省织布业向以广州、佛山、兴宁三地为出产中心。在兴盛时年产量达数百万匹，输出贸易额约为 1500 万元。质量首推广州，多运销湘桂及南洋。[①]

潮梅布业曾盛极一时，一次大战时洋布来源断绝，织厂风起，多达数百家。[②] 1920 年，澄海、潮州境内织造业“日新月异，所出之货，以柳条棉布为大宗，销路之广，不仅售于境内，即运香港，新嘉坡，暨曼谷等处，亦属甚多”[③]。20 世纪二三十年代，梅县纺织工业达于鼎盛，产品除内地外，还远销南洋各地。[④] 20 世纪 20 年代中后期，因国内抵制日货运动的开展和南洋华侨喜用土布，出口日增，广东各地大小布厂均加工织造以应市。广州织造厂不下百余间，产品除内销外，每年输往南洋各埠价值 200 余万元。[⑤]

抗战结束后，初因南洋及国内各地需求量较大，各厂生产蓬勃一时，广州有大小手织厂 900 余家。广州、香港布商大量收购佛山土布外销，开拓国际市场。但全面内战爆发后，自 1946 年 9 月起，粤省土布生产一落千丈。由于沪纱限制南运，广州纱价猛涨，甚至高于布价，棉织工业无法再生产。农村购买力日渐疲弱，内销市场狭窄。港英政府又禁止纱布出口，于是偷运到港的土布，无法运往南洋，外销停顿。[⑥]

2. 针织品

20 世纪 20 年代，机器针织业已成为广州一个较大的行业，产品

---

① 彭泽益编：《中国近代手工业史资料》第 3 卷，生活·读书·新知三联书店 1957 年版，第 463 页。

② 谢雪影编：《汕头指南》，时事通讯社 1947 年编印，第 172 页。

③ 中国第二历史档案馆等编：《中国旧海关史料》第 88 册，第 37 页。

④ 肖文燕、张宏卿：《华侨与近代侨乡工业——以广东梅县为例》，《华侨华人历史研究》2007 年第 3 期，第 56—59 页。

⑤ 《经济新闻》，《广州民国日报》1928 年 11 月 17 日，第 6 页。

⑥ 狄超白主编：《中国经济年鉴》，太平洋经济研究社 1948 年版，第 15 页。

远销到南洋各地。[①]

3. 丝绸

民国前期，广东生丝及丝织品出口均达高潮。但1929年后受世界经济危机冲击，一蹶不振。20世纪30年代中期，广东蚕丝改良局在广州、顺德、南海等地多次举办蚕丝展览会，介绍和推销丝货。自经蚕丝局派员指导后，顺德、南海、中山等县的蚕丝业有了较大进展。据粤海关报告，1936年生丝出口有所恢复，丝价上升，越南、法国、印度需求均旺。翌年上等丝每担价值515—670港元，为1923年以来所未见。20世纪30年代中后期，越南成为粤丝的主要销场之一，国外收购以越南最多。[②]

20世纪20年代后期，广州织造商注意研究产品的花色款式，以适应海外华侨之需求，故“竹纱”等布匹应运而生。抗战以前，广东纱织厂生产的丝织品，由各商号购进转销安南、暹罗一带。[③]

越南人有穿丝绸之风气，在中法旧约未废止前，中国有特惠税之享受，故丝绸输入极多，但自旧约取消，法国丝绸取而代之。战前越南有几个丝织厂，需要粤丝，后因战事毁损而不再输入。[④]

（二）日用品

1. 火柴

20世纪20年代初，粤省火柴业的发展达全盛时期。1928年日本制造“济南惨案”后，国内掀起抵制日货运动，南洋华侨亦倡用国货，广州火柴内销占七成，南洋各属占三成。[⑤] 抗战结束后，广东火柴制造业发展比较稳定，因市场竞争不大，销路却很广阔。1946年，

---

① 中国民主建国会广州市委员会等合编：《广州工商经济史料》，广东人民出版社1986年版，第66—67页。

② 张富强等译编：《广州现代化历程——粤海关十年报告译编》，1993年版，第222—226页。

③ 《本省各地经济状况·广州》，《广东省银行月刊》第1卷第2期，1937年8月15日，第99页。

④ 中华民国商会全国联合会编：《中华民国商会全国联合会纪念刊》，“专论”，1948年，第26页。

⑤ 《经济新闻》，《广州民国日报》1928年11月3日，第6页。

广州、顺德、佛山有数家较大的火柴厂，其他家庭工场有100多家。产品除供本省各县外，还有部分销往南洋。①

2. 胶鞋

省港地区系民族橡胶工业的发源地，旧中国所谓树胶业主要是生产胶鞋，广东各厂大半是由华侨出资经营，尤以南洋华侨从事此业者众。据抗战前调查，广州橡胶业各厂以制胶鞋为多，往昔销至南洋约占半数，近因日货倾销，加以外国关税增高，故其销路局限于本省。②

3. 电筒电池

该业属于新兴产业，1921年，广州长安金属制品厂生产“虎头牌”电筒，成为中国第一家。此后粤省电筒厂日增，都集中于广州。20世纪20年代末，已达10余家。其“出口日益精美，与舶来品不相仲伯”，故“异常畅销”。电池厂则有50余家，绝大部分属家庭手工场。③ 由于广州所产电筒电池，采用机器制造，出口又可免纳关税，故价廉物美，发展蓬勃，行销内地、香港及印度、越南等地区和国家。抗战以前，广州成为全国最大的电筒生产基地。

4. 成药

广东中成药有适应性广、疗效显著、价格低廉等特点，人们乐于服用。民国时期，广州、佛山等地有中成药制造企业上百家，其中许多都有悠久的历史。如陈李济、敬修堂、梁财信、保滋堂、马百良、黄中璜、集兰堂、王老吉、橘花仙馆等，都是上百年的老字号，其产品质量精湛，声誉很高，远销海内外。俗话讲“北有同仁堂、南有陈李济”，在我国医药宝典中，陈李济药行占有特殊的一面。它始创于明朝万历年间，清初产品在国内已颇有声誉，所制“追风苏合丸”及蜡丸等，具有神奇的疗效，曾是朝廷贡品，在19世纪20年代，产品随出国华侨而引销到南洋一带，形成跨国经销网。

广州中成药企业有40多家在香港建有分行，总分行号的经营管理有明确分工，一般讲总行负责供应国内市场，分行号则为国外各埠

① 狄超白主编：《中国经济年鉴·中编》，太平洋经济研究社1947年版，第91页。

② 全国图书馆文献缩微复制中心编：《二战时期中国工业调查报告》上卷，第174页。

③ 《经济新闻》，《广州民国日报》1929年5月20日，第6页。

的贸易基地，相互依托、分工合作，共同发展。①

5. 罐头

广东拥有丰富的食品加工原料，为发展各种水果、蔬菜、肉类罐头及糖果饼干生产，提供了方便的条件。早在清末，即已出现了广州广美香罐头公司等多家罐头厂，精制菜果鱼类罐头食物，尤其以20世纪30年代创制的名优产品鲜炸鲮鱼及豆豉鲮鱼罐头，远销南洋，颇负盛名。②

6. 皮革

抗战前，广东制革业比较繁荣，南洋华侨关汝强、关汝泉等创办的广怡源制革厂是规模较大者，除了几家较大的企业外，广州还有300余家手制皮革作坊，产品多运销暹罗、安南等地，年达300万元。③

7. 化妆品

省港为我国民族化妆品业的发源地，国人自营新式化妆品业，首推20世纪初由华侨创立的香港广生行。20世纪30年代初，广生行已发展成为港粤沪广生行有限公司，分支遍布于国内外。所生产的“双妹牌”系列化妆品，大量销售于内地及南洋群岛一带。④ 1906年创立的广州三凤粉庄，于20世纪30年代初设香港分厂，规模宏大，制品畅销国内外，与洋货竞争，“大有遍及全球之势”⑤。

8. 草席

广东濒海，丰产水草，织成草席外销，为出口品大宗。至20世纪20年代末，草席以东莞、肇庆产额最巨，出口量很大。虎门凭借优越的集散条件，成了东莞沿海草织的加工贸易中心。虎门的草席类分地席和床席两项，前者主要销往欧美、澳洲及阿拉伯地区，后者外

---

① 吴伦霓霞、张晓辉：《近代中国的粤港华商成药联号》，《近代史研究》1995年第2期，第108—125页。

② 同书编纂委员会编：《中国经济年鉴续编》，商务印书馆1935年版，第10章《渔牧》，第253—254页。

③ 林金枝、庄为玑编：《近代华侨投资国内企业史资料选辑（广东卷）》，第215页。

④ 港粤沪广生行公司广告，《香港华字日报》1932年12月9日，第3张第2页。

⑤ 《三凤粉庄》，载《香港工厂调查》，南侨新闻企业公司1947年编印。

销地主要是印度和南洋各国，年销量在6万包至18万包。[①]

9. 葵扇

葵扇是新会县的主要特产之一，以1911—1925年最盛，每年销量约为5000万柄，出口以南洋各地为最大销场。[②]

10. 爆竹

粤省制造烟花爆竹历史悠久，出口量在全国处于领先地位。民初，每年出口价值达二三百万银两，主要销往越南、新加坡及荷兰等国，专供华侨之用。[③] 抗战以前，广州有部分商人为避免印花税，转往港澳开厂，产品直接运销外洋。[④]

11. 陶瓷

据1926年《中国矿业纪要》载：广东陶瓷每年出产值为500万元，尤以南海石湾、潮州枫溪所产闻名。由汕头、广州、九龙等口输出的广东陶瓷器，大都运往港澳和南洋等处，概属粗糙花瓶、盘、碗之类，专供华侨应用。[⑤]

枫溪是潮州著名的陶瓷产区，出品精良。民国初年，其发展加快，并利用进口颜料，出现彩馆。至20世纪20年代末，有上千家工场，所产瓷器洁白晶莹、质坚韧，有花瓶、花斗、茶具、观音弥勒等，多销往南洋一带。[⑥]

12. 玻璃

广东是中国近代玻璃工业的发源地之一，据史籍记载，20世纪初年，在广州和汕头已创立数厂。民国初年，粤省玻璃业继续发展。至20世纪30年代，广州逐渐转向生产流行玻璃手钏，销往国内各地和南洋、印度等地，每年值银四五十万银圆。[⑦]

---

① 东莞市政协编：《东莞历史文化论集》，广东人民出版社2008年版，第320—323页。

② 《经济新闻》，《广州民国日报》1929年5月1日，第6页。

③ 广东省商会、广州市商会合编：《广东商业年鉴》，1931年，第21页。

④ 《本省各地经济状况·广州》，《广东省银行月刊》第1卷第2期，1937年8月15日，第96页。

⑤ 杨大金编著：《现代中国实业志》上册，第412、421页。

⑥ 《产业》，《中行月刊》第5卷第6期，1932年12月，第131—132页。

⑦ 杨大金编著：《现代中国实业志》上册，第343页。

13. 土纸

粤省手工造纸主要供省内消费，但也有一部分远销港澳及南洋群岛，赚取外汇。南雄所产竹纸亦有运往香港和南洋等地以供外商纸厂作为原料，制成高级纸张后，再返销国内市场。①

（三）农产品

1. 麻类

民初因国内消费及出口促使需求激增，南方各省积极栽培苎麻。广东产麻主要为黄麻和苎麻，在比较旺盛的时期，产量居全国第3位，是国际麻类市场供给地之一。② 粤麻以潮汕地区所产最为著名，每年可收获3次，多积集于汕头，出口往曼谷、新加坡和越南西贡等埠。③

2. 茶叶

西江下游各地出产茶叶，以鹤山县古劳镇最为有名，所制银针茶除运销两广外，还大量出口到香港、南洋及南北美洲。④

3. 烟草

粤北南雄等地，素以出产烟叶为最大宗，其中经由香港出口的，“每年约有三万余包，纯系运销南洋群岛一带”⑤。鹤山烟叶多运往江门加工成烟丝出口，潮州各县及福建永安烟叶皆集中于潮安，大多加工制成水烟出口。广州烟丝创制商号，主要以出口为大宗，著名者如朱广兰、罗奇生等号，在海外设立分号，出口土烟丝，远销至美洲和南洋。⑥

抗战以前，汕头大宗出口货物主要是农产品，即蔗糖、腌制蔬

---

① 彭泽益编：《中国近代手工业史资料》第4卷，第291—292页。

② 广东省政府秘书处编：《广东年鉴》，第10编《农林》第1章“概况”，1941年。

③ ［日］马场锹太郎：《支那的棉业，附各种商品概说》，禹域学会发行，出版时间不详，第375—376页。

④ 狄超白主编：《中国经济年鉴》，第145页。

⑤ 《香港贸易报告》，《中行月刊》第5卷第12期，1932年12月。

⑥ 邝匡敬：《我三十年经营土烟业的回忆》，《广州文史资料》第12辑，广东人民出版社1964年版，第27页。

菜、烟草、水果（特别是柑橘）、生油等。[①] 北海油行榨制生油，销往南洋群岛。[②] 输往南洋的，还有诸如阳江豆豉、新会亚佗霉姜、广式腊肠等历史悠久的传统食品。

（四）其他制品

广州是近代华南机器工业之重镇，协同和机器厂创办于1912年，经多次扩展后，业务于抗战前达于鼎盛，产品远销华南和南洋各地，成为粤省最大的机器厂。[③]

陈济棠统治时，建成一批省营工厂，产品以白糖、水泥、纺织品为大宗，价廉物美，远销至南洋各地。[④]

四　广货在南洋市场的销场

（一）广货在南洋市场概况

有谓“新加坡、巴达维亚、马尼拉为南洋交通之中心；而新加坡与马尼拉为尤盛。新加坡为欧亚间交通总汇，马尼拉为太平洋印度洋航线之中心”[⑤]。“南洋华侨生活的中心，是在经商。”“他们的经济活动，不仅限于南洋，且推及中国，经营中国与南洋间的商务。”[⑥]

据日本学者滨下武志研究认为：自19世纪以来，亚洲区域内贸易“伴随着香港、新加坡的登上历史舞台而越发活跃”，这两个城市得到了建设，并大量吸收了华人商业的资金。此两地都是流动的中国人的商业中心，由于中转贸易的发展，“香港和新加坡之间的金融关系进一步加强”，两市“作为金融市场的作用日益增大”。至20世纪

---

① 中国海关学会汕头海关小组等编：《潮海关史料汇编》，1988年，第88—89页。

② 《本省各地经济状况·北海》，《广东省银行月刊》第1卷第2期，1937年8月15日，第99页。

③ 《协同和机器厂史略》，转引自汇丰银行编《百年商业》，原书无页码。

④ 《贸易》，《中行月刊》第9卷第3期，1934年第9月，第159页。

⑤ 刘继宣、束世澂：《中华民族拓殖南洋史》，国立编译馆1935年版，第279页。

⑥ 陈达：《南洋华侨与闽粤社会》，第63、67页。

初，以香港和新加坡为中转地的东南亚—东亚贸易网已经形成。[①]

南洋华侨聚居区是广货最主要的外销市场。民初 10 多年间，华侨“旅居南洋者，为数日众。南洋群岛经济势力之现在和将来，皆大半操于华人之手”[②]。海外华侨以粤籍为最多，他们嗜好本国土产，每年出口供其消费的广货达上亿元，[③] 市场潜力巨大。

南洋系农业社会，所需工业品全赖从外输入，以纱布、棉织品类、五金用具、各种器皿、食品等为大宗。虽然抗战以前日本纱布和棉织品具有压倒优势，但中国土布有一定销路。食品类因餐馆均为华侨所设，加以华侨的消费，故中国货有较好的市场。[④]

（二）南洋的广货经营商

时人指出：“华侨之商业活动，与南洋经济关系最大者，为南洋土产之集中贩卖，及输入品之内地分销。所谓仲介人也。”“南洋贸易，则完全因华侨而见重也。”[⑤] 南洋华侨中 90% 为粤闽籍人，而又以原籍乡土区别集团而分为 5 帮，即广州、客家、福建、潮州、海南帮，皆因其出生地而区别。[⑥]

南洋华侨商人是近代广东开拓海外市场的一支重要力量，他们“为南洋经济势力中之重心所在”，“位于贸易商与土民之间，经手各种进口货以及土产集散交易之中间商人或牙行业务，为南洋华侨商业活动之重心”[⑦]。也就是说，华侨在南洋，一般为西人与土人之间所谓的“二盘商”。即一方收买土产售与西人，一方批发舶来品与土人，从中博取利润。[⑧] 粤籍侨商既是土特产输往南洋的组织者，又是

---

① ［日］滨下武志：《近代中国的国际契机——朝贡贸易体系与近代亚洲经济圈》，朱荫贵、欧阳菲译，第 60、93、221 页。

② 《南洋华侨最近状况》，《广州民国日报》1929 年 8 月 20 日，第 9 页。

③ 林金枝、庄为玑编：《近代华侨投资国内企业史资料选辑（广东卷）》，第 538 页。

④ 中华民国商会全国联合会编：《中华民国商会全国联合会纪念刊》，“专论”，1948 年，第 23 页。

⑤ 刘继宣、束世澂：《中华民族拓殖南洋史》，第 201、288 页。

⑥ 广东省档案馆等编：《华侨与侨务史料选编（广东）》（1），第 113 页。

⑦ 章渊若、张礼千主编，张荫桐译述：《南洋华侨与经济现势》，第 33—34 页。

⑧ 广东省档案馆等编：《华侨与侨务史料选编（广东）》（1），第 113 页。

土特产到达南洋的推销者。互通有无，促进了广东与南洋地区的物资交流，为侨居地开辟了一个长期而固定的国外市场。

抗战以前，马来亚华商进行转口贸易，主要是从事新加坡和槟榔屿的贸易。他们从中国输入的货物有陶瓷器、砖瓦、纸伞、绸缎、粉条、干果、线香、纸钱、烟草、糖果、樟脑、茶叶、土布、生丝等。[①]

在泰国，19 世纪末即已出现“汕头郊公所”，这是泰国华侨与汕头开展进出口贸易的同业组织。后随着业务范围的扩大，于 1925 年改组为“香叻汕公所”。据统计，1923 年曼谷有经营沙滩货的入口廊 32 家，抗战前夕已增至 40 多家。[②]

第二次世界大战前，新加坡有香汕郊公局、酱园公局、金果公局，分别与香港南北行及汕头南商、酱园、果业等公所相适应，经营和处理进出口事项。新加坡的香汕郊从中国购入土产杂货，发售往南洋各地，战前每年营业额达上千万元叻币（新加坡币），可见其在南洋曾起着批发中国货物的转口作用。[③]

新加坡华侨经营香汕郊者，首推广、潮两帮，已有近百年历史。在抗战前全盛时，有“头盘商”60 家左右（潮帮 30 余家，广帮 20 余家），“二盘商”上百家。原因在于：（1）当时货物自由进出口，不受限制。（2）香汕货价廉物美，最受马来亚一般劳工大众欢迎。（3）船只充足，各港口航运方便。（4）中马间汇率的规定，对于商家贷款的汇寄有利。（5）广汕各地货产丰富，向外输出甚多，且价格低廉。（6）新加坡为印度尼西亚、马来半岛各地货物的集散地，故商业最为兴旺。日占时期，新加坡香汕郊全部停顿，战后又相继复业，大量运销潮汕土货于市，商家趁物资匮乏之机，操纵市场，抬高售价，以赚取厚利（但 1946 年年初，因马来亚居民购买力下降，物价连跌，而运货成本已达最高峰，新加坡香汕郊商家损失惨重，许多

① 周伟民、唐玲玲：《中国和马来西亚文化交流史》，海南出版社 2004 年版，第 317 页。

② 林金枝、庄为玑编：《近代华侨投资国内企业史资料选辑（广东卷）》，第 137—138 页。

③ 林金枝、庄为玑编：《近代华侨投资国内企业史资料选辑（广东卷）》，第 138 页。

投机商破产倒闭，潮汕的对外贸易必然也受到严重影响)。①

广东成药商号大都与香港同业结成联号，通过联号或代理商推行海外业务，战前新加坡约有200家中药店，多在香港设立分行，其货源主要来自香港。②

五　广货在南洋市场的竞销态势

广东作为沟通中西方文化的桥头堡，在接受西方商品的同时，学习并对舶来品进行仿制和改造创新，形成了颇具特色的广货，畅销于国内外市场。有些广货商利用地利、人和、抵制洋货及低成本等优势，使制品价廉物美，加以具有浓郁的民族特色，故能保持长期发展，与洋货特别是日货在南洋市场产生了激烈的竞争。

（一）对于广货出口的有利因素

1. 中国政府实行出口税优惠

民国时期，广州仍是内地货物出口外洋的一个重要连接点。在“关税自主”以前，中国关税税率最高不得超过5%，实际上只有3%—4%。1928年12月至1937年抗战爆发，国民政府先后公布了四个进口“国定税则”和两个出口“国定税则”，将进口税率总水平从10.9%提高到34.3%，出口税率保持在5%—7.5%，并对茶叶、生丝、绸缎、漆器、草帽等土特产实行减税或免税。国民政府实行关税自主政策，提高洋货进口税率，减免土货出口关税，保护国内市场，既抑制了舶来品的倾销，又降低了内地工业及手工业成本，增强了广州外贸出口商品的竞争力，鼓励了土货的生产与输出。

中国政府为扶助国货出口也与外国政府进行了谈判，如1930年5月16日拟定的中法《规定越南及中国边岁关系专约》附件，规定凡滇、桂、粤的货品（清单包括35种农产品、日用工业品及矿产品）输入越南时，如直接运入，或持有直接提货单者，应享受最低税率，

① 吴斯柳：《新加坡的香汕郊》，香港《华商报》1946年5月25日，第2页。

② 《新加坡华人中药行业史调查报告》，南洋大学历史系1972年编印，第18页。

由各商号购进转销安南、暹罗一带。①

2. 华侨是广货的主要消费者

汕头是广东第二大城市，但其附近极少现代工业，由汕头输出的货物主要是本地各类土产及手工业制品，其中大宗的是土糖、夏布、陶瓷、纸制品（主要是用于祭祀的神纸）、锡箔、烟丝、抽纱、麻苎品等。况且这些出口货物，除了抽纱及少数原料外，大部分都以海外潮梅华侨为销售对象。1929 年汕头口土货贸易虽然不振，但药材、陶瓷、生油、罐头果品及蛋品等，为南洋华侨必需品，出口销路日广。② 战后，广东输出南洋的仍多为杂货，供华侨消费。③

3. 华侨热情支持国货

广东及南洋华侨社会各阶层致力于提倡国货，抵制洋货。如“五四”时期新加坡华侨抵制日货的劲头强过北京、上海，“遇店则抄”“遇屋则搜”，以致遭到殖民当局的弹压。④ 1930 年 3 月 16 日，广州总商会议决参加国货运动。在此前后，该会还成立了中华国货展览会广东分会、维持国货委员会、商品陈列所等机构，并通函所属各行工商同业公会准备资料，向南洋各埠推销粤制产品。⑤ 同年 8 月中旬，南洋巴达维亚中华总商会致函中国内地各商会，谓：现以银价暴跌之际，实为推销国货之良机，拟将我国货样品征集陈列，举行国货展览，以引起侨商观感而利推销海外，请予赞助。⑥ 1935 年中国南洋商业考察团到南洋活动，并在各埠举行国货展览会，得到广大华侨的拥护。⑦ 1948 年应越南中华总商会之邀，广州市商会转函各同业公会征

① 王铁崖编：《中外旧约章汇编》第 3 册，生活 · 读书 · 新知三联书店 1962 年版，第 1015 页。

② 中国第二历史档案馆等编：《中国旧海关史料》第 106 册，第 94 页。

③ 中华民国商会全国联合会编：《中华民国商会全国联合会纪念刊》，“专论”，1948 年，第 26 页。

④ 梁绍文：《南洋旅行漫记》，中华书局 1924 年版，第 37 页。

⑤ 《粤闻》，《香港华字日报》1930 年 2 月 19 日、3 月 25 日、4 月 9 日。

⑥ 广东省档案馆等编：《华侨与侨务史料选编（广东）》（1），第 745 页。

⑦ 中华民国商会全国联合会编：《中华民国商会全国联合会纪念刊》，“专论”，1948 年，第 27 页。

集产品样本参加越南展览会。①

4. 研究与改善外贸问题

广东商会及出口商始终关注外贸问题，多次开展商讨并向政府建言献策。1946 年 11 月，中华全国商业联合会正式成立。在该会召开的对外贸易会议上，广东省商业联合会提出数个提案，如推销我国产品，争取南洋市场，代替日本对南洋贸易之地位案；请政府奖励华南一切手工制品出口，以培养国民经济及国家外汇资源案等，这些提案大会都照原案或原则通过。②

（二）对于广货出口的不利因素

1. 经济危机与南洋各国的关税壁垒

从世界的角度看，1929 年资本主义经济危机爆发后，迅速蔓延全球，中国的对外贸易也受到严重影响，“因劣货倾销，外国关税壁垒高筑，昔日盛销南洋之货，如土布、胶鞋，及手电筒等，与盛销欧美之生丝等，至是一落千丈”③。“世界之经济危机在华侨大本营之南洋，其情况尤为惨烈”，各国政府为削弱华人经济势力，除抽税特重外，还订立各种条例，限制华侨的货物进口量。④

作为外贸大省，广东每年均有大量土货出口，其盛衰与国际市场情况息息相关。如成药行出品输入，以南洋为最大宗，但自 1929 年越南加税后，药物运往越南者，每百元须缴 150 元之入口税，故行商多停止运货往销，全行生意，大受打击。⑤ 1930 年 1 月底，菲律宾国会通过议案，决定重征进口关税，这不仅与华侨营业有关，还沉重打击了中国对菲贸易。⑥ 汕暹贸易很重要，盛时汕头每年运往暹罗的物产总额达 2000 万元，但 1932 年该国提高关税，潮汕货成本变得昂

① 《广州市商会公函复工总字第 2204 号》（1948 年 3 月 10 日），广州市档案馆藏，档案号：26—2—16。

② 中华民国商会全国联合会编：《中华民国商会全国联合会纪念刊》，“动态（三）”，1948 年，第 35—36 页。

③ 全国图书馆文献缩微复制中心编：《二战时期中国工业调查报告》上卷，第 222 页。

④ 林金枝、庄为玑编：《近代华侨投资国内企业史资料选辑（广东卷）》，第 39 页。

⑤ 广东省商会、广州市商会合编：《广东商业年鉴》，“十九年商业概况”，第 16 页。

⑥ 广东省档案馆等编：《华侨与侨务史料选编（广东）》（1），第 807 页。

贵；且当地工商业冷淡，货物滞销，致使汕暹贸易“一落千丈”[①]。

20世纪30年代前期，广东外贸严重滑坡，出口下降是因国际市场严重不景气，各国高筑关税壁垒，导致出口商品价跌，输出值减少。据粤海关贸易报告称：1931年该关出口货物极度衰落，“其症结所在，纯因世界贸易衰颓及各国关税增高无疑也。观乎海峡殖民地施行之限制烟草税率即足以证明”。该地向为中国烟草畅销之市场，因税率激增，这年广东输往之烟叶和烟丝分别由上年的110万两、30万两跌至30万两、10万两。[②] 粤省烟花爆竹业陷于不景气，出口逐渐下跌。[③] 南雄烟叶年中经香港运销南洋群岛达3万余包，1932年因烟税过重（每100斤须纳各种税约15元粤币），以及南洋当地政府实施贸易保护政策，使粤港烟叶行惨遭打击。[④]

值得注意的是，南洋各地出现了程度不等的排华活动。如1929年3月14日《广州民国日报》登载菲律宾通讯，报道该国近来排华声浪日益高涨，对华商经营的商业，多有嫉妒之意。[⑤] 由于“华侨霸占南洋商业之形势，终至引起当地政府之注意以及土民之反感”。在菲律宾、泰国都出现了“经济自主运动”和“排斥华侨运动”[⑥]。20世纪30年代前期，世界经济危机爆发，南洋各地剧烈排华，苛捐杂税更重，潮汕华侨财产损失严重，大量被驱赶回国，每年侨汇剧减。[⑦]

2. 洋货尤其是日货的竞销

民国时期，南洋各地贸易的殖民地性质愈益显著，外贸完全被欧美商人所左右，因其外贸大部分以欧美各国为对象，通货政策无不以宗主国之利益为第一原则。[⑧] 第一次世界大战后，欧洲各国逐渐注意向南洋

---

① 《汕暹贸易一落千丈》，《香港华字日报》1933年1月13日，第3张第3页。

② 张富强等译编：《广州现代化历程——粤海关十年报告译编》，第214页。

③ 彭泽益编：《中国近代手工业史资料》第3卷，第513页。

④ 《贸易·香港贸易报告（粤行）》，《中行月刊》第5卷第6期，1932年12月，第157页。

⑤ 广东省档案馆等编：《华侨与侨务史料选编（广东）》（1），第804页。

⑥ 章渊若、张礼千主编，张荫桐译述：《南洋华侨与经济现势》，第116页。

⑦ 陈琳：《广东潮州农村写真》，《东方杂志》第32卷第20号，1935年10月，第111—112页。

⑧ 章渊若、张礼千主编，张荫桐译述：《南洋华侨与经济现势》，第73、117页。

发展，洋商既多具商业知识，又受当地法律之优裕待遇，故在经济上与华侨竞争，使华商的经营受到很大影响。

第一次世界大战时，欧美各国卷入战争，无暇顾及南洋贸易，日本乘虚而入，占领了南洋市场。1931 年，日本因日元贬值，更往南洋进取。虽然华侨每次抵货运动都取得相当成效，但终究不能改变日货在南洋的强势地位。如第一次世界大战期间，日货在暹罗蓬勃发展起来。世界经济危机后，价廉质优的日货，正投合暹罗的购买力，更在市场确立了不可动摇的地位，使华侨输入商陷入前所未有的困境。① 如抗战以前，汕头、广州及九龙等口输出的粤制陶瓷，大都运往港澳和南洋等处，概属花瓶、盘子及碗之类粗制品，只供华侨使用，质量实不能有与国外陶瓷相抗衡。② 如汕头瓷器一向在泰国销路甚广，惟自当地新税则实施后，办货量顿缩，几有断绝之势。日货却蜂拥而至，汕瓷从前的市场被占去大半。此种状况，实因日瓷装潢美观，工精巧小，反视汕瓷墨守成规，粗劣笨重，外观既难匹敌，加以当地政府变更税则，由过去的从价税改为从量税，对汕瓷更为不利。③

值得注意的是，仅靠抵货运动不能从根本上解决问题，如暹罗华侨的排日运动在南洋诸国中最为炽烈，但暹罗市场的日货并未被中国商品替代，反而是欧美货渔翁得利。排日运动虽未给华侨直接伤害，真正得利的却是第三国，华侨和日商都蒙受了损失。④ 有谓华侨排斥日货反而给了各国商人与日商交易的机会，特别是势力仅次于华商的印度商人，由销售英货转销日货。华侨地盘渐削，南洋商贸网络逐渐变为日商的销售网络。⑤

3. 广货自身的竞争劣势

直至民初，粤省土布业仍多以人工织造，效率低，成本高，而又墨守成规，款式花样不知改善，远不及洋布价廉物美，在市场上不受

---

① 《泰国的华侨》，杨建成主编《南洋研究史料丛刊》第 21 集，（台北）文史哲出版社 1986 年版，第 204 页。

② 杨大金编著：《现代中国实业志》上册，第 420—421 页。

③ 《华侨经济》第 11—12 页，《侨务月报》1936 年 5、6 月合刊。

④ 《泰国的华侨》，杨建成主编《南洋研究史料丛刊》第 21 集，第 248 页。

⑤ 朱荫贵、戴鞍钢主编：《近代中国：经济与社会研究》，复旦大学出版社 2006 年版，第 195 页。

欢迎。20 世纪 20 年代初，土织业则江河日下。据 1926 年《广东实业厅公报》记载，广州土布全年出货达 300 多万匹，输出占 95%，其中南洋等地占一半，由此可知当时土布曾是出口大宗。然而 20 世纪 30 年代后，手织土布基本上退出了国际市场。[①] 汕头工业未脱手工业时代，机械制造虽略具雏形，但皆规模狭小，20 世纪 30 年代初且受南洋不景气影响，停业倒闭不少，因之工人失业者众，而南洋失业归者，又复源源不绝，竞争极烈，谋生不易。[②] 当时潮州枫溪陶瓷业因南洋市场不景气、国内经济萧条、做工墨守成规、行会组织不善、洋货侵夺市场等不利因素，输出逐年下降。[③]

海外华侨经济的衰落，既有外在势力的压迫，然而也有内在之桎梏。时人指出："华侨在外，只靠'刻苦耐劳'四字而成功，对于经济之组织力量，不能抵挡庞大势力，且华侨经济之组织，往往散漫薄弱，所有经营，大多为个人事业，不若欧美商人，具有精密计划，确定之政策，外人明了我华侨组织缺乏健全，利用我散漫，无团结之组织，破坏我事业，此亦华侨经济衰落之原因也。"[④]

4. 中国国民政府的外贸统制

1946 年 3 月，国民政府公布内地输往香港的若干货物须先行购结外汇，这对粤港商场及船务公司影响甚大，造成交易与货物运输大减。因为办理结汇手续相当严密，商货运到后，除办理报关外，又增加了一道程序；有了结汇制度后，贸易商货物在香港不论盈亏，都要先向指定银行交付高于货值的现款，故商家若不准备加倍的本钱，便不能经营；官方结汇价比市面时价低，也使办货者吃亏。对此，广州市商会指出："影响所及，不仅本省工商界痛苦不堪，即整个华南社会经济均陷危机。"在出口方面，生丝、水结、云纱、抽纱、爆竹、烟叶、草席、桐油及各种植物油、土纸、染色纸、药材、锡箔、神香、五金制品、橡胶、电筒、土布、各种矿产品、农产品等，"则以结汇牌价过低，影响输出推广，往往因在国际市场上无划算，经营商

---

① 黄增章：《民国广东商业史》，第 43、48—49 页。

② 全国图书馆文献缩微复制中心编：《二战时期中国工业调查报告》上卷，第 227 页。

③ 邱陶亮执笔：《枫溪镇陶瓷志》，广东省政协文史会存，未刊稿。

④ 林金枝、庄为玑编：《近代华侨投资国内企业史资料选辑（广东卷）》，第 41 页。

不感兴趣”。①

5. 南洋市场容量有限

南洋各地经济欠发达，商品化程度低，除了少数城镇稠密的地区外，其他各处之内地市场均甚狭小。②

六　广货输出南洋的地位与作用

中国和南洋国家及地区间分别有独特的历史传统，除了相互间地理上的接近外，还有相互共有的纽带，广东和南洋的贸易在其中占有特殊位置和作用。有谓：“‘中国人之南洋’，殆无异言‘广东人之南洋’也。”“南洋既为吾粤人之第二故乡，故与吾粤关系亦最深切，其痛痒之所系，无不牵惹粤人之生命，所谓粤人生命线在焉。”③

（一）广货输出南洋，有利于当地市场及社会经济的发展

广货在南洋主要集中于马来亚、泰国等地，消费圈也基本局限于华侨范围。如中国输入暹罗的货品 60% 以上为制成品，都是为了满足华侨的需求，几乎不考虑暹罗人的消费。制成品外的中国货也是针对华侨的需要而输入的，因此，“中国对暹罗的贸易也可以说是国内贸易的延长”④。但不可过高估计广货所能发挥的作用，南洋各国与中国的贸易额自始就处于极不重要之地位，据抗战前 6 国的统计数字，对华输出所占其输出比例平均不及 1%，由华输入所占其输入比例也不过 3% 左右。⑤

（二）南洋市场消纳广货，对广东社会经济有重大影响

近代广东外向型经济的特征非常突出，南洋市场与粤省经济社会

---

① 《广州市商会周年特刊》，广州市商会 1947 年 9 月编印，第 23—25 页。

② 章渊若、张礼千主编，张荫桐译述：《南洋华侨与经济现势》，第 119 页。

③ 广东省档案馆等编：《华侨与侨务史料选编（广东）》（1），第 125 页。

④ 《泰国的华侨》，杨建成主编《南洋研究史料丛刊》第 21 集，第 257 页。

⑤ 中华民国商会全国联合会编：《中华民国商会全国联合会纪念刊》，“专论”，1948 年，第 27 页。

的盛衰息息相关，因为这里是广货的主要海外消费市场，更是巨额侨汇的来源地。

广东为外贸大省，出口到南洋的货物，可分为轻工业品和土产品，有利于发展劳动密集型农轻工业，利用粤省的资源和成本优势，改变出口结构，改善贸易条件。如近代海运贸易不但刺激潮汕的商品生产，扩大土特产出口，还推动了果菜种植业和出口加工业的发展，如潮州柑、罐头、土布、瓷器、生油、纸张等。

广货输出，将辽阔的乡村地区卷入国际市场。如20世纪30年代，在地处偏远的大埔县，出口往国内外货物有：瓷器年产值约70万元，陶土约万元，纸扇二三万元，茶叶万余元，烟丝约20万元，萝卜丝二三万元，外销主要是南洋地区。①

中国近代历年的外贸严重入超，但与南洋各地间的贸易则常为出超，其原因在于：（1）华侨使用本国制品，以至于中国货每年运往南洋达2亿元之巨。（2）华侨在南洋拥有雄厚的经济势力，且此势力恰以商业为重心。②

当广货输出遇阻时，还会严重影响商埠经济。如民国初年，因华侨踊跃回国举办实业，广州工厂盛极一时，出品销路大都以南洋群岛为尾闾，而20世纪30年代初由于日货倾销，各国高筑关税壁垒，昔日盛销南洋之货，如土布、胶鞋及电筒等，一落千丈。③

（三）环南海跨国商贸圈的重心

南洋华侨众多，广货市场潜力巨大。粤籍贸易商帮足迹遍及南洋，华南财团活跃于粤港及南洋，以广州、汕头、香港、新加坡为纽带的跨国经销网，形成环南中国海贸易圈。④ 同传统的商业组织一样，广东及南洋各地粤籍外贸商借助亲缘、地缘、业缘三缘纽带维系与巩

---

① 戴鞍钢、黄苇主编：《中国地方志经济资料汇编》，汉语大词典出版社1999年版，第734页。

② 章渊若、张礼千主编，张荫桐译述：《南洋华侨与经济现势》，第57页。

③ 全国图书馆文献缩微复制中心编：《二战时期中国工业调查报告》上卷，第222页。

④ 在环南中国海贸易圈中，国内外潮商显然最具影响力，他们能够长期主宰汕头—香港—暹罗—新加坡国际贸易圈。参见林济《潮商》，第105—114页。

固跨国商贸网络，由于货物生产和市场相距遥远，他们在各通商口岸以及海外遍设联号，并以家族成员、同乡纽带和资金投入的方式，将分布于各个商埠的商号紧密联结起来，这对跨国商贸网络的构成起了重要的作用。建立跨国营销网络是广东和南洋华商联号整个组织经营的关键环节，通过遍布于内地、南洋乃至世界其他地区的商贸圈，不断扩大辐射范围，增强实力，成为中国民族资本中相当活跃的因素。①

（原载栾景河、张俊义主编《近代中国：思想与外交》，
社会科学文献出版社 2013 年版）

① 有学者指出，在亚洲所谓“大中华经济圈”，约定俗成的观点多指侨居海外之华人以生产、交易、消费本国产品为核心所形成的以中国经济秩序与价值为核心并由华人主导的经贸体系。这一经济秩序自 20 世纪 30 年代即面临日本的竞争、对立与挑战，处境更形困难。参见朱荫贵、戴鞍钢主编《近代中国：经济与社会研究》，第 179—180 页。

近代澳门与内地的茶叶贸易

近代澳门与内地的茶叶贸易以清末为盛，茶源以西江下游沿岸所产红茶为大宗，或经内地焙制成质后输入澳门，或输入澳门后再行加工，价格前贵后贱。拱北口是最重要的贸易场，销往澳门的茶叶大部分转输香港，供港人和南洋华侨消费，一部分直接运销欧美市场。19世纪末，澳门一度成为粤茶出口之重镇，对于本地及内地的经济贸易产生了重要影响。后由于茶质疏于改进、洋茶的残酷竞争，以及澳门商务地位日降，至于民初，澳门与内地的茶叶贸易陷于湮没无闻。

一　中国茶叶生产及贸易的历史沿革

中国乃茶叶的原产地，是最早采制和饮用茶的国家，并逐渐发展成为世界灿烂独特的茶文化。我国植茶历史久远，南部各省均有出产，以安徽祁门、浙江龙井、福建武夷等为最著。产品以绿茶最丰，据南京国民政府有关部门统计，常年产量约80万市担，砖茶次之，约40万市担，红茶约30万市担，连同其他茶类，全国常年产量共186.3万余市担。闽粤区茶叶常年产量为近33万市担，其中红茶约9万市担，绿茶约20万市担，其他约4万市担。①

中国茶叶外传于公元5世纪，从海上运载茶叶之路主要有三条：第一条是由浙江直通日本；第二条则是由广东、福建通往南洋诸国，然后经马来半岛、印度半岛、地中海输入欧洲；第三条是从广州直接

① 国民政府主计部统计局编印：《中华民国统计年鉴》，中国文化事业公司1948年版，第79—80页。

越过太平洋通向美洲。澳门与内地的茶叶贸易具有悠久的历史，1606年，荷兰东印度公司成立，次年（明神宗万历三十五年）开始经澳门贩运中国绿茶，从澳门收购武夷等地茶叶，经印度尼西亚爪哇输往欧洲试销。几经辗转，在1610年到达欧洲。

自17世纪起，澳门已成为中国向西方出口茶叶的重镇，在华茶传播及贸易史上扮演了非常重要的角色。此后，茶叶成为中西贸易的重要货物。如瑞典的哥德堡号船从起航至广州满载中国货物后，经过30个月的漫长航行，于1745年9月12日在距哥德堡港口仅900米处触礁沉没。船上的很多货物，包括上万斤的茶叶，就此留在了海底。19世纪中叶20世纪初，又对该船进行了多次打捞，后逐渐被人遗忘了。直到1984年，人们再次发现了沉船遗骸并在瑞典国家文物局、哥德堡航海博物馆监管下由哥市海洋考古协会于1986—1993年进行了打捞，再次获得大量瓷器碎片、茶叶和香料。让人们吃惊的是，打捞上来的部分茶叶色味尚存，至今仍可放心饮用。哥德堡人将一小包茶叶送回了它的故乡广州，供广州博物馆公开展出。

18世纪末，“茶叶之路”进入鼎盛时期，有力地带动了沿途其他各类商品的交易，促进了中国与欧洲的经济交流。西方各国都受到了中国茶文化的影响，茶叶逐发展成为欧人日常必需的饮料。受影响最大的是英国，至今英国仍是一个十分讲究饮茶的国家，英国人不仅喜欢中国的茶，且喜爱中国茶具。据说在18世纪末，伦敦的2000多家茶馆和许多茶园，都是社会名流和青年的交际场所。①

广东历来就是我国对外贸易的大省，从出口货物的内容来看，清末主要输出品为生丝、茶叶、水产品、土纸等。但至20世纪30年代，旧时重要产物如生丝、茶叶等已因丝绸、针织品、草席、麻袋、爆竹、烟叶、土布、葵扇、矿砂、五金、桐油等新商品贸易的增加而退位，澳门与内地的茶叶贸易在短短数十年间，亦经历了一个由盛而衰的周期。

---

① 王玲：《中国茶文化》，中国书店1992年版，第342页。转引自林子雄《海上丝绸之路与中西文化交流》，《广东史志视窗》2006年第1期，第45页。

二 广东茶叶的种植与焙制

（一）粤茶的生产地区及其种类

广东产茶仅次于浙湘闽等省，粤茶生长在该省北部地势较高的地带（即北江流域）和西江右岸地区。20 世纪 20 年代，全省种茶面积约有 7 万亩，年均产茶叶 16 万余担，以鹤山、清远、饶平、梅县等地出品最多，年输出值超过 100 万元。不过，由于粤茶栽培技术未得改良，更因厘税过重，二三十年代种茶形势“每况愈下”，1934 年全省种茶面积降至 1.3 万亩，产量仅 2.9 万担。①

抗战时期，由于国统区当局较注重经济发展，粤省茶叶生产情况好转，如下表所示。

广东各地茶叶生产调查表（1940 年） 单位：担

产地	大湾	禄步	罗定	清远	鹤山	总计
年产量	2000	6000	22000	10000	30000	70000
红茶	600	1800	6600	3000	9000	21000
绿茶	1400	4200	15400	7000	21000	49000

资料来源：《粤茶一九四〇年收购计划》，中国第二历史档案馆藏国民政府贸易委员会档案，档案号：309—3763。

据表分析，广东年产茶叶约 7 万担，其中绿茶占七成，红茶占三成。当时每年可收购 3 万担出口供海外华侨消费。按时价每关担 120 元计，约需收购资金 360 万元。应注意的是，清末粤茶生产是以红茶为主，绿茶为次，而这种情况在民国时期已经倒过来了。另据 1942 年初《贸易年刊》载：粤北鹤山、清远、肇庆及罗定等 4 县共有植茶面积 4.7 万亩，产量约 8.8 万担。②

① ［日］根岸勉治：《广东省农业经济发展史料》，郭寿华节译，台湾《广东文献季刊》第 3 卷第 1 期，1973 年 3 月。

② 许道夫编：《中国近代农业生产及贸易统计资料》，上海人民出版社 1983 年版，第 243 页表。

粤茶的种类主要有：(1) 工夫茶。其主要产地是广东的大山、肇庆和贺县地区。(2) 珠兰香茶。出产于西江、江谷和贺县地区，构成了广东茶叶生产的大部分。这种茶叶因优异的质量，在19世纪80年代曾风行一时。[①] (3) 古劳茶。因出产地而得名，鹤山县古劳镇为粤省有名的产茶区，所制"银针茶"除运销两广外，还大量出口到香港、南洋及南北美洲。当地有茶庄16家，其中规模宏大的3家都在香港设有总庄，作为制炼和外运的总枢纽。[②] 其他还有红茶系列的小种红茶、橙白毫茶、乌龙茶、包种茶、白毫茶；绿茶系列的嫩熙春茶、熙春茶、大珠茶、小珠茶；以及花茶等，但产量及出口量都较少。

(二) 粤茶的收购与焙制

在广东，一般的情况是，茶叶由小农培植，他们在乡村市场把茶叶卖给包买商，包买商或是把茶叶运到通商口岸出售，或是当即卖给广州商人，洋商再从广州商人手中得到茶叶。[③] 输往澳门的茶叶，大部分是西江右岸所产，少部分为北江流域所产。

由内地出口到澳门的茶叶向分两类：一类为内地业经焙制成质者；另一类为运至澳门始行焙制者。在19世纪70年代初，所有从澳门（在很大程度上是从广州）运出的茶叶都"用篾篓从内地茶园挑来的，有的只是晒过，有些是焙干了的茶叶，都在此处或彼处完成工序，并且按市场的需要分类和命名"[④]。自澳门出口的茶叶，其中部分是香茶，但大部分是所谓"新制工夫茶"，即由一种长叶（主要产于广东大山和鹤山地区）捻制而成，因模仿福建工夫茶而得名。据1874年粤海关报告称，澳门的茶行雇用一定数量的劳力下乡收购，然后就地加工，等候外商收购运往国外销售。[⑤]

---

① 张富强等译编：《广州现代化历程——粤海关十年报告译编》，第13页。

② 狄超白主编：《中国经济年鉴》，第145页。

③ 张富强等译编：《广州现代化历程——粤海关十年报告译编》，第13页。

④ 姚贤镐编：《中国近代对外贸易史资料（1840—1895）》第2册，中华书局1962年版，第765页。

⑤ 广州市地方志编纂委员会办公室等编译：《近代广州口岸经济社会概况》，暨南大学出版社1995年版，第96页。

1883 年广州出口的工夫茶比往年大减，由于“新制工夫茶”在澳门焙制和包装的质量都较内地好，出口经常能卖得好价格，故几乎都由此出口。而其他地区的工夫茶由于质量差，搀有杂物，在伦敦市场越来越不受欢迎。①

1887 年拱北关成立后，在该关出口的茶叶中，由于经内地焙制的茶叶价贵，故比重增大。如 1889 年出口中由内地焙制者不过占 1/7，1890 年达 1/4，而 1891 年则已居其半。②

19 世纪末，广东出产上等茶最多之区，为西江沿岸的长沙、新宁、鹤山三处，粗茶则产自离拱北关较近的斗门。运往澳门的粗茶多属青叶，并在澳门烘制。③

20 世纪 30 年代，广东所产的茶叶主要由采办行商于收获时在山场设立“原庄”采购，有的商人直接在德庆、罗定等处设立出口庄，采购后立即经海关运往香港。茶叶出口商为了避免内地政府苛繁的税收，其中有些是绕道拱北关出口。④

三　近代澳门与内地茶叶贸易的发展阶段

（一）拱北关设立以前

据《中国丛报》第 12 卷第 1 期（1843 年 1 月）报道，当时香港的船运基本上都是来往于澳门，其中不少是装运的茶叶，有的再驶往美英等国。⑤ 这种情况直到鸦片战争后一段时间都是如此。

1844 年 11 月 27 日，澳门向所有的国家开放，进出船只要支付每吨 5 分银的锚地费，另加货物关税、引航费等即可。1845 年又订立

① 广州市地方志编纂委员会办公室等编译：《近代广州口岸经济社会概况》，第 280 页。

② 莫世祥等编译：《近代拱北海关报告汇编（1887—1946）》，第 146 页。

③ 莫世祥等编译：《近代拱北海关报告汇编（1887—1946）》，第 190 页。

④ 国民政府西南政务委员会国外贸易委员会编：《广东工商业——茶、桂皮》，1935 年，第 37 页。

⑤ 汤开建等主编：《鸦片战争后澳门社会生活纪实——近代报刊澳门资料选粹》，花城出版社 2001 年版，第 136—144 页。

了澳门海关条例。① 同年11月，葡萄牙女王擅自宣布澳门为自由港，践踏了中国的主权，但该政策却促使澳门在其长期依存的“广州贸易体制”瓦解之后，迅在新形成的东西方国际贸易网络中找到了适宜自身发展的空间，成为粤西海岸及西江地区进出口贸易的首要中转港，这些为澳门开展与内地的贸易提供了有利条件。

19世纪下半叶，粤茶出口的重心逐渐向从广州转向澳门。究其原因，首先，广州在中国对外贸易中的地位迅速下降，关于茶叶贸易的情况也是如此。由于1861年汉口对外开放，内地许多过去在广州输出的茶叶改在汉口交易出口。其次，工夫茶由澳门出口经常能卖得较好价格，故广州对该类茶叶的贸易年年减少，② 粤茶越来越多地转向澳门输出。最后，长达20年之久的所谓“封锁香港”（即1868—1887年清政府因缉私问题而在香港附近设卡）事件，也有利于提升澳门的贸易地位。

关于茶叶出口，与征收苛捐杂税的广州相较，实施自由港政策的澳门对于经营出口业务的华商显然具有更大的吸引力。因此，澳门成为广州茶叶出口的一个强有力的竞争者。1871年时，从澳门用轮船运往香港的茶叶约为14551担，价值39.2万余元。由澳门直接用轮船运往欧洲的计有19299担，价值44.3万余元。次年，从澳门用轮船运往香港的茶叶约为24972担，价值68.6万余元。由澳门直接用轮船运往欧洲的计有21927担，价值50.4万余元。在19世纪70年代，每年约有400万磅茶叶经常关运到澳门，然后再用轮船转往香港。特别是出口情况保持良好的茶叶，有相当部分（此比例年年都不同，估计达四五成）从广州水域运到澳门再出口。③

据粤海关1879年报告，当时澳门茶市贸易较为稳定，其最大特点是有大量低级的普通茶由此打包和装船出口。粤海关1883年共出口茶叶近222.6万磅，1884年为424.1万余磅，1885年达465.5万

---

① 汤开建等主编：《鸦片战争后澳门社会生活纪实——近代报刊澳门资料选粹》，第166、169页。

② 广州市地方志编纂委员会办公室等编译：《近代广州口岸经济社会概况》，第286页。

③ 同上书，第79、160、193页。

余磅（其中70%系经由澳门转口）。①

以下是清末拱北海关设立之前，广东全省历年茶叶出口量及澳门茶叶贸易估计量的一个简单对照（由于走私行为较隐蔽，无法取得详尽资料，故本文采用海关的有关统计数据作分析）。

广东茶叶出口表（1871—1887年） 单位：担

<table>
<tr><th>年份</th><th>全省红茶</th><th>全省绿茶</th><th>全省总计</th><th>拱北关数量</th><th>备　注</th></tr>
<tr><td>1871</td><td>—</td><td>—</td><td>137270</td><td>33850</td><td rowspan="2">此两年“拱北关数量”栏里的数据是澳门茶叶的出口数</td></tr>
<tr><td>1872</td><td>—</td><td>—</td><td>169187</td><td>46899</td></tr>
<tr><td>1882</td><td>121933</td><td>1491</td><td>123424</td><td>—</td><td rowspan="5">—</td></tr>
<tr><td>1883</td><td>110349</td><td>1144</td><td>111493</td><td>—</td></tr>
<tr><td>1884</td><td>104244</td><td>666</td><td>104910</td><td>—</td></tr>
<tr><td>1885</td><td>130571</td><td>533</td><td>131104</td><td>—</td></tr>
<tr><td>1886</td><td>102210</td><td>682</td><td>102892</td><td>—</td></tr>
<tr><td>1887</td><td>119160</td><td>235</td><td>119395</td><td>约33000</td><td>该年拱北关设立，此后才有记录。</td></tr>
</table>

注：（1）红茶种类包括工夫茶、小种红茶、橙白毫茶、珠兰香茶、乌龙茶、包种茶、白毫茶等，其中数量最多的是珠兰香茶，其次是工夫茶、橙白毫茶；绿茶是嫩熙春茶、熙春茶、大珠茶、小珠茶；花茶数量极少，故未列入本表统计。

（2）1871、1872年的数据取自广州市地方志编纂委员会办公室等编译的《近代广州口岸经济社会概况》，第79页。

（3）1882—1987年全省红、绿茶出口量资料取自张富强等译编的《广州现代化历程——粤海关十年报告译编》，第12页表，全省总计数为笔者计算。

（4）1887年拱北关茶叶出口量根据莫世祥等编译的《近代拱北海关报告汇编（1887—1946）》，第129页数据推算。

（二）清末拱北关设立以后

1887年拱北设关和中葡《和好通商条约》的签订，促使澳门贸

① 广州市地方志编纂委员会办公室等编译：《近代广州口岸经济社会概况》，第239、292页。

易再上一个台阶。拱北关设立后，始有华洋贸易的统计。当时粤海关的征税制度，促使澳门成为粤西海岸贸易的汇集地。这年该关土货出口至澳门，首推茶、丝、糖、油及草包席。① 因拱北关对茶叶的征税轻于粤海关，故许多茶叶由广州附近转运至澳门出口。19 世纪 80 年代后，广州贸易区的茶叶出口不断减少，除了交易不景气外，还有一个实际情况就是因为茶叶大量地用小帆船而不是大轮船运往香港，因为这样可以保证减少 25% 的出口税。②

当时，拱北海关对在香港与澳门之间来回航行的民船所载运的货物免收一切税款，为了防止滥用这种免税待遇，此类船只在向海关分卡提出申报后，必须获得由驶离地海关之批准并取得免税证明，该证明还要经到达地海关分卡的背签，然后将原证明交还发证海关。拱北关征税的习惯做法是，“由西江和珠江运来的茶叶和丝绸，如能及时提供有关证明文件者，可免征任何税饷”③。这显然有利于推动澳门成为华南茶叶贸易的重镇。

1888 年，由于内地茶叶歉收，又额外征收茶叶厘金税每担 8 分银和 3 枚铜钱，结果更使茶叶贸易转往澳门，而且位于广州西部的各产茶区的大批供应也都流向澳门。④ 这年，拱北关红茶出口较上年增加 1.4 万担，绿茶多来自广州府，是为首次统计，故无从对比。⑤

制作比较精细的古劳茶不但稳住了阵脚，而且还有发展的趋势，它整年不断地运往美国和澳洲，供华侨饮用，此种贸易大部分都控制在华商的手中。⑥

当然，这一切并不表明澳门的茶叶贸易从此就可以高枕无忧了。据报道 1889 年澳门茶叶情况甚佳，但与茶叶贸易有关的中国人却正在紧缩业务，打算改营其他贸易。⑦ 1888—1891 年，尽管拱北关出口

---

① 莫世祥等编译：《近代拱北海关报告汇编（1887—1946）》，第 126 页。

② 张富强等译编：《广州现代化历程——粤海关十年报告译编》，第 11 页。

③ 《历任税务司移交备忘录（1889. 5. 2）》，《拱北关史料集》，拱北海关志编辑委员会 1998 年编，第 395—396 页。

④ 广州市地方志编纂委员会办公室等编译：《近代广州口岸经济社会概况》，第 306 页。

⑤ 莫世祥等编译：《近代拱北海关报告汇编（1887—1946）》，第 129 页。

⑥ 张富强等译编：《广州现代化历程——粤海关十年报告译编》，第 14 页。

⑦ 姚贤镐编：《中国近代对外贸易史资料（1840—1895）》第 2 册，第 765 页。

的已制红茶和绿茶数量大增，而由于未制红茶和绿茶大减，各类茶叶出口总量从46930担减至30362担。1897年，经拱北关输往英国的红茶渐形退缩，唯因汇水相宜，彼此交易，无虞亏折，运销欧洲各地者为数尚多，间亦有运南美及非洲者。①

由此可见，在拱北海关设立之初，澳门的茶叶贸易状况虽不错，但其前景并不光明。事实确是如此，在19世纪末，澳门的茶叶贸易同中国其他地方一样，陷于严重地萎缩境地。在1899年拱北关的出口货值中，茶叶所占比重仅为0.5%。②

广东茶叶出口表（1888—1901年） 单位：担

<table>
<tr><th>年份</th><th>全省红茶</th><th>全省绿茶</th><th>全省总计</th><th>拱北关数量</th><th>备　注</th></tr>
<tr><td>1888</td><td>94409</td><td>42</td><td>94451</td><td>46930</td><td rowspan="3">这3年拱北关的茶叶出口量占全省总计的近1/2</td></tr>
<tr><td>1889</td><td>77754</td><td>150</td><td>77904</td><td>36641</td></tr>
<tr><td>1890</td><td>63573</td><td>8</td><td>63581</td><td>29233</td></tr>
<tr><td>1891</td><td>25664</td><td>3</td><td>25667</td><td>30362</td><td rowspan="11">19世纪90年代“全省总计”栏里的数据并不是海关的统计，而是由几家与茶叶贸易的主要商行提供的。估计可能是粤海关的茶叶出口量。参见张富强等译编的《广州现代化历程——粤海关十年报告译编》，第55页表。大致可以认定，此期拱北关茶叶出口量已远远多于粤海关</td></tr>
<tr><td>1892</td><td>65106</td><td>19</td><td>65125</td><td>27689</td></tr>
<tr><td>1893</td><td>24406</td><td>5</td><td>24411</td><td>39815</td></tr>
<tr><td>1894</td><td>12356</td><td>24</td><td>12380</td><td>33806</td></tr>
<tr><td>1895</td><td>10090</td><td>6</td><td>10096</td><td>33288</td></tr>
<tr><td>1896</td><td>10868</td><td>32</td><td>10900</td><td>25526</td></tr>
<tr><td>1897</td><td>13499</td><td>2</td><td>13501</td><td>25623</td></tr>
<tr><td>1898</td><td>9915</td><td>110</td><td>10025</td><td>28060</td></tr>
<tr><td>1899</td><td>8480</td><td>8</td><td>8488</td><td>31479</td></tr>
<tr><td>1900</td><td>10714</td><td>6</td><td>10720</td><td>28582</td></tr>
<tr><td>1901</td><td>6656</td><td>53</td><td>6709</td><td>20784</td></tr>
</table>

注：（1）1888—1901年全省红、绿茶出口量资料取自张富强等译编的《广州现代化历程——粤海关十年报告译编》，第12、55页表，全省总计数为笔者计算。

（2）1888—1901年拱北关茶叶出口的数据取自莫世祥等编译的《近代拱北海关报告汇编（1887—1946）》，第11、55页。

① 莫世祥等编译：《近代拱北海关报告汇编（1887—1946）》，第184页。

② 广州市地方志编纂委员会办公室等编译：《近代广州口岸经济社会概况》，第386页。

上表显示，广州红茶的出口在1888年还有94409担，但1901年竟下降到6656担，这表明“广州茶叶贸易举足轻重的时代已经过去”。出口到其他国家的茶叶的统计数字不明，澳大利亚、美国、英属海峡殖民地以及欧洲大陆都从中国进口一些茶叶，进口量每年不一，但数额不大，华商茶行经销的包种茶生意颇为可观，全世界哪里有华人社区，包种茶就被运销到哪里，但其贸易的数额与详情均不可得。①

（三）民国时期的情况

民国时期，粤茶出口贸易的重心又折回穗港。在民初的10年间，尽管许多主要的出口商品呈下降趋势，而粤海关年均出口红茶保持在1万多担，尤其是1915年、1916年这两年都超过了2万担。②

在第一次世界大战时期，茶叶仍为拱北关输出的大宗土货。如1915年，拱北关的茶叶出口由上年的8900担涨至1万余担，多在澳门销售，并有不少运往南洋群岛。但战争结束后的1918年，茶市冷淡，因为英美禁止输入，且拱北口附近不甚安谧，茶商遂改道他往。③

省港罢工期间，1925年下半年，鹤山红茶自拱北关出口一度骤增，由1682担增至3499担，盖因江门至香港的传统路线不畅。翌年，罢工纠察队封锁沿海港口，港澳间及海南、雷州与澳门间的交通运输皆断绝，土货输出时见绌。④

20世纪20年代时，因内地政局迭变，收获时歉，加以西江下游地带所产物品多取道广州湾出口，致使拱北关出口货物减少，尤以茶叶等为甚。20世纪30年代初，广州商人改进了茶叶的包装和配制方法，从而推动了外销，⑤ 而此后拱北关报告基本上已不再有茶叶出口的记录。

---

① 张富强等译编：《广州现代化历程——粤海关十年报告译编》，第55—56页。
② 同上书，第113—114页。
③ 莫世祥等编译：《近代拱北海关报告汇编（1887—1946）》，第300、316页。
④ 同上书，第356、360页。
⑤ 张富强等译编：《广州现代化历程——粤海关十年报告译编》，第166页。

20 世纪 30 年代，茶叶仍是粤港澳间重要的交易货品。由于当时税收苛繁，茶叶出口商为避免广州检验局检验费及各种捐税，茶叶出口大多不假道广州，而多经三水关输往香港，再由香港转输国外；或绕道江门、拱北各关出口，转而运往香港消费或再转销他国。

（四）澳门在茶叶出口贸易中的地位

清季茶叶是澳门出口的大宗土货，当时茶叶贸易对澳门和内地的经济社会曾起了极为重要的作用。中国出口茶叶以绿茶为多，20 世纪初时年均 2 亿磅上下，但粤茶出口主要是红茶。据粤海关报告，1871 年、1872 年这两年广东全省茶叶出口总量分别为 137270 担、169187 担，价值 352. 9 万余元、453. 8 万余元。1871 年由澳门以洋轮输出到香港和欧洲的茶叶共计 33850 担，价值 83. 6 万余元，占广东全省茶叶出口总量的 24. 7% 和价值的 23. 7%；1872 年由澳门以洋轮运往香港、欧洲的茶叶共计 46899 担，价值 119 万余元，占广东全省茶叶出口总量和价值的比重分别升至 27. 7% 和 26. 2%。[①] 如前所述，在 19 世纪 70 年代，每年有大量内地茶叶经由澳门转输香港。在 1887 年拱北关设立前夕，外销粤茶经澳门转口输出的约占 70%，1883 年为 156 万磅，1884 年为 297 万磅，1885 年达 326 万磅。[②] 而 19 世纪 90 年代由外轮和中国民船装运到国外的红茶年均约 630 万磅。[③] 两相比较，可知当时澳门在华茶出口贸易中的地位。

据澳门报刊报道，19 世纪末，当地“商务以茶叶为出口货之大宗，每年值银七十万”[④]。至抗战爆发前，广东输往香港茶叶之确数较难估计，大致由粤输港（包括经澳门中转）的茶叶，每年仍有数

---

① 广州市地方志编纂委员会办公室等编译：《近代广州口岸经济社会概况》，第 79 页。文中的百分数系由笔者计算得出。

② 据广州市地方志编纂委员会办公室等编译的《近代广州口岸经济社会概况》第 292 页数据计算。

③ 据张富强等译编的《广州现代化历程——粤海关十年报告译编》第 56 页表计算。

④ 澳门《知新报》1897 年 8 月 8 日，转自汤开建等主编《鸦片战争后澳门社会生活纪实——近代报刊澳门资料选粹》，第 595 页。

十万元。①

抗战时期，粤茶每年约可收购 3 万担出口供海外华侨消费，但当时澳门在茶叶贸易中的作用如何，尚待另文进一步研究。

四　澳门与内地茶叶贸易的经营

（一）茶叶贸易的运输路线

近代澳门销售的粤茶主要来源于西江下游地区和广州附近地带，并通过拱北海关输入。历来拱北关的货物输往澳门就远多于香港，但运抵澳门之货，仅约 1/10 在当地销售，绝大部分都转往香港或中国沿海各埠。澳门本地对茶叶的消费量并不大，故多数都须转口再输出。主要以两种方式进行：一是用轮船运往香港，供香港和马六甲海峡殖民地华人饮用；② 一是从澳门直接装洋轮运往欧美各国。

（二）茶叶贸易的运载工具

澳门与内地茶叶贸易的运载工具基本上是利用船舶，最初是轮船和帆船（当时史料称为民船）并行。如 1867 年除了向粤海关纳税的茶叶外，估计还有 1.2 万担茶叶用内地民船经香港运至海外，约有 3 万担从澳门用洋轮出口到英国和美国。③ 可以说，当时对于轮船的运用已超过了帆船。

但到 1872 年时，用民船从澳门运出的茶叶数量已很少。④ 据粤海关 1876 年的报告，每年茶叶经常关运到澳门后，再用轮船转往香港。也有少量用民船运输的，如 1876 年有 1200—1500 担茶叶用民船运到澳门，另还有约 3000 担用民船运往香港。⑤

据粤海关十年报告记载，在民国初的 10 年间，出口红茶显然已

① 国民政府西南政务委员会国外贸易委员会编：《广东工商业——茶、桂皮》，1935 年，第 37 页。

② 莫世祥等编译：《近代拱北海关报告汇编（1887—1946）》，第 329、55 页。

③ 广州市地方志编纂委员会办公室等编译：《近代广州口岸经济社会概况》，第36 页。

④ 姚贤镐编：《中国近代对外贸易史资料（1840—1895）》第 2 册，第 765 页。

⑤ 广州市地方志编纂委员会办公室等编译：《近代广州口岸经济社会概况》，第 160 页。

不再使用民船，而是用轮船运输了。[①]

（三）茶叶贸易的两种途径

近代澳门与内地的茶叶贸易有两种途径：一是合法途径，即主要通过海关，其次是常关正当进行；二是通过非法途径，即以走私方式进行。在拱北海关设立前的很长一段时间内，粤茶输出澳门，主要是以走私方式进行的。因为当时“澳门的贸易在某种程度上是一种走私的贸易”，“所有从澳门（在很大程度上是从广州）运出的茶叶都是在这些地方交割（按即通往香港的陆路据点——笔者）”[②]。拱北海关成立后，则主要经由该关输出，不过仍有少部分是用民船经常关输出或走私进行。

澳门与内地的茶叶走私，一直延续到民国时期。如抗战期间，广东省缉私处新昌稽查站查获了一批走私货物（包括木油、茶叶、桂圆、土药材）。由于1940年中山地区已被侵占，为防止该货被日军掠夺，经货主同意变卖，其中茶叶201包（红茶及其他品种）于3月12日交香港福星贸易公司的代表转送给香港富华贸易公司（国民政府财政部贸易委员会设在香港的企业机构）。后者回信称共重61.4公斤，并通过中国银行开出支票法币7296余元，作为付给拱北关的卖价款。[③]

（四）茶叶贸易的经营商

澳门与穗港茶商的联系十分密切。如1877年时，广州有两家大的茶行设在澳门，时人认为，“就这个地区（按即粤港澳）的茶叶贸易而言，这两个地方（按即穗澳）实际上是合而为一的”[④]。著名的英记茶庄历史甚为悠久，成立于1882年，初以广州为总店，后改为香港，设有广州、澳门两个分店。由靠近澳门的香山（民国时改称中

---

① 张富强等译编：《广州现代化历程——粤海关十年报告译编》，第118页。

② 姚贤镐编：《中国近代对外贸易史资料（1840—1895）》第2册，第764—765页。

③ 拱北海关志编辑委员会编：《拱北关史料集》，1998年，第485页。

④ 广州市地方志编纂委员会办公室等编译：《近代广州口岸经济社会概况》，第193页。

山）县籍人士陈杰卿、陈日南、陈星海等创办，系家族独资经营。[①]

清末澳门的大宗出口货物是茶叶，但早在19世纪70年代，粤茶生意和全国茶叶形势一样，趋于衰落。由于经营茶叶难以盈利，以致有两家广州茶行设在澳门的分店被迫关闭。“不论茶农和茶叶经纪人，情况都不好，成交的买卖不足以维持他们的生活。”[②] 据拱北关报告，19世纪90年代初，由于华茶生意尽被印度茶攘夺，凡茶务中人不得不改图别业。[③]

五　澳门与内地茶叶贸易衰落的原因

鸦片战争前，华茶曾长期独占整个世界茶叶出口市场，但近代以后遇到了强有力的竞争。19世纪60年代尚能占90%以上，而19世纪末已落至约30%，民国初年只有10%左右。英国饮用茶往昔几乎全都来自中国，而1913年时来自印度和锡兰的茶叶已占了95%。20世纪初，华茶仍占美国进口茶叶数量的约1/2，此后每况愈下，到1927年时已落至11.1%。[④] 在整个国际茶叶贸易中，红茶市场被印度、锡兰茶占领，绿茶市场则被日本茶占领。

茶与丝本是我国位居首位的传统外贸产品，但自晚清至民国初年，茶叶出口无可挽回地衰落了，究其原因是多方面的。时人曾综合指出：主要在于英国禁止进口；苏俄内乱输运不畅；日本、爪哇茶叶的竞争等。加以华茶栽培与制作方式陈旧，奸商掺假不顾信誉，出口贸易被洋行操纵，故在国际市场颇受排挤。[⑤] 今人研究指出，近代华茶衰落的原因，除了英美等国歧视性政策、第一次世界大战后俄国社会变革等情况外，华茶自身存在的内在质量问题乃最主要的因素。且政府苛以重税，生产和经营散乱零碎不受控制，外贸操纵权受持于洋

---

① 林铭：《陈星海先生事业成功的片断》，《中山文史》第13辑。

② 姚贤镐编：《中国近代对外贸易史资料（1840—1895）》第2册，第765页。

③ 莫世祥等编译：《近代拱北海关报告汇编（1887—1946）》，第158页。

④ 张东刚等主编：《世界经济体制下的民国时期经济》，中国财政经济出版社2005年版，第6页。

⑤ 杨大金：《现代中国实业志》上册，商务印书馆1940年版，第784页。

行，国内商业信息不能畅达于产业链的末端，这些都是造成华茶国际竞争力疲弱的原因。[①] 可以说，近代澳门与内地茶叶贸易除了相似的大势外，也有一些自身的特点。

（一）印度、锡兰等地茶叶的激烈竞争

近代粤茶所面临的主要不是来自日本、爪哇等“后起之秀”茶叶的挑战。由于种植粗放，粤茶的质量在19世纪80年代已明显地劣化。工夫茶最早受到印度和锡兰茶叶产量增长的打击，先是高档茶叶，随后低档茶叶也受到波及。到1891年时，连最便宜的工夫茶也无法打入伦敦市场，它在质量和价格方面都竞争不过印度茶。美国和加拿大的茶叶销售量很有限，尽管有一定数量的工夫茶运往澳洲和南美洲，出口贸易也较稳定，欧洲大陆市场亦为部分普通档次的茶叶提供了一个市场，然而这一切都无法从根本上扭转局面。小种红茶、香橙白毫茶的出口量急剧减少，在伦敦市场已相当过时，需求量非常少，故主要是靠船运少量地出口到澳洲。珠兰香茶因优异的质量，曾风行一时，然而面对国际市场消费的迅速下降，其前景亦呈暗淡。[②]

1890年出口到澳门的茶叶，以质、味皆逊于印度茶，只能贬价而沽。当时曾有人乐观地断言，处境极为不利的华茶与其竞争对手相比，有一个重要的优势，即它对人体健康有益，而其他茶叶却并无益处。然而即便如此，消费者实际上仍然宁愿饮用据说对人体更有害的香茗。[③] 突出的事例是，香港洋商皆以印度茶较佳，多喜购用，西方各国更是认为华茶制法欠精，掺杂不净，倘不急加改进，仍恐浸浸愈下，无振兴之日。即便是运至澳门烘焙者，因路遥船慢，叶多霉变，制成后质、味俱逊。尽管有如此改进，然详考之，本口各茶商本年仍多亏累，终不敌印度茶之畅销获利。[④]

昔日在英国，以及不同程度上在澳洲和美国有利可图的茶叶贸

---

① 袁欣：《1868—1936年中国茶叶贸易衰弱的数量分析》，《中国社会经济史研究》2005年第1期，第98—99页。

② 张富强等译编：《广州现代化历程——粤海关十年报告译编》，第13页。

③ 同上书，第14页。

④ 莫世祥等编译：《近代拱北海关报告汇编（1887—1946）》，第140、146—147页。

易，在19世纪末面临英国殖民地种植的茶叶的竞争，因而出口量剧减。一方面固然是国内茶农、茶商的经营管理不善，另一方面原因是英国本土产茶有着优越的竞争条件。清末拱北关红茶出口逐年递减，还因英国喜用机器所制的茶，对广东一般茶行所制质味粗劣之货，概不多购。机器制茶，须于摘叶后30小时内即行制造，而澳门茶行远离产茶地，故无法仿制（据拱北关报道，仿效机器制茶，1897年虽曾试办，因无利可图，旋即停止）。①

此外，由于国际市场对茶叶的浓度要求较高，故大部分外国买家都不太喜欢华茶，尽管许多医学界的显赫人士宣扬中国茶叶优于锡兰茶和印度茶。②

（二）华茶生产水平低下及茶商的陋习

毫无疑问，华茶自身存在的内在质量问题是由于中国茶叶产业组织形式的原始和落后造成的。华茶生产是散户生产，与印度、锡兰的庄园制生产方式相比，生产效率不能相提并论。庄园制的生产方式采用从种植到销售的“一条龙”过程，而华茶从生产到输出至少要经过茶贩子、茶客、茶号、茶栈、洋行等五道环节。流通环节繁多，层层吃价，使茶叶生产的散户获利大减。③ 广东的情况也大致相似，据粤海关十年报告（1882—1892年）称：“中国的茶叶生产状况显然不利于做任何改进。栽培和重要的加工阶段都掌握茶农手里中，他们是小业主，既没有才智也没有必要的资本去改进生产方式。”广东茶叶在栽培和加工方面并没有什么改进，工夫茶的质量大大下降，珠兰香茶与过去相比，其中已混杂着大量的泥土和碎叶。“广东茶叶有一种他们自己造成的不利因素：这种茶叶在其生长地只是部分地得到加工，也没有进一步地处理，使其便于保存，因此，在运往市场的一两个星期途中，茶叶已很不新鲜了。”④ 当时，无论是工夫茶还是花茶，

---

① 莫世祥等编译：《近代拱北海关报告汇编（1887—1946）》，第178、190页。

② 拱北海关志编辑委员会编：《拱北关史料集》，第294—295页。

③ 袁欣：《1868—1936年中国茶叶贸易衰弱的数量分析》，《中国社会经济史研究》2005年第1期，第98—99页。

④ 张富强等译编：《广州现代化历程——粤海关十年报告译编》，第13页。

质量均甚差，故中国茶商很难以原价在英国大量交易。[①]

不可讳言，澳门茶商的陋习也起了不小的破坏作用。据报道1889年澳门茶叶情况甚佳，但与茶叶贸易有关的中国人却正在紧缩业务，打算改营其他贸易。当时有关人士即认为，茶叶贸易不振的最大障碍，在于从内地运至澳门的茶叶只有一半是焙制过的，另一半则未经焙制。这种情况“是澳门茶商公会的行动造成的，他们坚持留下一半茶叶运到澳门焙制，以便保证雇佣较多的苦力”。然而未经焙制的这一半茶叶运到澳门时，一般都已发热或发酵了，“因此，公会似乎是为了雇用苦力而破坏了茶叶贸易”[②]。

（三）影响茶叶贸易的价格因素

茶叶的品种不同，价格差异很大，通常绿茶比红茶的价格高（而广东出口往澳门的却主要是后者），红茶价格又大大高于砖茶。由于近代海关的统计口径和关税水平不断地变化，故要准确地计算茶叶的单位价格非常困难。[③]

本来19世纪80年代白银对黄金的贬值，对中国和其他银本位国家的出口是很有利的。虽然同期广东出口茶叶的银价几乎没有什么变化（不管什么质量的茶叶都是如此），但银两的兑换价（汇率）大幅下降，茶叶价格实际较过去便宜，如茶叶在伦敦市场上的价格至少下降了25%。另外，由于白银与黄金的比值下降，茶叶价格在国内市场也相应便宜，消费量会随之增大。然而19世纪末，华茶贸易已缩小到在海关的统计表中完全无足轻重的地步。[④]

1889年，华茶“生意日淡，遽难挽回”。因价格年贱一年，外洋需求也年少一年。拱北关报告记载：经营者“所获之利，不足以资养赡”。“各洋行之办茶者，逐渐歇业，茶行经纪亦思改图，恐中国茶市未易振兴矣。”粤官方亟思补救之方，准自当年11月23日起将土

① 广州市地方志编纂委员会办公室等编译：《近代广州口岸经济社会概况》，第286页。

② 姚贤镐编：《中国近代对外贸易史资料（1840—1895）》第2册，第765页。

③ 张东刚等主编：《世界经济体制下的民国时期经济》，第177页。

④ 张富强等译编：《广州现代化历程——粤海关十年报告译编》，第24、14页。

茶厘金减去三成，并札行产茶各州县，示喻茶商："嗣后装运箱篓，务须拣净茶色，严禁掺杂，如有作弊情事，由该行栈议罚。"但此规定惜乎稍迟，且每箱不过减厘金三成，所差无几，对于售价无甚出入。①

由内地输入澳门的两类茶叶中，凡内地业经焙制成质者，较运至澳门始行焙制者，售价自贵。如1890年出口的多为此类，故斤两虽减，而价值反而高。拱北关1891年与上年茶叶出口数量差不多，而价值竟增多6.4万余两，缘由内地焙制者价贵。1895年茶造稍胜于上年，拱北关出口茶叶只少500余担，而估价竟少4万余元，因这年洋行买茶出价甚低，上等茶多留于本省，不肯发卖。1899年运往英国的茶叶都是次等、下等粗茶，此类货色，市面终年皆有。办往欧洲各国者，均属下等粗茶，工费既昂，茶价又贵，故难以流通，经营者未见踊跃。②

茶叶的外贸操纵权既然受持于洋行，在市场价格方面难免被人摆布。如1898年广东茶造本属甚佳，但华商佥称："洋商议价，过低不足，不资营运。"③

（四）葡澳政府贸易政策的消极作用

19世纪90年代，葡澳当局实行贸易专卖制度，虽带来官府所需要的收入，却增加了澳门民众的生活开支，并压制了竞争这一贸易之魂。茶叶贸易所受到的影响是显而易见的，在此10年间，拱北关各类茶叶出口量从27689担降至20784担。尽管茶叶的出口量下降幅度不算太大，但在该关对贸易贡献最大的出口货物中，茶叶已从第2位跌落至第8位。④

（五）澳门地理环境及交通状况的落伍

近代以来，澳门原有的贸易优势逐渐丧失。据澳门《镜海丛报》

---

① 莫世祥等编译：《近代拱北海关报告汇编（1887—1946）》，第133、136页。

② 同上书，第140、146、173、198页。

③ 同上书，第190页。

④ 同上书，第41、53页。

1894年11月28日报道："澳门虽属商埠，近年商务已有江河日下之势。"[①] 当时许多时论都发出了类似的惊呼。20世纪初，澳门商务愈加不景气，茶务亦大减，其原因一是粤西沿海各埠营运商皆转向广州购办。初始，出口茶叶每担征税银二两五钱，商人避重就轻，群将茶叶运至澳门焙制，再装箱运往海外。及至茶税减半，商人改由广州装制（因该地所费更廉），迳运出口。民国初年，中国海关于1919年10月免征出口正税，从前土货经由澳门出口，道阻且遥，茶商不过希图拱北口税则较低而已，如此一来，此种优势便不复存在了。[②] 二是澳门贸易遭到不仅是香港、广州湾，甚至还有西江流域后起竞争对手的挑战，其中以江门最为重要。1904年，江门正式开放为通商口岸，可以利用轮船直接与香港贸易运输。20世纪20年代后，江门已与广州、香港及澳门四埠同为珠江流域贸易转运枢纽。1931年元旦，广东省政府规定，所有经由内地运销外洋之货物，均须报经粤海及江门二关出口，拱北关出口贸易遂告式微，澳门亦不再享有粤西南经济圈进出口贸易商业中心的地位。三是拱北口及澳门海道日形淤浅阻塞，船只出入不便。[③] 在近代国际贸易运载工具转变的激烈竞争中，澳门港口缺乏使用轮船的优势，直到1908年，才有资料表明澳葡当局开始筹措疏浚港口，却仍议而不决（1911年时始进行了"改进周围水路的唯一行动"），终致落伍。

（原载《中国农史》2007年第4期）

① 汤开建等主编：《鸦片战争后澳门社会生活纪实——近代报刊澳门资料选粹》，第427页。

② 莫世祥等编译：《近代拱北海关报告汇编（1887—1946）》，第322页。

③ 同上书，第253—254页。

论广州沦陷后香港在中国外贸中的地位和作用（1938—1941）

抗战前期，香港起到了中国争取外援和进行对外贸易主渠道的特殊作用。虽自广州沦陷后，香港的地位有所削弱，但仍广泛地拓展了与珠江口东西两翼的扇状贸易运输网络，开辟了通过越南与中国内地的曲线贸易，并继续保持着与上海“孤岛”及华北重要通商口岸的联系。作为远东最大的自由转口港，香港成为中国、英美等国对日本进行经贸较量的重要场所，它在中国抗战进入战略相持阶段最艰难的时期内，有助于打破日本的经济封锁，支持了抗战阵营。同时，日本也利用香港自由港大肆走私，产生了一些负面影响。

自广州、武汉沦陷后，中国抗日战争进入了战略相持阶段最艰难的时期。

1938 年 10 月，日本攻陷中国沿海最后一个大城市——广州，从而切断了抗战爆发以来作为中国外贸枢纽的“省港通道”。此后几年间，日本继续加紧实行封锁绞杀，妄图切断中国的外援及外贸之路。但其阴谋却难以得逞，其中原因，除了中国军民（包括港澳爱国同胞）的顽强抗争，华南沿海海岸曲折、河汉纷歧、地形极为复杂外，还因占据香港、澳门、广州湾及上海“孤岛”的西方列强“援华制日”，使日军无法阻止第三国（特别是英美）的船只往来，故香港继续保持着在中国外贸中的重要地位，直到 1941 年 12 月太平洋战争爆发，香港沦陷为止。

一　香港与珠江口东西两翼扇状贸易网络

日军攻占广州及其附近地区后，运输大动脉广九铁路中断，中国向英美等国订购运抵香港的各种物品，在货仓里堆积如山。中央政府“电饬留港办理人员，迅将趸存于港中之各种物品，转道输运返国。各专员奉命后，即开始规划，审查品物之先后急需，设法次第转运”①。此后一段时间内，中国对外贸易转移阵地，分别群集于汕头、澳门、广州湾三大吐纳港，故“此三港之对香港贸易，遂转趋繁荣”②。特别是香港通过澳门及广州湾对中国内地的贸易大见增进，如表所示：

香港与澳门、广州湾贸易统计　　单位：港币万元

项目＼年份	1938. 1—8	1939. 1—8	1939 年比上年增加
国产经澳门入香港货品价值	720. 3	1991. 9	1217. 6
由香港入澳门货品价值	1431. 4	2810. 0	1378. 6
国产经广州湾入香港货品价值	510. 0	1555. 1	1045. 1
由香港入广州湾货品价值	556. 6	2591. 7	2035. 3

资料来源：《经济新闻》，香港《星岛日报》1939 年 9 月 28 日。

经汕头运至香港者，以果品、茶叶、油类为大宗；由澳门运至香港者，以鱼类、蔬菜、土布、生丝及丝织品、矿砂、烟草等为大宗；由广州湾输入香港者，以牲口、粮食、桐油、财宝等为大宗。反过来，由香港经澳门运入内地者，则以粮食（谷米、面粉）、煤油、花生油、卷烟等为大宗；由香港经汕头、广州湾两地运入者，以煤油为大宗，其次为车辆等。③

① 《港闻》，香港《星岛日报》1938 年 11 月 6 日。

② 广东省银行经济研究室编：《广东经济年鉴》，第四章“经济历史”，1941 年印行，第 89 页。

③ 广东省银行经济研究室编：《广东经济年鉴》，第四章“经济历史”，1941 年印行，第 89 页。

据拱北海关报告：自广州沦陷后，“大批货物乃自香港运往澳门，然后假手民船、舢板及汽车转运内地”。由于内地“秩序杌陧，各种土货向经由粤海、九龙两关运往外洋者，兹多假道本埠（指拱北）运输出口”。因此，1939 年拱北关“对外进出贸易不特未至中断，且较往年反见优胜”。据该海关统计：本年进口洋货共值国币 2660 万元（上年为 370 万元）；直接出口土货价值国币 2010 万元（上年为 700 万元），可谓“激增倍蓰”①。

1939 年 6 月，粤东汕头失陷，该埠的进出口贸易逐年显著下降。如表所示：

汕头外贸和航运统计（1937—1941）

年度	汕头口岸进出口贸易统计（单位：国币元）			汕头港船舶进出口艘数及吨位	
	进口	出口	合计	艘数	吨位
1937	36296919	33514706	69811625	1833	2973000
1938	36588534	37553020	74141554	1370	2225000
1939	33435483	34249531	67685014	366	1245000
1940	553105	233711	786816	—	—
1941	48434	651	49085	—	—

资料来源：汕头市对外经济贸易委员会编《汕头外经贸志》，1993 年编印，第 249、266 页表。

说明：汕头口岸进出口贸易绝大部分是与香港进行的，故列此表以作参考。

原汕头口岸对外贸易被迫转移至饶平的柘林、澄海的东陇、潮阳的海门、惠来的神泉及靖海、陆丰的甲子等沿海港口，以小汽船、木帆船继续坚持对香港线的贸易运输。

这年 11 月，日军由钦县进窥广西，截断北海与香港的交通，原行驶于两地之间的 2 只轮船（分属于太古、怡和轮船公司）被迫停航，② 香港与华南西部沿海地区的贸易联系也遭到挤压。

1940 年 5 月，日军占据拱北海关各支关，该关即停止征税。自广

① 莫世祥等编译：《近代拱北海关报告汇编（1887—1946）》，第 383、385 页。

② 《港闻》，香港《星岛日报》1939 年 11 月 21 日。

州、江门、中山等地被占后，澳门“即变为沦陷区与后方交换物资之最大中心区”[①]。

虽然华南沿海重要城市相继陷于敌手，但内地货运尚能与香港保持经常接触。1939 年年末，第一次粤北大捷后，广东战局趋于稳定，以惠州、淡水和西江南路为主的东西两翼与香港的贸易十分活跃，广州沦陷所造成的负面影响很快即淡化。中国政府开放惠阳至大亚湾畔沙鱼涌的门户与香港通商，这是第四战区“现存最重要之国际交通线”[②]。大量物资运入内地，粤战时省会曲江一跃而成为物资集散中心。

1940 年，广东政府动员东江失业苦力，兴筑龙川至河源、惠州，淡水至沙鱼涌的交通线。8 月，省府会议决定设立驿运管理处曲江至沙鱼涌各段站，以加强对运输的管理。[③] 同时，国民党第四战区经济委员会工作计划大纲关于利用人力物力及简单运输工具以增强运输力量、利用木炭汽车运输以节约汽油的主张，得到四联总处和国民政府行政院充分肯定。[④] 港韶线商运颇为发达，由龙川老隆至韶关的运输公司纷纷成立，拥有新式汽车 300 辆，连同广东省银行贸易部等机构的车辆共达上千辆。[⑤] 虽然常有敌机空袭，但港韶线贸易仍很兴旺。港商经营该线的运输公司达 50 余家，来往于香港和沙鱼涌的货轮有 12 艘，帆船、木船、烎船等 70 余艘，由香港往东江担任押货员及挑夫者达 500 多人。[⑥]

在珠江口西岸，西江南岸交通线货运蓬勃，在各运输线上行商川流不息。三埠（即开平之长沙，台山之荻海、新昌，潭江穿镇而过，三埠鼎立，素有“小武汉”之称。以三埠镇为中心，水、陆交通向四面延伸，故又有“四邑咽喉”“四邑锁钥”之誉）成为西江与南路

---

① 莫世祥等编译：《近代拱北海关报告汇编（1887—1946）》，第 388 页。

② 中国第二历史档案馆编：《中华民国史档案资料汇编》第 5 辑第 2 编财政经济（5），江苏古籍出版社 1997 年版，第 496 页。

③ 广东省档案馆编：《民国时期广东省政府档案史料选编》（6），1988 年编印，第 101 页。

④ 重庆档案馆等编：《四联总处史料》（上），档案出版社 1993 年版，第 458 页表。

⑤ 《华南要闻》，香港《星岛日报》1941 年 1 月 18 日。

⑥ 《华南要闻》，香港《星岛日报》1941 年 2 月 9 日。

交通之总枢纽，货物可由此转台山广海直通香港长洲。①

由于港粤之间贸易依然畅通，故其作用仍不可忽视。如表所示：

第一、二次粤北战役前后外贸进出口统计表 单位：国币千元

年份	广东土货出口			广东洋货进口		
	出口总值	香港部分	香港占（%）	进口总值	香港部分	香港占（%）
1938	199089	126427	63	253303	—	—
1939	104733	57997	55	93305	15550	16
1940	113376	42121	37	221880	108169	48

说明：洋货进口值原为海关金单位，均已分别按当年海关金同国币的比值换算为国币。

制表依据：《广东省银行季刊》第3卷第2期，第439—446页，1943年6月。

据《广东经济年鉴》记载，1940年广东经香港出口国外的土货，主要有海草席、地席、竹器、甘蔗、海草绳、鸭毛、鹅毛、生丝、废丝、绸缎等。这年广东出产生丝2.4万包，运往印度、美国约1.8万包，余6000包虽在香港销售，但多转往越南。②

日本自战争之初即宣告封锁中国全部海岸，所有中国领海一律严禁中方船舶之航行。但经过几年的“切断作战”证明，在漫长的海岸线上，仍有许多空档可向内地输送物资，经济封锁并未奏效。特别是以香港为基地输入的物资数量较大，而由香港经水路在沙鱼涌卸货，再由陆路通向广东战时省会曲江的运输尤为活跃。因此，日本于1941年年初对华南沿海地区发动了大规模的“封锁战”。

日本进攻的首要目标是香港东面的淡水一带。1941年2月4日，日本华南方面军登陆澳头，攻占沙鱼涌，截获了大量准备运入内地的物资。此次军事行动，完全封锁了大鹏湾和大亚湾，并切断了香港至曲江的运输线。日军还增兵沙头角，严密封锁中英边界，禁止通行。③此后几个月内，日军又在广东东、西两翼发动了一系列进攻，并从5

① 《华南要闻》，香港《星岛日报》1940年12月4日。

② 广东省银行经济研究室编：《广东经济年鉴》，第四章“经济历史”，第89页。

③ 《华南要闻》，香港《星岛日报》1941年2月9日。

月12日起封锁港澳沿海，使粤港间的商运日趋不便。[①]

日本发动“封锁战”，付出了重大代价，虽然迫使粤港运输收缩或改道，但仍未能达到彻底割断交通之目的。香港至曲江的重要通道被切断后，香港货物仍能大批转道由四邑三埠及广州湾经遂溪而流入华南内地。[②] 特别是广州湾，因与香港间货运十分方便，成为港粤交流物资主要的驳运站。1941年7月，四联总处文件指出“供应集于一隅，流畅达于各省”，每月经广州湾内运货物总值约2700万国币元。[③]

此时，由于运输货物的零散和贸易路线的多头及隐蔽性，粤港贸易的数额已难以统计，但进出口货物品类仍很繁多。据1941年对粤省各县市经济的调查报告，进口货主要有棉纱、布匹、面粉、西药、煤油、汽油、颜料、豆饼、肥料、火柴、纸烟、洋糖等类；出口货则多为矿砂、麻、蒲席、花生油、红糖等。[④]

二　香港—越南—中国内地贸易曲线

越南是香港最重要的货物输出地之一。1937年，越南对香港输出货值为2.95亿法郎，占该国出口总额的11.4%；从香港输入货值1.35亿法郎，占其进口总额的8.6%。进出口比例均仅次于法国及其属地而居第二位。[⑤] 1938年，越南对香港输出2.74亿法郎，从香港输入1.43亿法郎，分别居于该国对外贸易国家或地区出口的第三位和进口的第二位。[⑥] 自广州沦陷后，法国殖民当局“迭次宣布禁止军

---

① 中国社会科学院近代史研究所编：《日本侵华七十年史》，中国社会科学出版社1992年版，第502页。

② 丘斌存：《广东直接税之动态》，《广东省银行季刊》第3卷第2期，1943年6月。

③ 重庆档案馆等编：《四联总处史料（下）》，第39—40页。

④ 《广东省各县市经济情况调查汇报》，《广东省银行季刊》第1卷第4期，1941年12月。

⑤ 译自大形太郎《南方経済の进路》，日本高山书院昭和十七年（1942）版，第188页表。

⑥ 译自名古屋市临时东亚调查部编《南方经济事情》，日本昭和十七年发行，第300页表。

用品经由该属地转运，甚至一切车辆胶轮，凡被指为用诸军事者，亦在禁运之列”，连“救护车辆亦不能例外”。此时由海外运抵香港，准备转入内地的各种车辆数量极多，因扼于禁例而不能起运，于是中国政府派出专员前往越南交涉。[①] 此外，华南事变后，香港商业遭到很大损失，以至时人有“上海失守而香港骤盛，广州失守而香港又骤衰”之虑。[②] 为打破僵局，港商亦寻求新的贸易线，即“贯联港越企求合作”，其基本考虑为：密切两方之联系，将过去省港关系，移于港越之间，以后内地出口各种货品，转运输出，可由滇越铁路、公路输往海防，再用船舶转运至香港，再由香港驳载各欧美大轮船，运往西方及南洋各地市场；而欧美各国输华物品，可运至香港，然后转轮船赴越，由陆路交通线运入中国内陆。

香港南北行的一部分行商，已开始规划此设想，第一步先创设分店于海防，作为货运来往之中站，各行商多已选派专员，前往海防做调查和选点；各南洋办庄等，亦采取同样步骤，从中规划；而银业界更有具体行动。[③] 经过种种努力，虽然失去了广州，但香港仍保持了中国战时对外贸易的中心地位。大量中国货物改由昆明经滇越铁路输往海防，再转运至香港出口；或由四川经贵阳、桂林运至广州湾，再转香港外销（当然，也有直接从海防、广州湾径运海外者）。[④] 1939年第一季度，香港输往越南货值为近1563万港元，从越南输入的货值为近955.6万港元。[⑤] 1940年，越南局势由于日本的强烈干扰而变幻无常，使港越之间的货运大受影响。

三　香港与中国北方重要口岸的贸易

上海“孤岛”时期，出口贸易较前有很大变化，即对欧美（尤其是西欧）各国的出口比重逐年缩小，对南洋地区和香港的出口比重

---

① 《港闻》，香港《星岛日报》1938年11月21日。

② 《港闻》，香港《星岛日报》1938年10月24日。

③ 《港商寻求新贸易线》，香港《星岛日报》1938年11月21日。

④ 《经济新闻》，香港《星岛日报》1939年2月6日。

⑤ 引自《贸易调查·半年来的港越贸易》，香港《华商报》1946年7月23日。

逐年上升。在此期间，上海口岸贸易总值中输往南洋及香港部分所占的比重，如下表所示：

香港和南洋地区占上海出口总值比重（1937—1941） （%）

年份 地区	1937	1938	1939	1940	1941
南洋地区	4. 88	10. 97	14. 11	14. 78	26. 27
香港	6. 72	17. 64	15. 63	15. 26	18. 69
两地区合计	11. 60	28. 62	29. 74	30. 04	44. 96

资料来源：《上海对外贸易（1840—1949）》下册，上海社会科学院出版社 1989 年版，第 74 页表。

1938 至 1941 年间，可以说“孤岛”轻工业制品的出口“旺势空前”，上海租界的华商通过香港与内地沟通贸易。1938 年上海对香港出口额为国币 3934. 3 万元，翌年即达 6076. 3 万元。而同期上海从香港的年进口额却只有 200 多万元。沪货激增的品种主要是生活资料及金属制品等，后者对于内地经济建设有更大的利用价值。日本认为上海对香港输出的增加，“表示出经由此地对河内、云南贸易路线的旺盛，因此上海租界的商势，通过与香港的交易而作为重庆辖下的物资供给据点而繁盛”①。

天津是华北最大的通商口岸，与香港有着传统的贸易关系。1939 年，天津港从香港进口的棉花及棉织品、纤维及纤维制品、机械、车船、金属、食料品、药材、香料、油脂、化学制品等共值 161. 1 万金单位，占当年该港进口总额的 1. 14%。② 1938 至 1941 年间，香港在天津进口贸易额中所占比重变化不大，但在天津出口贸易额中所占的比重却逐年上升。如表所示：

① 译自满铁调查部编《支那经济年报》，日本改造社昭和十五年（1940）版，第 366 页。

② 中国水运丛书：《天津港史（古、近代部分）》，人民交通出版社 1986 年版，第 208 页表。

香港在天津进出口贸易中所占比例（1938—1941）　（%）

年份	1938	1939	1940	1941
进口	1.26	1.14	2.65	1.12
出口	3.25	7.24	8.27	9.65

资料来源：《天津港史（古、近代部分）》，第205页表。

香港与山东沿海烟台、青岛、威海及龙口等重要商埠也保持着密切的贸易来往，其特点是：1938—1941年，香港对山东各口岸的输出呈现下降的趋势；而山东主要口岸对香港的输出则呈现上升的趋势。但从总的来讲，香港在山东各口岸对外贸易总额中所占的比重已变得非常微小。如表所示：

香港与山东沿海通商口岸贸易统计表（1937—1941）

币值单位：香港对内地输出为海关金单位；内地对香港输出为国币元

年份	1937	1938	1939	1940	1941
香港输往烟台	64533	525048	371420	101584	24739
烟台输往香港	3619820	4203646	233470	635565	827169
香港输往青岛	286865	101668	269551	2540667	1189764
青岛输往香港	2023212	172800	10554	1658107	2890798
香港输往龙口	858	62	28085	1236	7
龙口输往香港	1830447	1631770	77605	—	—
香港输往威海	13984	37614	5521	4711	196
威海输往香港	357527	288576	6868	706	—

资料来源：根据交通部烟台港务管理局编《近代山东沿海通商口岸贸易统计资料（1859—1949）》，对外贸易教育出版社1986年版，第36—50页表整理。

香港占山东通商口岸贸易总额比重表（1937—1941）　（%）

年份	1937	1938	1939	1940	1941
香港占各国对烟台输入额的比重	2.6	13.9	5.1	2.0	0.5
香港占烟台对各国输出额的比重	30.9	32.9	2.6	5.5	7.9
香港占各国对青岛输入额的比重	1.4	0.5	0.7	3.4	1.6

续表

年份	1937	1938	1939	1940	1941
香港占青岛对各国输出额的比重	3.7	0.7	0	1.8	3.6
香港占各国对龙口输入额的比重	0.1	0.7	7.6	0.2	0
香港占龙口对各国输出额的比重	87.9	99.8	93.7	—	—
香港占各国对威海输入额的比重	4.9	10.3	1.3	1.4	0
香港占威海对各国输出额的比重	14.6	23.6	0.5	0	—

资料来源：根据《近代山东沿海通商口岸贸易统计资料（1859—1949）》第36—50页表计算。

宁波外贸对象以香港为主，输出量增长很快，货品主要是被中国政府统制的茶叶。①

四 本时期香港在中国对外贸易中的地位和作用

在香港与华南的正式交通路线被切断后，直到太平洋战争爆发为止，香港仍发挥着中国战时对外贸易主渠道的特殊作用。

首先，香港是国统区与西方保持经贸联系的最重要据点。国民政府有关部门均在香港设立网点，如财政部贸易委员会驻香港机构、四联总处香港分处、香港中国银行团、中美英汇兑基金平衡委员会香港办事处、广东省战时贸易管理处香港办事处等，这些机构发挥了极大的作用。财政部贸易委员会竭力奖励土货，增加产量，扩大外销市场。并会同中国植物油公司、中央信托局、中国茶叶公司等，收购全国重要外销土货，集中香港出口，准予免税，故办理颇有成效。② 中国战时贸易特别是官方出口贸易完全经由贸易委员会之手进行，其经营货物包括桐油、茶叶、猪鬃、生丝、羊毛、苎麻、肠衣、各种动物皮等，业务繁多，范围极为广泛。作为输出业务的实际负责机构，贸

① 译自满铁调查部编《支那经济年报》，第358页。

② 《港闻》，香港《星岛日报》1939年2月10日。

易委员会下设富华贸易公司（总公司在香港），以利统制战时贸易。[①]日本分析香港的重要战略贸易地位，认为随着中国事变的发展，英国不得不从华北、华中退却，香港逐渐成为对日经济战的前沿阵地。它作为英美对日封锁、对蒋（介石）援助的据点，愈加意义深远。美英中经济会议多次在香港举行，三国为维持法币而成立的汇兑平衡资金委员会的本部也在此。英美还支持香港与内地国统区的秘密贸易，使蒋政权能通过香港维持战时财政。故对于重庆方面来说，“香港真正是抗战经济的中心”[②]。

其次，中港贸易网络有利于国内战时物资的抢运及转运。如战时盐斤抢运尤为要紧，粤盐外运，在东区各场系由汕韶督运处负责推动，主要运道分陆、海两路，其中海运线为先输运至香港，再设法辗转外运。主要渠道有 4 条，即一由香港运至澳门，再转至三埠、四会、清远等地，循北江而抵韶关；二由香港至阳江、阳春，循北江而达韶关或循西江而转入广西；三由香港至广州湾，经粤西转入桂线；四由香港经越南海防转入广西。[③] 这些通道迂回曲折，水陆更番，接运备极艰辛，直至 1941 年后，有的仍在坚持运行。

战时因敌人封锁，加以内地荒歉严重，自 1939 年冬起，各地粮价暴涨，形势极为严峻。而香港存米通过粤港贸易线源源运入，对于日益严重的内地米荒起到了一定的缓解作用。[④] 1940 年后，洋米运输线变动频繁，只能用民船相机偷运，主要仍来源于香港。[⑤]

自日本封锁中国海岸线后，大量物资除经越南铁路和滇缅公路运输外，凡急需物资，业已逐渐由香港经渝、桂航空线运至国内。及日军占领越南，滇越铁路无法再内运，滇缅公路亦因日本压迫而暂停 3 个月时，外来物资全赖空运入境。为适应这种紧急情势，欧亚、中国

---

① 译自满铁调查部编《支那经济年报》，第 520 页。

② 译自秀岛达雄《香港・海南岛の建设》，东京松山房昭和十七年（1942）版，第 116 页。

③ 广东省政府秘书处编《广东年鉴》，1941 年，第 22 编《盐政》第 2 章“粤盐纪实”。

④ 《战时广东粮食价格之分析》，《广东省银行季刊》第 1 卷第 4 期，1941 年 12 月。

⑤ 广东省政府秘书处编《广东年鉴》，1941 年，第 21 编《粮政》第 4 章“业务处理”。

航空公司特于广东南雄与香港之间，开设航线，利用其航程短近，多开航班，专运物资进口，收效甚宏。直至1941年冬，太平洋战争爆发，中国、欧亚二航空公司所营南雄至香港线，不数日后即告停航。[①]

最后，中港贸易输出大量国产品，为中国政府赚取了宝贵的外汇，同时又得以购进急需的军事战略物资，对于粉碎敌人的经济封锁，支援持久抗战，做出了突出的贡献。据官方统计：1939年，国产输往香港价值为97829605港元（折合国币359034650元），约占当年香港进口总值的16.46%；1940年，国产输往香港价值为86726828港元（折合国币318287458元），约占当年香港进口总值的11.51%。1939年国货已由香港出口外销者总值129806093港元（折合国币476388361元），约占当年香港出口总值的24.35%；1940年国货已由香港出口外销者总值108315900港元（折合国币397519353元），约占当年香港出口总值的17.41%。[②] 当时资料记录表明：中国每年对香港的贸易额绝对值均高于战前的水平。在各国对香港贸易中，以来自中国的贸易额居首位。[③]

在物资进口方面，国民政府修订进口关税，促进必需品输入。抗战之初，决定凡属与军事相关的物资尽量减免关税，以促进其输入。1939年9月，再次订定进口必需品减税办法，规定凡属外国物资未经订入政府所颁进口物品品目表以内者，准由商人按照1934年进口税则原定税率，减免2/3税额，报运进口。[④] 据此无论官民都踊跃从香港输入物资。据笔者粗略统计，1939年2月至1941年7月，仅在广东省政府会议有记录（多为密件）的下属各部门在香港采购各类物资即达21次，最多为通信器材、米谷、面粉、药品、电油，以及电机、仪器设备、消防器材、电单车、电线、电池等，价值庞大。[⑤] 有关当局文件还记载："省府各厅及省属机关在港购物多经（广州）

① 龚学遂：《中国战时交通史》，商务印书馆1947年版，第258、263页。

② 根据香港《星岛日报》1941年2月10日所载《经济新闻》资料整理计算。

③ 《经济新闻》，香港《星岛日报》1940年5月20日。

④ 崔国华主编：《抗日战争时期国民政府财政金融政策》，西南财经大学出版社1995年版，第100页。

⑤ 参见广东省档案馆编《民国时期广东省政府档案史料选编》，1988年编印，第5、6、7册。

湾转运。”[①] 从香港进入华南的物资有不少是转往大后方的，如数批散赈美麦内运均照此办理。[②] 1939 年 2 月至 1941 年 6 月，中美签订了 4 次易货借款，中英签订了两次信用借款，可购买各种急需物品，其中不少是利用香港输入的。中央银行口岸汇款七八成是购买战时用品，解款最多之处为香港，1940 年达 3600 余万国币元，上海次之，为 1530 余万元。[③] 1941 年，香港中国银行团集资购买洋米运销内地，广东省粮食管理局还支持成立了香港各属同乡旅港购运粮食委员会和本省各口岸舶来粮食管理站。同时粮食部亦“设法奖励洋米输入以资接济，并由中央拨付粤省二千万元以作购运”[④]。

本来国民政府为防止资金逃避维护外汇市场，对口岸汇款除党政军及“国营”事业机关必要汇款核明承汇者外，限制特严。但 1940 年后，我国经济进入困难阶段，农业歉收，物价猛涨，通胀严重，外贸及国外物资供应日减，国家财政更为拮据。随着军事形势的变化，经济问题上升到了重要地位。鉴于后方各地所需机器原料和日用必需物资，大部分仍须由口岸内运，口岸汇款之需要始终未减，四行总处于 1941 年提议开放港沪商业汇款，并决定“以便利后方商民为主要对象，售出外汇购运货物，以能运入后方者为原则”。平准基金委员会主任陈光甫复函云：“兹为鼓励上海或其他任何地方之物资内运前往自由中国，以调整上海与后方各地间之法币差价，并谋改善中国之经济情形起见，应由本会筹议种种办法，期与中中交农四行切实合作。……今后尤宜加倍努力，增加中国物资供给。”[⑤] 据四联总处的报告，1941 年下半年重庆 14 家商业银行共汇往沪港国币 7695 万余元，其中香港为 821 万余元；由沪港汇入 6079 万余元，其中香港为

① 广东省档案馆编：《民国时期广东省政府档案史料选编》（6），1988 年编印，第 44 页。

② 广东省档案馆编：《民国时期广东省政府档案史料选编》（7），1988 年编印，第 31、189、236 页。

③ 中国第二历史档案馆编：《中华民国史档案资料汇编》第 5 辑第 2 编财政经济（3），第 307 页。

④ 中国第二历史档案馆编：《中华民国史档案资料汇编》第 5 辑第 2 编财政经济（9），第 340 页。

⑤ 重庆档案馆等编：《四行总处史料（下）》，第 38 页。

2228 万元。同期后方各地官方四行承汇港沪款项共计 5297.5 万元，其中香港为 3351 万余元。①

在物资出口方面，国民政府修订出口税则，鼓励非必需品输出。如 1938 年春，规定 24 种出口物资，一律须先向当地政府交付出口外汇后方可出运。1939 年又把上述结汇物资品目加以修订，颁布《出口结售外汇办法》，其中的桐油、茶叶、猪鬃、矿砂等改由政府统购统销，不准商人自由营运，以后又把羊毛、生丝也列为统购统销货物。② 中国法币的低落，反而有利于土特产品的输出，并与国民政府出口奖励政策相对应。故尽管日本实行经济封锁，但中国主要土产如桐油、茶叶、猪鬃、蚕丝、矿砂等，仍能源源运往香港集中外销。如表所示：

中国土产经香港外销（1938—1940）

单位：港币万元

年份	桐油	茶叶	矿砂	猪鬃	蚕丝	其他
1938	3974	1608	1639	430	419	略
1939	5068	1228	2022	614	838	略
1940	5087	2183	195	763	444	略

资料来源：《经济新闻》，香港《星岛日报》1941 年 2 月 10 日。

财政部贸易委员会以曲江为粤北及湘赣土产运销出口之孔道，为集中战时出口外汇起见，曾派外汇管理员詹信善驻韶关，主持管汇事宜。他在 1940 年 3 月下旬答记者问时云：自实施管理出口外汇后，进行顺利。唯中行韶关分行奉总行命责成出口商先缴全部应结外汇，始准签盖承购外汇证明书，手续烦琐，出口商感到不便。现为促进贸易起见，特与中行韶关分行分呈贸易委员会及中行总行，另筹妥密办法。至于出口商在香港有联号者，近来多已去电先交应结港币，再在韶关领取承购外汇证明书，凭报海关放行。③ 为了便于管理，鼓励出

① 重庆档案馆等编：《四行总处史料（下）》，第 74 页。

② 崔国华主编：《抗日战争时期国民政府财政金融政策》，第 101 页。

③ 《华南要闻》，香港《星岛日报》1940 年 3 月 29 日。

口，财政部于3月15日实施《修正全国出口货物结汇报运办法》，要点在于“发展西南对外贸易，改善出口货结汇办法”。指定蛋品、羽毛、肠衣、皮革、五倍子、药材、麝香、油脂、子仁、烟草、木材、茧丝、棉花、苎麻14类，为应结汇出口货，其余货物，除政府统销的桐油、茶叶、猪鬃、矿产外，概予免结外汇；清结外汇数额时，准西南各省货物照实售货价7成结算（全国为8成），因其货物外汇运销较多；办理手续费用亦予以减缩。①

出口结汇政策使国民政府赚得巨额外汇，根据中国银行年度业务报告，1939年度按银行牌价结进港币92.4万余元，1940年度为373.9万余元，1941年度（截至11月底）近1639万元，增幅大且远远高出英镑、美金及越币的款额。② 战时广东财政亦因对港贸易而得益匪浅。如1939年广东对香港的贸易顺差高达4200多万国币元（当年该省外贸出超额为1200多万国币元，打破历年来外贸入超之局面），其主要原因即在于：粤府奖励出口贸易，并限制进口货物的报运，因当时日轮在广东各沦陷口岸进出，根本不受海关检查，所载日货大都走私倾销内地；欧战爆发，西方列强无暇东顾，而中国传统的大宗出口货物如桐油、茶叶、药材等分别以美、苏、南洋华侨为主顾，多半不受欧战的影响。③

另外，战时内地各省都赴粤港采购物资，广东政府遂在粤北等交通要道课征货物过境税，收益颇丰。如广州失陷后，粤省税源短绌，1939年岁入顿减至1320万国币元。而1940年即复原，翌年突增至1.6亿元，超过该省历年岁入之纪录。④ 由于舶来物品多从香港运入，财政当局又在宝安置税务局（为一等一级局）并设香港办事处，这是当时最能获得大宗税收的局所。⑤“舶来物产专税”是重要的财源，其收入逐年猛增，1939年为684万国币元，1940年为2500万元，

① 参见崔国华主编《抗日战争时期国民政府财政金融政策》，第337页。

② 中国第二历史档案馆编：《中华民国史档案资料汇编》第5辑第2编财政经济(3)，第477、490页；重庆档案馆等编：《四联总处史料》（下），第160—161页。

③ 《广东战时贸易透视》，香港《星岛日报》1940年8月23日。

④ 广东省政府秘书处编：《广东年鉴》，1941年版，第8编《财政》第2章“岁入”。

⑤ 广东省档案馆编：《民国时期广东省政府档案史料选编》(6)，1988年编印，第308页。

1941 年增至 5600 万元，竟成为广东战时财政的主要支柱。[①]

不过，当 1941 年国际交通线路变更后，国货难以再运港集中外销，大多假缅甸仰光出口。这年首季，桐油、生丝、钨锡矿砂、茶叶、猪鬃 5 种重要货品，运香港集中出口者，价值仅 621.8 万元，较上年同期骤减 3358 万元。[②]

关于香港与北方各埠（特别是沦陷区）贸易的作用比较复杂，带来两重性的后果。但主要方面对抗战有利，因为中国政府需从各地吸收和抢运物资，以打破敌人的经济封锁。如前所述，北方各埠与香港贸易的基本格局是出口远甚于进口，这些口岸的海关大都还控制在英美等国之手，而且上海、天津等埠还有英美租界，故贸易还是必要的。据四联总处史料，直至 1941 年，其还通过香港向沪津转汇款项（因天津解款困难，须托外商银行转汇）。[③] 又如华南沿海最重要的通商口岸广州、汕头沦陷后，与香港之间的正常贸易额剧减，对日伪统治区明显不利。由下表可见，1938 至 1940 年间，粤海关贸易值及其征收的各项税钞均大幅度地下降。

粤海关进出口货值及其征收各项税钞（1937—1941）

单位：国币元

年份	由外洋进口	往外洋出口	进口税钞	出口税钞	其他税钞	税钞共计
1937	45166170	63845966	7865397	2127945	略	12851063
1938	56945897	106693552	9665395	3691287	略	19547659
1939	3943777	5321565	671840	47976	略	867149
1940	14302747	15564418	5625802	237971	略	6704622
1941	43041793	82230415	15656563	2072143	略	20820780

资料来源：根据广州市地方志办公室编委会、广州海关编委会等编译《近代广州口岸经济社会概况——粤海关报告汇集》，第 1131、1149 页整理。

关于汕头的情况亦大致如此（可参见本文前表）。就全国沦陷区

① 吴川县政协编：《李汉魂将军北伐抗日实录》，1988 年印，第 247、251 页。

② 《经济新闻》，香港《星岛日报》1941 年 5 月 12 日。

③ 重庆档案馆等编：《四联总处史料》（下），第 48—49 页。

口岸的情况来看，香港在其进口货中所占比重已很小。如表所示：

香港占沦陷区进口贸易比重表（1938—1941）（%）

年份	1938	1939	1940	1941
香港所占比重	1.8	1.4	2.2	1.8

资料来源：《上海对外贸易（1840—1949）》下册，第50页表。

当然，既然是贸易，就不可能仅单方得利，正如国民政府两次平准基金的运用，稳定了法币的汇率，英美等国得到很大好处，日本竟也有收益。[①] 另外也应看到，日本利用香港作为走私基地，也使香港在战时中外贸易关系中起了负面作用。抗战爆发后，日本侵占了中国沿海富庶地区，国民党统治区工业产品的极端匮乏和日军掠夺原料实行“以战养战”的阴谋，成为促进两个区域黑市交易的媒介，而走私活动则起到从中沟通的作用。尤其在华南地区，香港仍是走私问题的焦点。

日本利用香港来获取中国内地资源，是战时走私猖獗的最重要原因。如日本在香港收购牛皮，使之价格由战前每斤三四十港元飞涨至90余港元。故1937年11月后，国内各地皮革纷纷运港销售。[②] 1939年，日本占领粤省产丝区顺德等地后，实行“警备”，但凡丝、绸概由三井、三菱洋行等日商统制收购，每担生丝发价650元军用票（日军在沦陷区强制使用的纸币，信用极低），运至香港市场后，销售价高达1200余港元。[③] 1941年，普宁的桐油辗转销往香港，每百斤可获利750港元。[④] 在潮汕，“随着奸商的活动，是走私的深入，敌人通过他们在我们的后方和广大的乡村，拼命收买铜仙（按，即一种地方铜币）、麻皮以及矿铁锡等军用原料……载到汕头，运载到香港去了。”[⑤] 日商还在香港专设机关收购铜圆，直至1940年，香港对铜圆

① 参见崔国华主编《抗日战争时期国民政府财政金融政策》，第348页。

② 《各地金融经济报告》，《中行月刊》第16卷第5期，1938年5月。

③ 《华南要闻》，香港《星岛日报》1939年6月16日。

④ 《广东省银行季刊》第1卷第4期，第344页，1941年12月。

⑤ 中央档案馆、广东档案馆编：《广东革命历史文件汇集》甲42，1982年，第499页。

的吸收都极为严重，私枭竟公开包裹铜圆运往香港。[①]

鹤砂是重要的军事工业原料，抗战初期，粤桂各地所产钨砂运至香港，中国政府严厉缉捕仍不能遏止。香港成为钨砂出口汇集处，以中山、澳门运来者最多，其次是潮汕、惠阳、梧州等处。偷运者组织严密，其载运出口及接收，均有接应。钨砂内地价格与香港收购价格相差极大，日商即以此利诱不法之徒。[②] 1940 年后，东江一带私枭甚为猖獗，偷运巨量钨砂到香港销售。据报道，当时仅东江私钨运港每月即达 1300 余吨。每担在当地收购价仅 60 国币元，运到香港后最高可售约 270 港元。故私枭做大规模之经营，并以武装护运。[③] 据报道，1940 年 3—4 月，由香港转售予日本的钨砂即达 8073 担，价值为 188 万余港元。[④]

日本的侵略和破坏，使战时中国政府及海关的缉私能力被严重削弱。各地政府吏治不良，无法有效遏制走私活动，故私枭能经常把内地紧控物资输出，又将日货运入。越是接近沦陷区，缉私税务机关问题越多，以致大规模走私贩私竟成为内地与香港贸易关系的重要内容之一。

鉴于港澳边界私枭猖獗，1939 年年初，九龙海关曾增强缉私力量，扩编缉私队伍并配置新式武器。[⑤] 尽管如此，其收效实在有限。在香港通往内地的漫长衔接地带，海盗、私枭、税警、地方官员往往是几位一体，利用夜幕的掩护和处于交通线上的“地下通道”，为非作歹。1940 年，美国记者格兰姆·贝克在从港澳至西江的转移过程中，曾多次亲历此境，在其著作《一个美国人看旧中国》一书中，详尽地披露了令人惊心动魄的犯罪事实。

此外，日本不断发动军事行动，也严重地破坏了中国政府的缉私能力，助长了私枭的活跃。如广州、汕头等城市沦陷后，中山海岸私枭活跃起来。由于日本机舰骚扰，且中山亦一度沦陷，原各海关关卡及缉

① 《华南要闻》，香港《星岛日报》1940 年 3 月 2 日。

② 《本埠新闻》，《香港工商日报》载 1937 年 10 月 27 日。

③ 《华南要闻》，香港《星岛日报》1940 年 3 月 4 日。

④ 《广东战时贸易透视》，香港《星岛日报》1940 年 8 月 23 日。

⑤ 《华南要闻》，香港《星岛日报》1939 年 2 月 11 日。

私机构都大受打击，故私枭乘机活动。其大都是从宝安、深圳、后海等处转过来，在澳门设办庄，每日从香港购入大批日货，伺机偷运入内地。拥有走私快艇十余艘，月运私货已由百余万港元增至200多万港元。① 在日伪统治下，广州成为敌进行走私活动的一个聚散中心。参加走私网的有日本浪人、军人、汉奸、奸商、豪绅，国民党政府中的许多官僚、军人等。战时港粤走私进口的路线，主要有香港至广州；香港至澳门、再由澳门至广州或内地；香港至潮汕3条。走私货品以卷烟、卷烟纸、颜料、面粉、奶粉、罐头食品、糖精、火油、药材、化妆品、毛织品、人造丝织品、棉纱、棉织品等为大宗。走私出口的路线，主要有广州经大塘、太平至香港；广州经增城至香港；广州至新塘，再改船运东莞、太平而至香港3条。走私货品多为农产品（包括桐油、茶叶、黄豆、水果、花生等）及银币、银条、锡、钨等。②

抗战初期，日本对香港的贸易曾受到很大抑制。但1939年，中国沦陷区日资工厂产品在香港贱价倾销，特别是花布、火柴等日货充斥市面，使英美产品大受打击。③ 翌年，日本独霸中国航运，排挤英美轮船运输。华中、华南被日军封锁，输入香港货源大减，欧美来货亦短缺，日货更乘机大量运港倾销，④ 这些都是以走私为主的。

（原载《抗日战争研究》2003年第1期）

---

① 《华南要闻》，香港《星岛日报》1939年12月25日。

② 程浩编著：《广州港史（近代部分）》，第271页。

③ 《港闻》，香港《星岛日报》1939年7月10日。

④ 香港汇丰银行编：《百年商业》，原书无页码。

近代西方大公司的华南销售网

——以石油、烟草业为例

清末、民国时期，各帝国主义国家加紧对华南地区进行以外贸投资为重点的经济侵略，特别是石油、烟草业等世界性的托拉斯组织在华南重要商埠设立分支机构，依靠先进的公司管理层级结构和广泛的华商社会关系网，采用地区包销制推销产品，业务范围遍及乡镇，控制了市场。

外国大公司在华活动是中国近代经济史的重要领域之一，学界对石油、烟草业外国大公司在华的活动有所关注，如美国学者高家龙所著《中国的大企业——烟草工业中的中外竞争（1890—1930）》（樊书华、程麟荪译，张中礼校，商务印书馆2001年版）和《大公司与关系网——中国境内的西方、日本和华商大企业（1880—1937）》（程麟荪译，上海社会科学院出版社2002年版），对美孚石油公司和英美烟公司在华的竞争经营及关系网特色做了宏观研究，但并未对华南进行细致的个案分析。国内学界对西方大公司在华南活动的研究尚较薄弱，张维缜、文艳君著《浅议20世纪30年代广州土制煤油业的兴衰》（《暨南史学》第5辑，暨南大学出版社2007年版）、张小欣著《华洋之争与抗战前的广州煤油市场》（《中山大学学报》2006年第3期）等，阐述了20世纪30年代广州土制煤油业的兴衰，其中涉及英美石油公司对广州煤油市场的开拓及其对土制油商的排挤。华南是近代石油、烟草业西方大公司相当重视的倾销市场，其销售网的创建极富特色和成效，值得研究。本文利用广东省档案馆藏近代西方石油公司档案，已整理出版的英美烟公司在华企业资料汇编、海关史资料，以及当事人所作文史资料等，对石油、烟草业的西方托拉斯在华南的侵略与扩张进行个案探讨，指出美孚、亚细亚、德士古公司和英美烟公司于清末民初侵入华南，在穗港等重要商埠建立分支机构，依靠先进的公司管理层级结构和广泛的华商社会关系网，将触角伸展到城乡四面八方，保持了在市场上的支配地位（限于篇幅，本文不涉及四大公司的竞销制度及策略手段）。

一　西方三大石油公司的华南销售网

（一）西方石油公司在华南的层级管理结构

美孚火油公司（The Standard Oil Co.，又称三达公司）创立于1882年，属于美国洛克菲勒财团。初通过代理商、买办在华销售，1894年设香港办事处，负责华南、东南、西南地区的销售。20世纪初引进公司管理等级体系在华从事直接经销，在上海设总管理处，并逐步在沪、宁、津、青、汉、穗设立6个区分公司。1920年前后，广州区分公司的组织系统下辖广州、华南各地及台湾的业务。其业务范围相当广泛，在广州芳村、白蚬壳建有大型油池油仓，除广东本省外，云南、贵州、江西、湖南等省油商均直接来广州运油。① 美孚公司销售的油类很多，主要有汽油、柴油、机油、煤油等，以煤油销量最大，供城乡照明用。广州分公司除各类油库外，还有制罐间、运油船、趸船及小汽船多艘。②

亚细亚火油公司（The Asiatic Petroleum Co. ltd.，简称A. P. C）系由英商盎格鲁·撒克逊公司和其他英商合作成立。③ 创于1902年，总公司设于伦敦，世界各地均有区公司和分公司，产品以“蚬壳”（Shell）为商标，在中国有相当大的销量。④ 该公司在香港设立二级

① 陈真、姚洛、逄先知合编：《中国近代工业史资料》第2辑，第327页。

② 中国民主建国会广州市委员会等合编：《广州工商经济史料》，第221—223页。

③ 冯翰伯：《沙面洋行话旧》，《广东文史资料》第33辑。也有一说是由荷兰皇家公司和蚬壳运输贸易有限公司合并而成的，参见胡毓芬《广州亚细亚火油公司忆述》，《广东文史资料》第33辑，广东人民出版社1981年版。

④ 韩清平：《亚细亚火油公司在桂、粤活动见闻》，《广州文史资料》第16辑，广东人民出版社1965年版，第30页。

公司，下辖广州、梧州、江门、湛江、汕头、海口、厦门、福州等三级公司，实行分片管理。广州分公司（创于1906年）是其中最大的一个，销辖范围包括东、西、北江和珠江三角洲地带。在广州芳村、白鹤洞建有油池油仓，并在大涌口拥有地产。另外在三水亦建有油仓，包装货由广州供应，散装货则直接由香港运至。①

德士古公司（The Texas Oil Co.，简称T. O. C）创于1908年，亦属美国洛克菲勒财团的体系，在三大石油公司中，它算是后起的企业。抗战前其中国总公司设于上海，在汉、穗、津等大城市设区公司，广州区公司建于1920年，在华南还设有广州湾（湛江）、汕头、江门、海口、梧州等分公司。②

三大石油公司的内部制度非常严密，美孚、亚细亚香港区公司管辖整个华南地区的分公司，分公司下面又设支公司，但支公司不一定都由分公司管辖，可以直接隶属于区公司。例如在广州设立分公司后，又在三水、江门、汕头、广州湾等地设立支公司，三水、江门支公司由广州分公司管辖，汕头、广州湾等则由香港区公司直接管辖。而德士古则直接通过广州区公司管辖其下属的汕头、江门、广州湾、肇庆等地的分公司。

除此之外，各公司下属分公司和支公司之间各有各的业务范围，其界限非常分明。仍以美孚火油公司为例，其广州分公司所管辖的业务范围以珠江三角洲为中心，西至德庆县，东至龙川县的老隆、贝岭，东南沿海至惠阳县的淡水，北至乐昌县的坪石。广州分公司辖至鹤山县的沙坪、古劳，这两地过了，就属江门支公司；过了德庆，就属梧州支公司；而过了老隆、贝岭，就属汕头支公司。③

（二）西方石油公司的代理经销网络

美孚、亚细亚、德士古三公司均是国际性的托拉斯机构，在全世

① 程浩编著：《广州港史（近代部分）》，第138页；胡毓芬：《广州亚细亚火油公司忆述》，《广州文史资料》第33辑。

② 郑炳华：《广州美商德士古公司内幕简述》，《广州文史资料》第22辑，广东人民出版社1981年版。

③ 广州市政协文史资料研究委员会等编：《广州工商经济史料》，第217页。

界范围内都有着一套严密的销售网络和推销系统，在华南也不例外，都依靠经销制来控制市场，将销售划分为若干地区，分别设立分支层级机构，再物色代理商为其推销产品。

清末，西方石油公司已在广州及附近各乡镇推销产品。如美孚火油公司以珠江三角洲为中心，在西江、东江、北江以及东南沿海，都有代理商或代销店。亚细亚火油公司早期的石油产品曾先后由德商瑞记洋行和咪吔洋行代理，直到广州分公司成立后，才在当地寻找华商做买办或代理经销，其销售范围与美孚相仿，包括东江、西江、北江和珠江三角洲地区。德士古公司曾委托在上海的日本三井洋行为总代理，直到 1923 年前后，才从三井洋行收回代理权，改由华商代理经销。

石油产品多从粤海关进口，偶尔从拱北、九龙海关直接输入，也有走私运进的，运往三大公司设在广州等地的油库或油仓贮存，然后转给代理商销售。各地油商一般直接到所代理公司位于广州的油仓提货，或到广州以外的支公司和油仓（如亚细亚公司在三水、江门等地设有支公司，在三水设有油仓）直接提货，这样可以减少代理商的运费开支，从而增加佣金收入。另外，三大公司通常会利用自己的油船为代理送货上门，把油输送到各个销售地区，甚至包括小城镇，运费则算在油价内。这样不但运输不需假手他人，还兼赚运费，更重要的是可以防止代理商越区销售（因为如此需多付一笔运费，使销售价高于本地代理商，不利于本公司的市场）。

三大公司分公司和支公司下面，就是总代理商家、批发商、零售商等。在选择代理商时，三大公司首先要求对方有相当的资金，而且在当地的交际范围广，来往的商号多。三大公司在各地区的总代理商家，注意挑选与军阀、官僚政客等有关系的富商，以期带来军事、交通、国防等机关的直接大宗订货。而对县、镇等基层的经销商，则一般选择酱园、洋纱号、米行、杂货店等充任，因为这些行店多系基层统治势力开设，一来较有本钱，拥有栈房场地，还有田地契作保，二来可以得到当地权势的保护。①

---

① 许涤新、吴承明主编：《中国资本主义发展史》第 2 卷，第 773 页。

通过层层代理，石油公司的羽翼就像一只巨大的章鱼，向四周不断延伸触角，其产品就像水银泻地，倾销城乡各地。据20世纪20年代编纂的《佛山忠义乡志》记载：火水行之煤油自清同治末年由外洋输入，“用者日众，近年已成为进口货一大宗”。光绪季年，每斤约值银半毫，近已涨至3倍。“以来自美国最多，专卖者约数家，洋货店、杂货店、油店之兼卖者，指不胜屈，其肩挑零售者亦复不少”[①]。

三大公司的销售范围不仅遍布粤省，远的还延伸到华南、西南等地。当时江西油商来穗时捎运瓷器，返时载油而归，可谓一举两得。

下表所显示的是美孚和亚细亚公司的部分业务范围。

美孚和亚细亚公司在广州以外的部分业务范围

企业 地区	美孚火油公司	亚细亚火油公司
珠江三角洲	大良、容奇、陈村、九江、石岐、江门、佛山	佛山、陈村、大良、容奇、九江、大沥、官窑、里水、官山
东江地区	石龙、东莞、惠州、老隆、梅县（汕头地区和湛江、海口等地直接由香港运至）	东莞、增城、石龙、惠阳、河源、老隆、和平（稔山、淡水、樟木头直接由香港分公司供货和管理）
西江地区	肇庆、罗定、都城	三水、西南、四会、广利、肇庆、罗定、都城、八步、芦苞
北江地区	英德、清远，还有花县的新街，并由此转销江西、湖南等地	新街、高塘、清远、英德、曲江、南雄、连县
广西	八步、梧州、贵县、南宁、柳州	—

资料来源：根据程浩编著《广州港史（近代部分）》（及胡毓芬《广州亚细亚火油公司忆述》）整理。

上表中地区是代理商所在地，其销售范围有宽有窄，有的小代理仅限于本地和附近墟镇，但有的大代理则可跨几县销售，如曲江代理

① 戴鞍钢、黄苇主编：《中国地方志经济资料汇编》，第864—865页。

的销售可远达乐昌、坪石、始兴、南雄等地。①

美孚火油公司设有一种提货卡（Signature Card），卡上注明代理的店号、地点、详细通信地址、邮政编码、电话以及代表人等，各代理提货时，在卡上填上提货数量，由代表人和出货人签名盖章，同时盖上代理店号的公印后即可生效。下表系根据档案中保存的一部分卡片整理而成。

美孚火油公司部分代理商名单（1948 年以前）

地域	店号	地点	代表人
广州	海军第四补给总站	黄埔	总站长：张义忠
	空军第九运［ ］站	大沙头	站长：丘国光
	福新第五面粉公司广州分厂	广州河南白蚬壳金沙路5号	朱学纯
	华兴祥	广州市杉木栏路	潘植云
	广州市地政局	市府内	徐有恒、李［ ］生
珠江三角洲	水利合作社	番禺	缺
	有信号	佛山永安路 103 号	何奇杰
	中兴隆	官山民乐市	潘植卿
	德兴丰	勒［ ］悦来街	潘植卿
	通兴	官窑	韩清平
	昌兴行	里水通津街	韩清平
	合德行（Hop Tak Hong）	Chung Shan Road Dosing	Chiu Chee Chow
	利群行（Lee quan Hong）	Chung Shan Road. Loting	Chiu Chee Chow So King Yue
西江地区	祥记	三水河口	陈俊三
	瑞丰祥	西南文通路 98 号	陈俊三
	明生祥	连滩三甲街	孔受申

① 参见胡毓芬《广州亚细亚火油公司忆述》，《广东文史资料》第 33 辑。

续表

地域	店号	地点	代表人
东江地区	源机公司	河源太平路	吴嵩耆
	广隆公司	老隆谷行街	吴嵩耆
	广机公司	惠州	吴嵩耆
	合兴祥号	石龙镇	黎渭洪
北江地区	元记公司	南雄青云路	彭精一
	祥客号	新塘	黎永生
	华兴隆记	高塘大街	利企远
	致兴祥	连州建国路63号	黄守直
其他地区	利源号	麻奢	麦汉云
	昌记	滘洸	逢昌行
	[ ] 军政委员会重工业部经理处驻营运组	缺	丘伟
	广东省军管区司令部	缺	缺

说明：（1）表中 [ ] 为档案中残缺的字。

（2）文中的 Chung Shan 即中山。

资料来源：《美孚石油公司/美孚行港穗来往电报》，广东省档案馆藏美孚石油公司档案，档案号：67—1—76。

从上表中代理店的地址可看出，美孚火油公司的代理分布广泛，而且一名代理商可以代理多家店号（并非一人代理多家公司的产品，那是违反当时“行规”的行为）。

德士古公司抗战前在华南的代理商及分代理商已是密如蛛网，战后其华南各分公司下有代理商上百家。①

三大公司在广东的代理店号，大都沿江而设，这是因为一则转口便利，二则洋商的油船凭借不平等条约所赋予的优惠条件和特权，可以在内河自由航行，不仅将货物转运于各个口岸，还可以赚取运费。

① 郑炳华：《广州美商德士古公司内幕简述》，《广州文史资料》第22辑。

二　英美烟公司的华南销售网

（一）英美烟公司在华南的层级管理结构

英美烟公司（the British-American Tobacco Company，B. A. T.）是著名的国际性托拉斯组织，总部设于伦敦，自20世纪初成立伊始，中国这个消费潜力巨大的国度便被确定为其重要的目标市场之一。

驻华英美烟公司的销售网先以上海为据点而确立长江沿岸和华南销路，然后分别巩固华北和东北市场。其将中国划分为香港、上海、武汉、天津、满洲5个部，部下设分公司，区下设段办事处，组成一个遍布全国的销售网。作为托拉斯组织，该公司在中国销售策略总体上是奉行统一路线，因而华南销售网在建立及管理体系上基本遵循母公司在华的大策略。

民初，形成了公司管理销售的行政系统，即部（Department）、区（Division）、段（Territory）三级制，但部以下往往还设有分段（Sub-Territory），基本是按中国的行政区域而设，“部”管辖跨省的业务，“区”管辖相当于省级的业务，“段”管辖相当于专区级的业务，而“分段”则管辖相当于县级的业务。“部”以下辖“区”，“区”以下辖“段”。在“分段”以上均设有仓库，以便在全境销售。这些机构主要是监督、管理各级经销商，调查了解“敌牌”竞争情况，执行公司的销售政策等。一般来说，部、区的负责人皆由外籍华人负责，段长则由中国人负责。华南地区也形成了管理结构及相应的仓库系统。

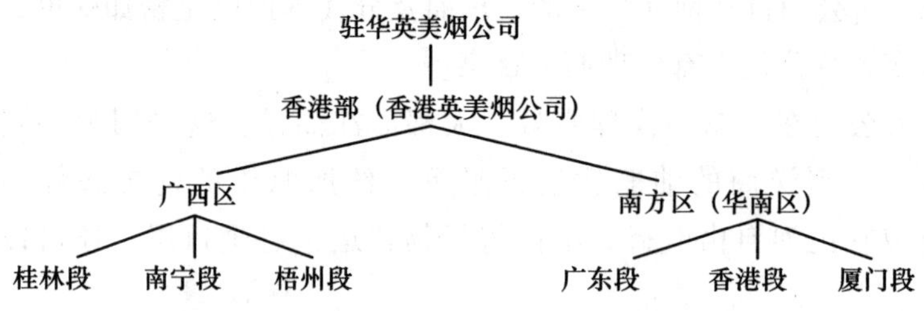

民初英美烟公司华南地区的管理结构

资料来源：汪敬虞编《中国近代工业史资料》第2辑上册，第220页。

英美烟公司华南区仓库所在地（1929 年）

地区	段	仓　库
华南区	广东段	澳门、北海、海口、广州、江门、韶州、惠州、潮州、潮阳
	厦门段	厦门、漳州、泉州（晋江）、永春、惠安、福州

说明：广西区仓库所在地有梧州、南宁、桂林及雷州（属广东辖）

资料来源：上海社会科学院经济研究所编《英美烟公司在华企业资料汇编》第 2 册，第 541 页。

1934 年，英美烟公司成立颐中烟草公司和颐中烟草运销公司，分别承担驻华英美烟公司的制造和销售业务。华南的销售网络是颐中烟草运销公司下面的一分支。

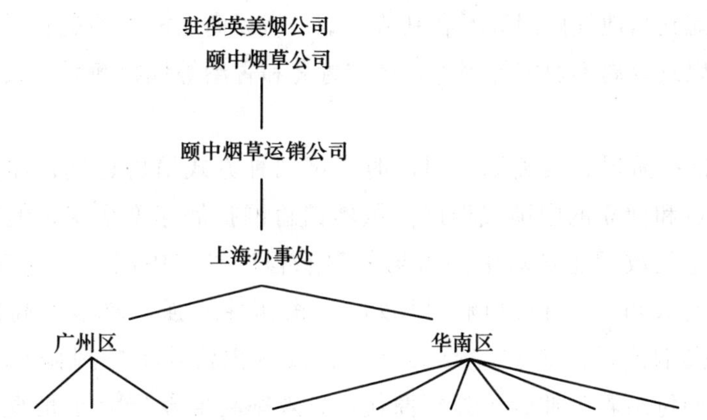

30 年代英美烟公司在华南的管理结构

资料来源：根据《英美烟公司在华企业资料汇编》第 2 册第 517 页和陈真、姚洛、逄先知合编《中国近代工业史资料》第 2 辑第 117 页内容编制而成。

说明：根据罗镇寰《广州香烟市场与卷烟工业（1924 — 1938）》（广州文史资料第 14 辑第 30 页）记载，广州地区的范围包括除汕头、海口以外的省内各地以及广西梧州，可知广州区下面的段数量很多，但没有详细资料表明具体数目和段的具体名称，故此表仅列出已知的 3 个段。

（二）英美烟公司的代理经销网络

驻华英美烟公司成立之后，便派出大量外籍人士在长江沿岸和华南地区调查市场情况，建立据点。华南销售网建于20世纪初年，在香港和广州有英美烟公司的西洋代理人，并开始寻找华人代理商，随之把触角伸展到珠江三角洲的主要商埠。到1908年，除了广州、佛山、石龙等埠，汕头、厦门、梧州等都有了华人代理。① 此阶段华人代理商数量并不多，分布也不太广，代理范围小，各自负责所在区域的业务，但由于英美烟公司对其管理较疏松，故所代理范围可以有所松动。货源主要来自香港，由代理商从珠江三角洲向东运至汕头，向西沿西江运至广西梧州。1919年秋，英美烟公司曾计划在广州设厂，然而考虑到当地气候潮湿不利制造香烟、市场商品需求不足、工人难以驾驭以及政局不稳定等因素，经与青岛和香港等地权衡后，最终还是放弃了。②

在前一阶段，英美烟公司同时尝试两种方式销售香烟，即领薪华洋职员和独立的中国代理商。虽然销售网扩展速度很快，但外籍人员不论是数量还是对中国市场的熟悉程度等与中国这个人口多、地域广的大市场不相协调，以致出现操作性不强、效率不高的情况。英美烟公司意识到“与其自己直接承担营业上的风险从事销售，不如付出若干佣金委托华商代销，效率高得多”③。于是直接派员赴各地建立机构，业务主要由华商经营，洋商退居幕后控制，即采取“独立的经销商”制度。20世纪20年代，英美烟公司在各地普遍采用督销方式（即公司委派各地的大烟商为督销，又称总经销，主要负责其所在区域的业务开拓，给其佣金），其中广州的公益行是办得极成功的企业之一。约在1918年，江孔殷就被英美烟

① 汪敬虞编：《中国近代工业史资料》第2辑上册，第234页。

② 上海社会科学院经济研究所编：《英美烟公司在华企业资料汇编》第1册，中华书局1983年版，第218—220页。

③ 小林庄一：《英美烟草托拉斯及其贩卖政策》（1943年），转引陈曾年著《英美烟公司在中国的销售网》，《学术月刊》1981年第1期，第18页。

公司聘为广州全权总代理，两者旋即合创公益行，江氏任总理，他“与历任西人行班和衷共事”，数年间广州英美烟公司销行“非常发达，为向日所未有”①。

到20世纪30年代初，由于段数量的增加，段、分段下面的小经理（分经销商）也随之增多，大小经理以及小经理和零售商之间的货源交接便容易产生脱节。“十五甲级仓库”（因列于“贩卖契约”第15条而得名）便是解决此问题的一个具体方案，它通常设在非条约商埠（以弥补没有英美烟公司自设仓库的空缺），由经销商雇用的仓库管理员负责看管。该经销商便为“十五甲级经销人”（15A class Dealers），自设仓库，向城镇的小经销商租用仓库，并以英美烟公司所定的统一价格配予各小经销商，在这些存货未发给小经销商之前仍为颐中烟草运销公司所有，出库时才向颐中烟草运销公司收取栈租。十五甲级经销人把从各小经销商收取的货款缴与颐中烟草运销公司，故不需要流动资金，仅向后者缴出定额的保证金即可从事经营，并能随时将收货款流通用于自身经营的其他商业。因此，经销人享有资金融通的便利，每箱仓租的数目虽少，然而租用仓库的小经销商数量多，其总额颇为可观。有了十五甲级仓库，货物的流通就更顺畅，解决了小经销商们的后顾之忧，其可集中精力寻找更多的农村零售商和流动小贩，以进一步开拓乡村市场。抗战前华南十五甲级仓库及小经销商数量不断增加，表明销售网络已铺至小城镇和乡村。

颐中烟草运销公司之华南销售网的仓库分布（1937年）

地区	区	直属仓库所在地	十五甲级仓库所在地
广西地区	梧州区	—	—
广州地区	广州区、江门区	广州、深圳、石岐、江门	韶州、惠州

① 上海社会科学院经济研究所编：《英美烟公司在华企业资料汇编》第2册，第596页。

续表

地区	区	直属仓库所在地	十五甲级仓库所在地
华南地区	厦门区	厦门、龙溪、晋江	安海、晋江、永春、惠安、旧镇、龙岩、同安、车山
	福州区	福州、三都澳	福清、涵江、建瓯、谷口、马尾、南平、沙县、邵武、洋口
	汕头区	汕头	潮州府、潮阳、揭阳、汕尾、东里、松口
	香港区	海口	北海

说明：英美烟公司在广州地区和华南地区的机构分别为广州英美烟公司和香港英美烟公司。

资料来源：陈真、姚洛、逄先知合编《中国近代工业史资料》第2辑，第117页。

从20世纪20年代较简单的三级销售网络到20世纪30年代的层层叠进网络，仓库分布范围大为扩展，英美烟公司的华南销售网络最终完成：从华南区到广州区、华南区并立；从段到分段的大量设立；华人经销商主要分布从大城镇扩展到中小城镇乃至乡村更宽广的范围，如抗战前粤北南雄全县有33家烟行，其中24家主要烟行都是英美烟公司的代理商。①

三 西方大公司对华南经销商的管理与控制

20世纪初进入中国的托拉斯组织的分支机构，一般都已经实行经销制。所谓经销制，也叫地区包销制，就是把市场划分为大小若干地区，每一地区物色一个总代理商家，包销公司的产品。然后再与下一级经销商、批发商、零售商等，建立销售关系，组成网状销售系统，支配市场，本文所述四大公司均是由此操作。

① 南雄县地方志编纂委员会编：《南雄县志》，广东人民出版社1991年版，第213页。

（一）三大石油公司对经销商的管理与控制

三大石油公司在各地销售产品，实行的是代理商制度（经销制），但代理商只是公司的代销店，其与公司之间的关系仅为托售的关系，除了从中取得一定的佣金外，没有制定或变动价格的权力。佣金额一般并不高，比如煤油每罐（5 加仑）售价 3—4 元，代理仅得 1 角佣金；汽油每罐售价 5—6 元，佣金为 2 角；润滑油的佣金稍多一点，可达 10%—20%。由于代理商的佣金微薄，所以不会按实际销货老实列报，而是想方设法利用价格变动的额差，为自己增加收入，降价时把已出售但未列报的货照已降的价格报沽，起价时则把存货按照旧价报沽，赚取中间的差额。[①] 当然，三大公司自有一套控制的手法，如设置稽查员，专门调查代理商的报假行为。

如前所述，三大公司订有销售比例，在货价方面进行了联价，而货物质量又都差不多，各种制度也不相上下，因而没有哪家能特别取胜。要想提高销售额，唯有以推销方法制胜。三大公司都使用推销员（最初还设买办来管理推销员，但后来买办撤销了，推销员也就独立出来），基本上每个推销员都要负责某一地区内的推销工作。根据公司的顾客“卡片制度”，推销员须将顾客的情况详细记录下来，这样做一是加强控制代理商，二是深入掌握市场的供求关系和用户情况，对用户进行跟踪，这样公司可根据记录的信息随时转换产品。故公司不仅要求卡片记录的内容真实、具体、详细，对推销员的要求也很严格，因为他们直接代表着公司的形象，如某次美孚火油公司代理商的售货员对用户态度不好，被反映到公司，公司就要求代理商撤换了这名售货员。[②]

（二）英美烟公司对经销商的管理与控制

首先，在销售网络渠道建设上，重视适应原则。从早期的派遣外籍人员赴华南地区调查市场情况、建立据点，到物色当地督销、大小

---

① 参见胡毓芬《广州亚细亚火油公司忆述》，《广东文史资料》第 33 辑。

② 广州市政协文史资料研究委员会等编：《广州工商经济史料》，第 223 页。

代理商，逐步铺设起华南销售网。在此过程中，最重要的转变是从外籍人士直接经销香烟到同各地华商直接打交道，利用其因地制宜开辟卷烟销售网络，这实质上是走本土化路线以适应中国市场的策略，体现了英美烟公司“适应”的核心管理理念。唐默思曾任驻华英美烟公司执行董事，在其所著《销售与文明》中强调：“我确信我应该尽可能地按照他们（按指华商）的习惯与他们做生意。”“必须使我自己适应他们的习惯。这就是香烟或文明（按指中国传统的商业制度）的启示——适应性。”① 在此理念指导下，英美烟公司通过建立一套同中国的行政区域基本相一致的销售管理体系，依靠旧有的、熟悉地情而成功运作的各层次华商，开拓各级销售渠道，由面及点，逐层铺开，铺设高密度的销售网。当然，所谓放权是有限的，即让华商经销，但管理主权依然掌握在西人手中，这实质上是一种对销售组织内部进行分工的策略，也是其管理策略上走向本土化第一步。

其次，在运用中国传统销售渠道的基础上创立了“督销制”，即利用地方势力为其安全有效地伸张销售网。一般来说，督销熟悉业务（大多曾出任英美烟公司的大经销商），有相当的资产，在经济上能控制地方商人阶层，在政治上有利于同官厅折冲，在社会上是有地位有影响的人物。如除前述江孔殷外，1934 年底，英美烟公司还与粤商余舜华、梁世恩的元大行订立销售合同，在两广推广营业。②

结 语

一个销售网最终能否显现效果取决于很多因素，其中网络结构层次的有效伸展及相应的高效管理制度起着关键作用。四大托拉斯集团在华南重要商埠设立分支机构后，采用先进的公司管理层级结构，以提高企业行政效率和监控能力，然后逐渐将销售的主要责任交给代理商及其所精心编织的社会关系网，采用地区包销制推销产品，以达到

① ［美］高家龙：《中国的大企业——烟草工业中的中外竞争（1890—1930）》，樊书华、程麟荪译，张仲礼校，商务印书馆 2001 年版，第 62 页。

② 上海社会科学院经济研究所编：《英美烟公司在华企业资料汇编》第 2 册，第 568 页。

支配市场和获取最大利润。

市场渗透程度高低是衡量销售网是否有效的重要指标，四大公司在华南的销售网同时从纵、横向铺设，从垂直结构看，基本分三层，这是母公司在子公司管理层上的细化；从横向结构看，销售网覆盖面大为扩展，从通商口岸渗透到乡村，形成极强的市场渗透力，这是四大公司取得高效益的一个重要原因。

四大公司在华南的机构设置随形势发展而不断调整，并注意因地制宜，如美孚火油公司的买办、代理制度在抗战前后变化很大，初是引用华人推销员，设买办对之进行管理。约 1924 年后，不再设买办，而由经理直接掌握代理商。所谓代理商实际上是洋行的代销店，与洋行是托售的关系，要按代理契约办事。[①] 英美烟公司 20 世纪 20 年代区、段、分段的安排基本是按中国的行政区域而设。企业内部制度严密，按分级管理，层层负责原则，各公司及其分支机构之间的业务范围，界限分明。在管理策略上走向本土化，“独立的经销商”制度实质上是一种对销售组织内部进行分工的策略。在铺设销售网络时，尽量物色各个方面的代理商，以保证公司经销的最大利益。

石油业和烟草业的具体作用有所不同。石油产品作为动力工业和日常生活的必需品，在进入中国之初，就深为人们所喜用，电灯出现之前，平民百姓多用煤油作为照明的燃料。20 世纪二三十年代中国海关贸易报告大量反映：伴随现代交通运输业、工业和市政建设的发展，社会对各种石油产品的需求大增，华南各埠进口量剧增，如抗战爆发前粤海关汽油进口已“为数殊巨”[②]，广东每年约消耗煤油 4000 万加仑（800 万罐）。[③] 石油产品在内地市场具有无替代性，所需几全仰给于外，无论是民间点灯用的煤油，铁路、公路、轮船所用之电油、火油、润滑油、油渣（沥青），还是西南航

---

① 广州市政协文史资料研究委员会等编：《广州工商经济史料》，第 221—223 页。

② 广州地方志编纂委员会等编：《近代广州口岸经济社会概况——粤海关报告汇集》，第 781、976、805 页。

③ 曾养甫：《广州之工业》（上篇），广州市立银行经济调查室专刊，1937 年编印，第 151 页。

空公司及广东空军所用之航空油，以及民营工业所用之柴油等，全由美孚、亚细业、德士古三大公司设于港穗的机构垄断供应。[①] 英美烟公司则掠夺烟草资源和倾销商品，在激烈的竞争中处于优势，最终控制了华南卷烟市场。

（原载《广东社会科学》2011 年第 5 期）

① 《代粤汉路南段局历年购油情形》，《粤汉南段广东株韶铁路购料委员会报告书》（第一部分），1935 年编印。

粤澳贸易的历史及其当代启示

对外贸易是一个国家及地区历史的缩影，外贸在粤澳经济史上占有独特的地位，两地发展的起伏，社会各方面的变动，无不或多或少地反映在对外贸易之中。粤澳贸易主流属平等和互惠型，推动了双方的现代化进程，对此展开探讨具有重要的历史意义和现实价值。

一　贸易管理机构的设置及其演变

我国的海外贸易具有悠久历史，并且较早在通商口岸设置了专门性的管理机构。唐代在广州设立了市舶司（这是中国古代海关、外贸和外事三位一体的机构），以后历朝在东南沿海通商口岸都设有类似海关的外贸管理机构。但作为正式海关的建立，则始于清代。

明朝末年，澳门开埠为商港，广州市舶司移往澳门。清初，曾一度禁止广州与澳门的贸易。康熙年间，开放澳门至广州的陆路贸易，澳门成为中西贸易的唯一通道。1684 年（清康熙二十三年），粤海关成立，加强了对澳门贸易的管理。

清朝前期，粤海关下设总口 7 处，小口 70 多处（类似现今的分支关），遍及广东沿海。澳门总口设于 1688 年（清康熙二十七年），位于香山县，距大关（粤海关总汇）200 里，下辖大马头、南湾、关闸及娘妈阁等 4 个稽查口，开关征税。自 1757 年（清乾隆二十二年）起，限定广州一处为外国商船来往口岸，粤海关成为大清海关的代名词。广州一口通商时期，清廷颁布过一系列有关管理制度和法令，加强对外籍商船及洋人的管理。外籍商船进口须先至澳门向中国海防衙门申报挂号，再由官派引水导航，至虎门经粤海关检查、征税后，发给“红牌”，凭以进入黄埔贸易。澳门既是中葡贸易与中日贸易的中心港，也曾充当闭关锁国期间中国唯一通商口岸广州的外港。

鸦片战争后，1849 年 3 月 11 日，澳葡当局派兵封闭粤海关在澳门的机构，驱逐海关关员，清政府被迫将澳门的有关海关人员撤至黄埔。

在清前期所设的 4 个海关中，只有粤海关专设监督，后废置不定，一口通商时参与清政府处理对外通商和交涉事务，权力甚大。1860 年（清咸丰十年），粤海新关（俗称洋关）成立后，由外籍税务司帮办税务。从此，广州口岸海关即有新关与常关之分，粤海新关专责洋船贸易的征税稽查，专责民船（即中式帆船，吨位小，速度慢，一般装载体积较大、价值较低或单一品种的大宗货物）贸易的原粤海关机构为区别洋关而称粤海常关。海关监督仅直接管理粤海常关及监督兼管三水、江门、九龙、拱北等关事宜（直至 1931 年粤海常关结束）。

自 1860 年起，除民船仍由粤海关监督直接领导的常关按旧章监管外，粤海洋关正式按新的管理办法监管洋式船舶所载进出口货物，公布了《来往港澳船章程》，对与粤海关具有保结的定期班轮实行查验和征税。

由于广东沿海走私泛滥，造成税收的严重流失。1868 年 7 月，两广总督在九龙边界东、西两面以及澳门西南设立 6 个厘卡，由广东厘金局管辖，专责征收鸦片厘金和查缉走私。粤海关后于 1871 年 6 月在香港、澳门四周亦设立常关税卡，对鸦片进行征税。同时，粤海关监督奉清朝总理衙门令，在小马骝洲岛重设海关机构，在澳门开关征税。①

1887 年 3 月 26 日，《中葡里斯本草约》签订，以中国承认葡萄牙永居和管理澳门为条件，换取海关在澳门周围的设卡征税权。

同年 4 月 2 日，清政府分别在港澳成立九龙关和拱北关。后者设立后，将粤海关原设澳门周围的关口划入，澳门与广东间的贸易遂由粤海关分关及拱北关管辖。7 月 1 日，所有来往港澳贸易的华籍民

① 广州海关编志办公室编：《广州海关志》，广东人民出版社 1997 年版，第 75 页。

船，在九龙、拱北两关区内，由常关改归税务司管理。

拱北关成立后，澳门的贸易得以改进，该关税务司认为其原因在于："一、中葡条约的结果确定澳门的政治地位，华商获得信心，因而能够吸引资金，增进贸易。二、中国海关税务司宽待澳门华商，免除贸易重税，给予特许经营，这就大大促进贸易的发展。"①

1893 年，广州至香港航线的河轮由 1874 年的两艘增至 7 艘，广州至澳门航线的河轮由 1 艘增至 3 艘，粤海关重新颁布《管理具保享有特别利益之河轮往来香港及澳门章程》。民国时期，粤海关多次重颁相关管理章程，但内容无大变动。②

1909 年，粤海关会同江门、三水两关制订《西江通商章程》，规定对广州口岸来往西江贸易的小轮（又称江轮）须将船牌交海关，领取当年有效的"江照"，凭以航行西江。对自港澳等经广州口岸进入西江的小轮，必须驶经虎门，到广州后由海关收取船牌，签发特准单运行。③

太平洋战争期间，粤海关被日本控制。1940 年 5 月，日军占领拱北，拱北关撤至澳门，关务停顿。伪粤海关派员于 1943 年 5 月 1 日恢复澳门附近的三厂分卡工作。同年 8 月 1 日，设立江宝澳分关，管理江门、宝安、澳门地区各支所事务。④

抗战结束后，1946 年 2 月拱北关恢复为独立海关。

二　粤澳贸易历程及澳门地位的变迁

明朝末年，澳门曾为中西贸易的中心。1535 年（明嘉靖十四年），广东官方决定将市舶司移往澳门，此举标志着澳门正式开埠，成为进出口贸易港口。

1559 年（明嘉靖三十八年），广东官方因防海盗而严禁外国商民进入广州城，澳门一度取代广州，上升为中外贸易的中心。

---

① 莫世祥等编译：《近代拱北海关报告汇编（1887—1946）》，第 8 页。

② 广州海关编志办公室编：《广州海关志》，第 113 页。

③ 同上书，第 121 页。

④ 同上书，第 32 页。

1578年（明万历六年），明朝政府重新开放广州，允许澳门的葡萄牙人进入省城贸易。从此，以澳门为大本营的“海上丝银之路”逐步形成，从澳门延伸出三条远洋航线，远至里斯本和墨西哥。特别是广州、澳门—菲律宾—拉丁美洲航线的开辟，具有划时代的意义，其实质主要是中国丝绸与墨西哥银圆的交换，故被称为“丝、银贸易”。

明末清初，澳门葡商被禁止与广州互市。1681年（清康熙二十年），广州至澳门的陆路贸易开放。粤海关建立后，加强了对澳门进出口贸易的管理，并对葡萄牙商船实行减税等优惠政策。

在一口通商时期，澳门处于广州外贸体系的架构下。但鸦片战争后，这种传统大格局发生了根本变化，香港迅速成为岭南对外贸易的新中心，澳门失去了广州外港和东、西国际贸易中转港的地位，沿海各通商口岸“群雄并起”，在新形成的外贸体系中发挥各自的作用。

港澳地位的升降，是英、葡两国实力及新老殖民主义者在世界贸易体系中进取和保守精神的反映。澳葡政府趁列强侵华造成中国社会巨大变动之机，从19世纪40年代中后期开始推行自由港政策，促使澳门在其长期依存的广州体制瓦解之后，在新形成的东西方国际贸易网络中找到适宜自身发展的空间，一度成为粤西海岸及西江地区进出口贸易的商业中心和首要中转港。但既推行自由港政策，又实行贸易专卖制度，“压制（自由）竞争这一贸易之魂”[①]，便注定了澳门在激烈贸易竞争中必然处于下风的境地。

19世纪60年代，清政府封锁香港，设常关税卡，促使澳门成为粤西海岸贸易的汇集地。然而香港对澳门的压力越来越大，据拱北关报道：“香港的持续富裕及其商业重要性的不断加强，肯定会令其逐年成为澳门的强大竞争者，并且将商业贸易从拱北吸引到九龙。”1876年和1877年，“琼州与北海相继开辟为通商口岸，加上由于安全、快捷的轮船取代慢速、笨拙的木船，致使（粤）西海岸贸易中的可观部分转往香港，澳门在（粤）西海岸贸易中的垄断地位受到沉重打击”。法国占取广州湾之后，“以往澳门与该国的贸易现已集中到香港，轮船也已取代木船”。珠江河口大量泥沙使澳门港口淤塞，

---

① 莫世祥等编译：《近代拱北海关报告汇编（1887—1946）》，第41页。

也是澳门丧失粤西南经济圈商业中心地位的重要原因之一，“澳门外港抛锚处的水位一年年减少，先前澳门乐于与潮州府进行的贸易以及澳门与粤西各府的洋米贸易均已转到香港”①。总之，澳门已无法与香港竞争，最终定位为替港粤外贸辅助分流的角色。

20世纪初，澳门进出口贸易的范围更加缩小，主要辐射面只及华南沿海和越南、葡萄牙、智利等少数国家（地区）。②

进入民国后，除了抗战等特殊时期外，粤澳贸易圈缩至西江下游的珠三角地带。

抗战时期，澳葡政府奉守“中立”政策，一度提升了澳门在中外贸易中的地位。据拱北海关报告：自广州沦陷后，广东各口与香港的交通断绝，大批货物经澳门中转进出，故1939年该关贸易额“较往年反见优胜”。进口洋货共值国币2660万元（上年为370万元）；直接出口土货价值国币2010万元（上年为700万元），可谓“激增倍蓰”，当汕头、江门、中山等地沦陷后，澳门甚至成为“沦陷区与后方交换物资之最大中心区”③。但香港沦陷后，情况“日趋不良”。1942年年底，情形好转，澳门与广州湾、越南间，在日军的监视下，少量贸易逐渐展开。④ 战后，一切又都恢复原状。

粤澳贸易，从时间上看，鸦片战争以前是中西贸易的主导甚至唯一的通道，近代以后仍有一定重要性，在特定时期一度还变得非常突出；从空间上看，鸦片战争以前具有全球性贸易之范畴，以后逐渐降为区域性乃至偏于一隅。总的来讲，随着近代澳门地位的不断下降，粤澳贸易愈加削弱，贸易范围日益萎缩。

三　粤澳正当贸易的商品结构

自近代以降，广州与澳门间的直接贸易较少，或由粤海关所辖的

---

① 莫世祥等编译：《近代拱北海关报告汇编（1887—1946）》，第26—28页。

② 澳门出入口商会编：《澳门出入口贸易史略》，（澳门）华辉印刷公司2006年版，第85页。

③ 莫世祥等编译：《近代拱北海关报告汇编（1887—1946）》，第383、385、388页。

④ 中国第二历史档案馆等编：《中国旧海关史料》第146册，第343页。

佛山、虎门、陈村、江门、三水等口与澳门展开贸易，或通过香港进行间接贸易。

1887年拱北关设立，始有华洋贸易的统计。当时粤海关的征税制度，促使澳门成为粤西海岸贸易的汇集地，这年该关土货出口至澳门，首推茶、丝、糖、油及草包席。①

拱北面对澳门，海关分卡，水陆皆有，其贸易以进口为主，货物多来自澳门和香港，主要销往珠江西岸的石岐、佛山等埠，再转口至广州及广东内地。历来拱北关的货物输往澳门就远多于香港，但运抵澳门之货，仅约1/10在当地销售，其余都转往香港或国内各埠。② 如澳门对茶叶的消费量不大，故多数都须转口再输出。主要以两种方式进行：一是用轮船运往香港，供香港和马六甲海峡殖民地华人饮用；一是从澳门直接装洋轮运往欧美各国。

早期广东输往澳门的大宗货物为生丝、丝织品和茶叶，从澳门输入的主要是白银。近代西方国家对中国初级产品日益扩大的需求，刺激了广东丝、茶生产的迅速发展，出口数量增加，其中不少运往澳门。如输往澳门的茶叶，大部分是西江右岸所产，少部分为北江流域所产。清季茶叶是澳门出口的大宗土货，当时茶叶贸易对澳门和内地的经济社会曾起了极为重要的作用。据粤海关报告，1871年由澳门以洋轮输出到香港和欧洲的茶叶共计33850担，价值83.6万余元，占广东全省茶叶出口总量的24.7%和价值的23.7%；1872年由澳门以洋轮运往香港、欧洲的茶叶共计46899担，价值119万余元，占广东全省茶叶出口总量和价值的比重分别升至27.7%和26.2%。③

至于广东进口，据1901年粤海关税务司贸易报告称："进口洋货，粤省此项生意向难核实，缘有由民船装运进口者，多寡无从查核。"④

---

① 莫世祥等编译：《近代拱北海关报告汇编（1887—1946）》，第126页。

② 拱北海关志编辑委员会编：《拱北海关志》，1998年编印，第162页。

③ 广州市地方志编纂委员会办公室等编译：《近代广州口岸经济社会概况——粤海关报告汇集》，第79页。文中的百分数系由笔者计算得出。

④ 广州市社会科学研究所编：《近代广州外贸研究》，科学普及出版社广州分社1987年版，第127页。

民国初年，澳门与内地的贸易约占拱北关贸易总值的2/3。广东的茶叶、烟叶、禽畜、米谷、棉布、蛋类、葵扇、草席等输往澳门，除少量供当地居民消费外，其余大多数都转运香港再输出海外。澳门输往广东的货物如鸦片、棉纱、煤油、面粉、杂货、海鱼制品等经由粤海关各口销至各地。如1912—1921年间，从澳门出口的鱼类年均超过300万元，主要运往西江下游各埠，每年用轮船运往广州和香港的海鱼，约值40万元。①

20世纪二三十年代，澳门实业取得较大发展，产品畅销海内外。其中北上运入广州各地，可通过陆路，但更多是经由水路内河运出。火柴、爆竹、卷烟、针织、水泥、神香、蜡烛等是澳门重要的行业，所用原料多由广东运来。如卷烟厂的原料烟叶多来自鹤山、新宁，火柴厂的火柴枝及制盒木片有些来自广州，爆竹的原料有些来自佛山，椰油的原料椰子由广东各地输入，制造神香的香料来自广州等地，制造蚊香的原料部分来自阳江，水泥厂的原料石灰及石膏均由广东运入，织造业的原料棉线有些也由广东供应。还有不少原料来自中山等县，如蚊香业的除虫草、酿酒业的米曲等。

四　粤澳之间的走私及特殊贸易

近代尤其是晚清，澳门与广东间的走私及鸦片、苦力及军械等特殊贸易极盛。

广州口岸早期的鸦片走私，是由澳门逐步转移而来。自葡萄牙殖民者窃据澳门后，鸦片走私即秘密进行。1729年（清雍正七年），葡萄牙人从印度果阿、达曼运销鸦片到澳门，最初每年不超过200箱（1万公斤）。② 葡萄牙人垄断了澳门的鸦片贸易，澳葡政府的主要经济来源为鸦片走私所得。乾隆至嘉庆年间，围绕澳门鸦片市场，葡萄牙和英国展开了激烈竞争。自18世纪后期英国鸦片商参与后，鸦片输入量急剧增加，每年达2000箱。19世纪初，年均输入中国的鸦片

① 莫世祥等编译：《近代拱北海关报告汇编（1887—1946）》，第95—96页。

② 澳门出入口商会编：《澳门出入口贸易史略》，第64页。

达4000箱，其中约3/4是从澳门输入，澳门成为中国鸦片走私的中心。1815年，广东官府奉皇帝谕令，发布严禁在澳门贩卖鸦片的命令，逮捕法办在澳门参与私贩鸦片的中国人。1821年，在查获多宗贩卖鸦片案后，清政府封锁了澳门和黄埔两关口。此后，鸦片走私中心转移到伶仃洋面和香港。①

鸦片战争后，澳门鸦片走私市场复兴，成为仅次于香港的鸦片贸易与走私重地。1883—1885年，输入澳门的鸦片年均达9600余担，其中多系走私。1887年拱北海关设立后，澳门不但重新成为鸦片走私基地，还是远东鸦片加工中心。据粤海关报告称，有大量鸦片被非法运入，由新加坡平底船沿澳门西面沿海运到海南，然后再分发到各消费点。② 直至澳葡政府于1946年7月颁布的《禁烟条例》生效，持续200多年的鸦片才在澳门被基本禁止。③

近代西方殖民者在广东沿海猖狂掠卖苦力，其中有些转船运至澳门，辗转出洋，大部分被运往古巴和秘鲁。据拱北关税务司估计，仅1850至1875年，"澳门大约贩运50万华人出洋，获得巨大的暴利"④。

由于华南各种势力错综复杂，历来武器走私猖獗。突出者如1908年日本轮船"二辰丸"号偷运军火入港，在澳门附近海面被清朝水师查获，日本政府借此挑起事端，广东人民掀起了中国近代史上第一次抵制日货运动。

清末，广东走私出口的货物主要有茶叶、土丝、药材等。从1856年起，粤产茶叶直接运往澳门走私出口，据粤海关税务司估计，1860年私运澳门的茶叶有7万余担，偷漏关税约20万银两。⑤

尤其是1929年2月中国政府实行海关新税则后，税率升高，奸商走私之风极盛。据粤海关税务司称，从港澳运到广州各商店销售的税率较高的物品，如毛料、洋参、人造丝、燕窝、钟表、药品和装饰

---

① 广州海关编志办公室编：《广州海关志》，第262页。

② 张富强等译编：《广州现代化历程——粤海关十年报告译编》，第58页。

③ 澳门出入口商会编：《澳门出入口贸易史略》，第71—73页。

④ 莫世祥等编译：《近代拱北海关报告汇编（1887—1946）》，第26页。

⑤ 广州海关编志办公室编：《广州海关志》，第264—265页。

品等，除海关缉获外，报关者甚少。[①]

拱北关毗邻澳门，边境走私相当严重，故缉私成为主要任务，其在陆上边境先后设了六七个缉私卡，海上则有11艘缉私艇在海域巡缉，但走私仍猖獗，无法遏制。[②] 1940年拱北关的所有边境关卡全部关闭，人员和缉私舰艇都撤到澳门，直至抗战结束后才复关。

五　粤澳贸易的运输工具

明清时期，广州与澳门间的运输工具主要是小木船，清末民国时期轮船和木船竞争的结果，是小轮船逐渐占了上风。

鸦片战争后，广州逐渐形成以港澳为主要对象的外贸格局。往来穗港澳之间的各式运输船舶成为江海联运的重要工具，亦为粤海关监管的重点。粤海关多按先征税后放行原则，对于港澳来往广州的定期轮船所载货物，由航运公司向海关具保结，在限期内缴纳税款。

航行于穗港澳之间的轮船，吨位较远洋轮船小，船上设备较简单，以载客为主，兼载货物。1848年，英商创办第一家小轮公司，专营来往穗港澳之间的定期客货轮船。

19世纪80年代，在广州港各种各样的运输船只中，最重要的是从事与港澳及西部沿海贸易的船只。香港船平均载重5000担，澳门的船小一些，载重3000担，其中有三四条每年往返广州与澳门之间30趟。[③] 据1885年粤海关贸易报告说：本辖区以内的贸易大部分被一大帮帆船所垄断，这些帆船定期来往于港澳与广州及邻近诸港口之间。[④] 运往港澳的货物可在广州的保险公司投保。1892—1901年间，由于轮船的竞争，香港与澳门民船的数量减少了约50%。[⑤]

20世纪初，广州航路的重要堤岸工程陆续建成，其中包括澳门轮船码头。

---

① 广州海关编志办公室编：《广州海关志》，第266页。

② 拱北海关志编辑委员会编：《拱北海关志》，《概述》第2页。

③ 张富强等译编：《广州现代化历程——粤海关十年报告译编》，第34页。

④ 姚贤镐编：《中国近代对外贸易史资料》第2册，第1078页。

⑤ 张富强等译编：《广州现代化历程——粤海关十年报告译编》，第71页。

近代绝大多数的华商内河轮船都悬挂外国旗（主要是英国旗）以自保，但一次大战后有少数如“惠安”号和“新昌”号改悬葡萄牙旗。①

1923年粤海关本色布的出口增加了近2倍，因内地买主鉴于广州民船的不安全性，宁愿通过轮船先将货物运到香港和澳门，然后再换成小船运往目的地。1924年，进出广州口的轮船数量大增，这主要是因为香港至广州和广州至澳门的航线上增加了6艘定期班轮，共有10艘定期轮船行驶于这两条航线。省港大罢工时，由于对港澳实行封锁，进出广州港的轮船数量大幅度下降，1925年6月23日以后，往港澳的每日航班被取消了。粤港澳之间经济绝交所造成的影响直至1927年依然存在。②

抗战爆发伊始，珠江口所有进出水道闭塞，无法航行。1939年3月，广州与港澳间的定期轮船恢复航行，葡萄牙籍轮船“升昌”号是仅有的两轮之一。

至20世纪40年代末，江门至澳门，中山石岐至澳门之交通，皆属内河航运，以小汽船拖客渡或货船来往，运输繁密。澳门输入货物以鱼、果、米、牲口为多，输出货物以海鲜、洋货为多，三地间供求关系甚大。③

六　粤澳贸易的历史回顾及启迪

（一）制约粤澳贸易的主要因素

自明清至民国数百年，澳门与广东间的贸易历经风雨，发展艰难坎坷，主要原因在于：国内外形势复杂多变（如两广总督封锁香港、香港海员罢工、省港大罢工、历次抵制洋货运动、世界经济危机、世界大战等）、两地政府政策变动、海关税率提高、银价低落、澳门与广东开埠通商口岸间的竞争、走私猖獗（澳门口岸的功能被严重扭曲）、澳门自身条件的日趋弱势等。

---

① 张富强等译编：《广州现代化历程——粤海关十年报告译编》，第114页。

② 同上书，第162、169页。

③ 何大章：《澳门地理》，广东省立文理学院1946年编印，第61页。

近代以来，澳门原有的贸易优势逐步丧失。据澳门《镜海丛报》1894年11月28日报道："澳门虽属商埠，近年商务已有江河日下之势。"① 20世纪初，澳门商务愈加不景气，其原因一是粤西沿海各埠营运商皆转向粤垣购办；二是拱北口及澳门海道日形淤浅阻塞，船只出入不便。②

江门、香洲、公益埠等开埠，西江下游流域10余个市镇作为货物和旅客上下之地，实际上也处于半开放状态，这些既扩大了澳门的直接贸易范围，也对澳门与广东的贸易形成了竞争和分流。西江和法属广州湾的开放，广州至西海岸各港口轮船固定航线的开设，以及香港与内地轮船航运的不断增加，都夺走了先前取道前澳门的贸易。曾经是澳门货物销售地的江门、陈村及顺德等较大的销售中心，转而向香港和广州进货。

澳葡政府的消极作用，主要表现在实行贸易专卖制度，这虽带来官府所需要的收入，却增加了澳门民众的生活开支，并压制了竞争这一贸易之魂，各类贸易所受到的影响是显而易见的。

内地动荡不居的因素，也不可忽视。如1922年初香港海员罢工和1925年省港大罢工，封锁港澳，船只无法出入，贸易停滞，极大地冲击了澳门，拱北关业务亦受到严重影响。特别是省港罢工，使"本埠（即拱北口岸）各关卡，开办已40年，从未见商业冷落如本年者"③。国民革命时期，因经常征新的税收和劳工不断要求涨薪，资本雄厚的工厂纷纷迁往港澳，广州的生产力明显下降，出口商品锐减。④

税率变动的影响至关紧要。如拱北关设立时，对茶叶的征税轻于粤海关，许多茶叶由广州附近转运至澳门出口。民国初年，拱北关征收税厘仅为货值的1%，澳门货物大多径由该关入粤。而中国海关于1919年10月免征出口正税，从前土货经由澳门出口，道阻且遥，商

---

① 汤开建等主编：《鸦片战争后澳门社会生活纪实——近代报刊澳门资料选粹》，第427页。

② 莫世祥等编译：《近代拱北海关报告汇编（1887—1946）》，第254页。

③ 拱北海关志编辑委员会编：《拱北海关志》，第188页。

④ 张富强等译编：《广州现代化历程——粤海关十年报告译编》，第180页。

人不过希图拱北口税则较低而已，如此一来，此种优势便不复存在了。[①] 拱北关所辖贸易，仅为民船运输货物，且尽系通过性质，自1929年税率提高后，民船经由澳门运来之货物，不再享有低税特别利益，加以没有报关行及船行代理之便利，故多径往港粤，该埠贸易每况愈下。1931年国民政府裁撤厘金和常关，拱北关前与珠江三角洲各地的贸易改途，由江门、广州及九龙等处输出，在粤海关属卡完税。加以实行进口新税率、国际银价低落及内地轰轰烈烈的抵制洋货运动等因素，使粤澳贸易额大减。

（二）历史上粤澳贸易的启迪

第一，发扬曾经的辉煌，使粤澳之间更紧密合作。1557年（明嘉靖三十六年），葡萄牙人正式入据澳门，与中国商民进行合法贸易，这对以后几个世纪东西方经济、文化交流，产生了积极的促进作用。如澳门与内地的茶叶贸易具有悠久的历史，1606年（明万历三十四年），荷兰东印度公司成立，次年开始经澳门贩运中国绿茶，从澳门收购武夷等地茶叶，经印度尼西亚爪哇输往欧洲试销。几经辗转，在1610年到达欧洲。此后，茶叶成为中西贸易的重要货物。

明清时期粤澳贸易先后由广州市舶司、粤海关管辖，近代由粤海关分关及拱北关管辖。民国初年，澳门与内地的贸易占拱北关贸易总值的64%，其中进口和出口分别占61%和39%。[②] 由此可见，粤澳贸易关系历来极为密切。

历史上澳门贸易的关键掌握在华人手中，但由于澳葡政府压制、局势动荡、粤澳分割等因素影响，受到极大制约。现在情况则完全不同，有了新的机遇，在全球化和区域经济一体化的背景下，从《珠江三角洲地区改革发展规划纲要（2008—2020年）》到2011年《粤澳合作框架协议》，再到国家“十二五”规划，都把粤澳合作提到前所未有的高度，可以建立新的贸易优势，也为澳门的发展提供了更大的空间。

---

① 莫世祥等编译：《近代拱北海关报告汇编（1887—1946）》，第97、322页。

② 同上书，第97页。

第二，当前粤澳经济都有转型的必然性和迫切性，国家“十二五”规划强调加强澳门与内地的交流合作，随着“CEPA”[①] 和《珠江三角洲地区改革发展规划纲要》到《粤澳合作框架协议》的实施，两地的经济关系必将进一步融合。尤其是应积极推动澳门向珠江口西岸地区的拓展，这是近代以来澳门对内地辐射的趋势，在新时期，加强澳门与珠海的合作，促进两地经济持续发展，是引领粤西发展的前提和基础。

第三，克服澳门市场较狭窄和产品单一的问题，推动市场多元化和产品多样化。16 世纪中叶澳门的开埠，是适应帆船贸易时代中西互市需要的历史产物，在此后两个世纪，以澳门为桥梁，实现了东西方的贸易对接。鸦片战争后，澳门以转口为主的进出口贸易遇到严峻挑战，经过不断探索和调整，随着本埠工业化的发展，自 20 世纪 30 年代开始，至 60 年代趋向成熟，澳门进出口贸易开始了从以转口为主向以本地产品出口为主的转变。[②] 80 年代后，澳门贸易迅速发展，与 120 多个国家（地区）建立贸易关系，以欧美、香港、中国大陆为主要市场。粤澳贸易变出口为主为内外销并举，克服市场相对单一而受制于国际市场。

第四，提高澳门的对外服务功能，发挥自由港及与葡语国家地区联系密切的先天优势，[③] 开拓非洲、拉丁美洲等辽阔的新兴市场。要把准澳门的定位，妥善处理与香港、广州等岭南主要港埠之关系，内引外联，开创新天地。近代学者何大章曾希望粤澳间在经济上求得供需的合理关系，所著《澳门地理》在展望澳门发展的未来时，提到了建筑广澳铁路和机场，进一步密切与内地的联系，“使澳门新港成为远东国际航空联络站”[④]。近年来，澳门特区政府致力于为本地产业多元化创造条件，提出并努力将澳门打造成“粤西地区商贸平台”

---

① Closer Economic Partnership Arrangement，即《关于建立更紧密经贸关系的安排》的英文简称。

② 澳门出入口商会编：《澳门出入口贸易史略》，第 2 页。

③ 澳门在历史上一直与南美、南欧保持贸易联系。如 19 世纪 90 年代，粤澳红茶间有销往南美和非洲者。参见莫世祥等编译《近代拱北海关报告汇编（1887—1946）》，第 184 页。

④ 何大章：《澳门地理》，第 90 页。

“中国与葡语国家经贸合作的服务平台”“世界华商联系与合作的服务平台”，并与中央政府签署了《内地与澳门关于建立更紧密经贸关系的安排》，承办了“中国—葡语国家经贸合作论坛（澳门）”，参加泛珠三角合作大平台，积极促进和协助澳门企业家与内地或葡语国家的企业家结成紧密合作伙伴，共同努力开拓发展国际市场。①

第五，粤澳贸易必须海内外兼顾，变“外源型依赖”为“内外源并重”，减低对外来资本和国际市场的依赖度，消除经济安全隐患。

目前粤澳经济合作，取得了不少成绩，但仍应加快进展，设法寻求更多新的突破。

［原载《暨南学报》（哲学社会科学版）2014 年第 10 期］

① 澳门出入口商会编：《澳门出入口贸易史略》，第 136—137 页。

革命与建设难两全：孙中山与广东革命根据地的经济建设

孙中山是中国早期现代化理论和实践的集大成者，他提出了第一个较为完整意义上的现代化纲领，而且关注到现代化面临的两个问题，即革命与建设。孙中山曾三次在广东建立革命政权，对根据地的经济建设极为重视，希望由此而实践其理想。他立志将广东建为模范省，将广州建为模范市，因时局动荡不居，更由于为革命军事筹款紧迫和建设模范市的现实考虑，其经济建设侧重于财政经济和市政方面。孙中山的实践收效有限，主要是因为革命优先（兼战乱干扰）以及某些前瞻性（兼空想性）所致，但其基本原则及政策对后世有很大影响。

学界对于孙中山与经济问题的研究成果非常丰硕，特别是对其经济思想进行探究，如胡显中《孙中山经济思想》（上海人民出版社1985年版），黄明同《孙中山经济思想》（社会科学文献出版社2006年版）、林家有《试论孙中山振兴中国商业的经济思想及其演变》（《近代史研究》1994年第6期）、邵雍《孙中山经济建设思想中的外国因素》（《广东社会科学》2009年第1期）、郑淑芬《孙中山经济建设思想新探》（《西南师范大学学报》（哲学社会科学版）1999年第4期）等，而涉及孙中山与广东革命根据地经济建设的研究尚嫌薄弱。

一　将革命根据地建为模范省

孙中山胸怀宏伟抱负，矢志将革命根据地建成模范省。1912年2

月，他在给临时政府内务部的令中，谈到“务使首义之区，变成模范之市”①。同年4月，辞去临时大总统职后的孙中山回到阔别了17年的故乡广东，发表《通告粤中父老昆弟书》，宣布其实有无穷之希望，欲将广东建成“模范省”②。1920年11月，孙中山重返广州，演说道：“我们现在是要把广东一省，切切实实的建设起来，拿来做一个模范，使各省有志改革的人，有一个见习的地方；守旧固执的人，也因此生出改革的兴味。”③ 他拟定建设方针，称“今当以护法诸省为基础……利便交通，发展实业，统筹民食，刷新吏治，整理财政，废督裁兵，进国家于富强，谋社会之康乐”④。次年5月5日，孙中山就任非常大总统，发表宣言称：“重要经济事业，则由中央积极担任。发展实业，保护平民，凡我中华民国之人民，不使受生计压迫之痛苦。”⑤ 1923年2月21日，孙中山在广州重设大元帅府，发表演说称：革命还没有成功，以后的责任更重大，这就是“整顿内部，以广东为模范，统一西南；以西南为模范，统一中国”。1924年初又说：“广州市就是我们创造新民国的好屋基……用广州和武昌比较，可说武昌是创造中华民国开始的地方，广州是建设中华民国成功的地方。”⑥

孙中山认为工业化是振兴中国的必由之路，谓“除非我们大力发展实业，使中国走上工业化道路，否则我们不可能成功”⑦。他关注广东根据地的实业建设，为政府拟定内政方针，规定设立矿务局及工业局，前者的职责为调查矿区、考验矿质、拟定矿律、监收矿税、监督官业、奖励民业；后者以奖励民厂、拟定工厂法及工人卫生条例、

---

① 《令内务部筹划兴复汉口市场文》，《孙中山全集》第2卷，中华书局1982年版，第68—69页。

② 《通告粤中父老昆弟书》，《孙中山全集》第2卷，中华书局1982年版，第352页。

③ 《在广东省署宴会的演说》，《孙中山全集》第5卷，中华书局1985年版，第429页。

④ 《建设方针宣言》，《孙中山全集》第5卷，中华书局1985年版，第441页。

⑤ 《就任大总统职宣言》，《孙中山全集》第5卷，第531页。

⑥ 《在广州商团及警察联欢会的演说》，《孙中山全集》第9卷，中华书局1986年版，第61页。

⑦ 黄彦编：《孙文选集》下册，广东人民出版社2006年版，第231、568页。

输入机器及原料和监督各工厂为职责。[①]

孙中山秉持“以农为经”的建设理念，制定了政府农务局的政策，其职责为“制造并输入机器肥料、改良动植物种类、保护农民、开辟荒地、培植及保护森林、兴修水利以及提倡农会改变传统的牛耕耕作方法，采用机器，提高农业生产效率”[②]。他还减免出洋华茶税厘，以促出口。[③]

孙中山重视商业的发展及作用，设立商务局，总领广东商业，“奖励国货、检查国货优劣、保护专利及牌号、奖励海外航业、监督专卖事业和设立贸易银行及货物保险公司”[④]。他还提出：“实业为富国之本，而银行尤为实业之母。”[⑤] 因此在广东根据地建立中央银行，以解决资金分散问题和抵制外国银行的垄断。

孙中山非常重视根据地中心城市的建设，认为广州作为华南大都市，应具有一定的规模效应，并建立机器制造等城市支柱产业。《实业计划》中所描画的“新建之广州市”，不仅要成为世界性大都市，拥有世界级大港，还要加强规划，应有商业地段和工厂地段。他断言，“在机器时代以前，广州以亚东实业中心著名者几百年矣”，如“使用机器助其工业，则广州不久必复其昔日为大制造中心之繁盛都会矣”。修铁路不仅能便利交通，更能带动沿线地区的发展，孙中山将建设西南铁路系统作为广州发展为世界大港的必要条件。提出“应由广州起向各重要城市、矿产地引铁路线，成为扇形之铁路网，使各与南方大港相联结。在中国此部建设铁路者，非特为发展广州所必要，抑亦于西南各省之繁荣为最有用者也”[⑥]。北京政府交通部铁路专家于1919年6月致函孙中山，对其“以一铁路联结广大之农业腹

---

① 《内政方针》，《孙中山全集》第5卷，中华书局1985年版，第434页。

② 同上书，第433—434页。

③ 《给叶恭绰的指令》，《孙中山全集》第8卷，中华书局1986年版，第263页。

④ 《内政方针》，《孙中山全集》第5卷，中华书局1985年版，第435页。

⑤ 《复中华实业银行代表函》，《孙中山全集》第3卷，中华书局1982年版，第77页。

⑥ 孙中山著作丛书，黄彦编注：《建国方略》，广东人民出版社2007年版，第177、196页。孙中山以广州为中心计划建设七条连接西南诸省的铁路系统，其计划庞大宏伟，也可以说是超前的，但在当时条件下显然根本无法实现。

地与人口稠密之海岸之理想”感受很深，并谓其“于铁路经济理论上致一具体之贡献”①。

孙中山游历过许多国家及城市，对国外先进的市政建设印象很深，国内落后的情形对其触动很大，因而非常重视广州的市政建设。

孙中山还制定了一批经济法规。如“富国之道，工商为重，改良商品，工艺为先”，为促进工业发展，鼓励发明创造，于1923年10月4日公布《暂行工艺品奖励章程》。② 12月16日，批准内政部拟定的《侨务局章程》，“提倡奖励华侨回国兴办实业”③。1924年2月14日，因“划一权度以杜侵欺，洵属国家要政”，拟定《权度法》《权度营业法》《权度法施行细则》及《官用权度器具颁发条例》，自6月1日于广州市内施行。④ 同日，同意将大本营建设部部长林森呈拟的《商标法》及施行细则“核准施行”⑤。

二 财经政策与措施

（一）致力于统一财政

财政为立国命脉，国之根本。民初广东军阀林立，处处截收税收，致使政府财政奇绌，人民苦不堪言。因此，要建设经济，必须先统一财政。早在1918年3月8日，孙中山公布了《两广盐税收归军政府布告》，“将盐税一项收归军政府，以我商民之正供，充军府开支国会、海军及其他属中央范围由军府支出之用途……嗣后各盐商应缴盐税，仰仍按照向章向广东中国银行缴纳”⑥。由于护法军政府存在时间短暂，且其权力亦极为有限，此措施随之夭折。

1920年年底在粤重建政权后，孙中山将财政统一作为极重要而亟待解决之问题，大力进行整顿。次年5月成立总统府财政委员会，

---

① 孙中山著作丛书，黄彦编注：《建国方略》，广东人民出版社2007年版，第310页。

② 《给林森的指令》，《孙中山全集》第8卷，第251页。

③ 《给徐绍桢的指令》，《孙中山全集》第8卷，第559页。

④ 《给林森的指令》，《孙中山全集》第9卷，第465页。

⑤ 同上书，第466页。

⑥ 《两广盐税收归军政府布告》，《孙中山全集》第4卷，中华书局1985年版，第383页。

其职责为：“凡关于国家赋税、币制、证券、公债及工商各项实业，或经政府提交，或经人民请求，均得会议呈请政府执行之。”① 1923年11月10日，颁布大元帅训令，希冀改变由各财政机关指拨军费及各军就地筹款的混乱现象，进而统一财政军政。② 时论评谓“粤自军兴以来，军饷既浩繁，财政复紊乱，二者互为因果，各军军饷，遂由浩繁之境，陷入拮据之中”，现寄希望于整理和统一财政。③

制止军阀割据，统一根据地财政成为当务之急。1924年1月，国民党“一大”在广州召开，随后通过对广东政治财政统一案。有识之士呼吁整理和统一财政，孙中山亦将此作为要“下决心决议进行”的三件大事之一。④ 1月8日，他批准施行大元帅大本营《财政委员会章程》，该会“以统筹整理财政为宗旨”⑤。2月3日，又发布了统一粤省财政令。

国共合作后，出师北伐，军需浩繁，亟须筹备巨款。由于税收被各军霸占，大元帅大本营财政不能统一，军事进行亦大受影响。1924年秋，孙中山指出：“粤省财政情形已成弩末，开源节流，难以急效，惟有就现在财政收入机关实行统一，以提纲挈领之规，为集腋成裘之计，纪纲既立，效益自宏。”⑥

直到国民革命军东征、西征取得决定性胜利，对内肃清了广州商团之乱和军阀叛乱，广东国民政府成立，两广革命根据地统一，才迎来了解决财政问题的时机。

（二）禁止各军胡作非为

首先是严禁军队截留税收。驻粤各军肆意征收苛捐杂税、强拉夫

① 《颁布总统府财政委员会组织大纲令》，《孙中山全集》第5卷，中华书局1985年版，第538页。

② 孙中山：《大元帅训令》，《广州民国日报》1923年11月10日。

③ 《评论·论财政委员会设立主旨及军民应取之态度》，《广州民国日报》1924年1月1日。

④ 《在帅府欢宴各军政长官的演说》，《孙中山全集》第9卷，第12页。

⑤ 杜永镇编：《陆海军大元帅大本营公报选编》，第290页。

⑥ 《给廖仲恺叶恭绰的训令》，《孙中山全集》第11卷，中华书局1986年版，第55页。

役、大兴烟赌，流弊甚多，民众怨声载道，政府亦感窒碍掣肘。孙中山努力整治军阀，如针对军人乘车任意往来，甚至包揽客商，冒充军界，借端渔利，多次责令切实奉行《军人搭车办法》，“以肃军纪，而维路务”①。为阻止军队截留税收，孙中山颁发了一系列训令。

孙中山禁止军队截留税收训令表

日期	训令内容	资料来源
1923年6月27日	令各军凡有截留各属厘税饷捐等项，迅即交回财政厅办理	《孙中山全集》第7卷，第570—571页
1923年10月8日	令滇军总司令撤销自设之财政局	同上书第8卷，第262页
1923年10月22日	令各军不得干预广州市政厅处理市产事项	同上书第8卷，第331页
1924年1月4日	令各军不得任意提借田土保证照费收入	同上书第9卷，第14页
1924年1月25日	令西江五邑各属驻防军队不得任意向该处征收机关提拨税款	同上书第9卷，第142页
1924年2月18日	令中央直辖军第一军军长朱培德将筵席捐一案完全由广州市政厅办理	同上书第9卷，第477页
1924年3月6日	令军政部转饬各军不得直接向筹饷总局索款	同上书第9卷，第555页
1924年4月12日	令各机关、军队不得向粤汉铁路摊派款项	同上书第10卷，第65页
1924年4月16日	令各军禁止包揽货船，抗纳厘税	同上书第10卷，第79页
1924年7月3日	令朱培德勿再截收省河筵席捐	同上书第10卷，第362页
1924年8月6日	令各军不得截收财厅新增商捐加二捐款	同上书第10卷，第497页
1924年11月28日	令粤军总司令制止截留新增专款	同上书第11卷，第419页

其次是取消苛捐杂税。孙中山为争取民众的支持，推行保护和有

① 《给程潜的训令》《给陈宜禧的指令》，《孙中山全集》第9卷，第36、38页。

利于工商业的政策。1923 年年初就任陆海军大元帅时，通电表示“决裁粤兵大半”“从事建设，以与吾民更始”①。他取消了一些苛捐杂税，且多次禁止军队勒收各种捐费。据不完全统计，仅 1923 年 6 月至 1924 年 11 月，相关禁令即达 23 项。② 孙中山还下令建立保商卫旅营，维护商人运输安全；颁布临时军律，惩治胡作非为的军人。

孙中山禁止军队擅征捐费命令表

日期	命令内容	资料来源
1923 年 10 月 15 日	令驻东江各军不得勒收商船来往费	《孙中山全集》第 8 卷，第 287 页
1924 年 3 月 5 日	令各军长官不得擅行征收各种杂捐，紊乱纲纪	同上书第 9 卷，第 549 页
1924 年 3 月 14 日	令各军禁止在河面设立机关征收来往船只捐费	同上书第 9 卷，第 601 页
1924 年 3 月 19 日	令东路讨贼军第三军军长迅行解散勒收保护费的机关	同上书第 9 卷，第 625 页
1924 年 4 月 11 日	令各军禁止擅抽杂捐及沿途勒征货税	同上书第 10 卷，第 58 页
1924 年 4 月 17 日	令禁止军队抽收货费，设立“护商”机关	同上书第 10 卷，第 83 页
1924 年 4 月 25 日	令滇军第三军军长蒋光亮撤销广州附近各地的筵席捐	同上书第 10 卷，第 120—121 页
1924 年 6 月 5 日	令无论何处军队，均不得擅行加收广九铁路各费	同上书第 10 卷，第 251 页
1924 年 7 月 15 日	严禁湘军在增城、从化违令抽取杂捐	同上书第 10 卷，第 408 页
1924 年 9 月 13 日	严禁军队巧立名目，抽取火柴捐	同上书第 11 卷，第 60 页
1924 年 11 月 1 日	通令各军撤销滥设的“护商”机关，不得再行抽收货捐及保护费	同上书第 11 卷，第 260—261 页

① 杜永镇编：《陆海军大元帅大本营公报选编》，第 8 页。

② 据《孙中山全集》第 7—11 卷统计。

（三）对烟赌实行"寓禁于征"

孙中山主张禁止烟赌，但由于军费开支很大，且缺饷源，因而成立筹饷局和禁烟督办公署（其实是贩卖鸦片及抽鸦片烟税的机关），"寓禁于征"，以烟赌收入充作军费。

1924 年 1 月，大本营成立禁烟督办公署，并颁发《禁烟条例》，孙中山准予施行。该条例"以厉行禁烟、湔除烟毒为宗旨"；"凡烟土不得私自运销、存储"；禁种罂粟，对制造及贩烟者、栽种罂粟者、吸烟者、开烟馆者等，均据情况判刑或罚款。① 同时招商承投禁烟，大本营禁烟督办署于 1 月 21 日颁发第 6 号布告，称"兹核定各属戒烟药分所一律招商承办，以期事权统一"，并决定自次日至 24 日在该署当众开投。②

孙中山为实行财政统一，对各军饷糈，按实拨给，于 1924 年 2 月 26 日成立筹饷局。③ 此举的目的是为筹饷创造合法之条件，后来针对某些军队到局索款的情况，孙中山派专员前往稽查，并指示军政部令各军不得直接索款。④

（四）试办土地税

民初广东的田赋征收沿袭清制，然而征收实额竟越来越少。孙中山认为全省每年土地税收过低，其原因在于迄未清理，而"豪强胥吏，因缘为奸"，决定成立全省经界总局，清丈田土，整顿税收。⑤该局成立后，编订《广东都市土地税条例草案》。1923 年 10 月设立土地局，并试办广州市土地税，颁布《广东都市土地税条例》，规定每年征收的普通地税税率。⑥ 广东成为全国试行地税最早之省。为"保证田土业佃租赁批约切实履行，增进双方之利益"，于 11 月 6 日

① 杜永镇编：《陆海军大元帅大本营公报选编》，第 308—309 页。

② 《大本营禁烟督办署布告》，《广州民国日报》1924 年 1 月 21 日。

③ 《时事日志·中国之部》，《东方杂志》，第 21 卷第 6 期，1924 年 3 月 25 日。

④ 《给范石生的指令》，《孙中山全集》第 9 卷，第 555 页。

⑤ 《给叶恭绰廖仲恺的训令》，《孙中山全集》第 8 卷，第 183 页。

⑥ 《给廖仲恺的指令》，《孙中山全集》第 8 卷，第 301—310 页。

设立广东田土业佃保证局，颁布《广东田土业佃保证章程》及《广东全省田土业佃保证局组织简章》。[①] 同月 26 日，孙中山认为“亟宜提倡开垦，以辟土地，而厚民生”，故颁布《国有荒地承垦条例》。[②] 1924 年聘请德国顾问策划平均地权的各项工作，起草土地税条例、都市土地测量及征税条例，开启我国土地法之先河（实际工作至 1926 年设省土地厅时才开始）。

三 金融政策与措施

（一）维持银行纸币

民初，广东历届政府为应付财政开支，都以发行纸币为重要手段，造成纸币贬值、政府信用下降，金融更显危状。鉴于纸币低折现象，孙中山于 1922 年 5 月 7 日颁布《命维持粤省银行纸币令》，谓“省立广东银行纸币，市面久已通用。访闻近有奸商从中操纵，故意折低，应严行取缔查究”[③]。并严斥各属征收机关的一些员司“从中舞弊”，特令“从严惩办，以维币政”[④]。1923 年 8 月 10 日，发布整理纸币之大元帅令，谓广东省立银行纸币停兑后，“商民胥受其害”，目前军事将结束，“再宜全局统筹，依次整理”，令财政部长叶恭绰拟定整理办法，“大要以兑现及收用为陆续消纳之法”[⑤]。叶氏拟定整顿纸币办法大纲，做法是将纸币检验盖戳，然后销毁半数，其余仍行流通。又成立整理纸币委员会，其意先从整理纸币及流通金融入手，借以救济市面。[⑥]

粤省频年用兵，年耗军费数千万元，以致公私交困，罗掘俱穷。孙中山处此窘境，虽明知纸币政策为商民反对，不易推行，然舍此又无挽救计划，乃不得不一再尝试。1924 年 8 月组织中央银行时，宣

---

① 《给邹鲁的指令》，《孙中山全集》第 8 卷，第 370—375 页。

② 《给林森的指令》，《孙中山全集》第 8 卷，第 446—451 页。

③ 《命维持粤省银行纸币令》，《孙中山全集》第 6 卷，中华书局 1985 年版，第 115 页。

④ 《给伍廷芳的训令》，《孙中山全集》第 6 卷，第 120 页。

⑤ 《特别记载·大元帅整理纸币之命令》，《广州民国日报》1923 年 8 月 10 日。

⑥ 《国内财政经济》，《银行月刊》第 3 卷第 8 号，1923 年 8 月。

称输入外资，救济金融，专营国内生利事业，欲挽回民众信心。银行成立后，随即发行新币（简称中币），再三布告，声明此项新币，可以随时现兑，劝导商民安心行用。讵料商民经历多次纸币贬值损失，创巨痛深，犹未复原，故拒不收纳。又因兵士持币强迫行使，惹起纷争。[①]

1925 年，孙中山通令要求所有政府收入机关，应限尽收中币，不得收各银号凭单及各种银毫。5 月，财政部长宋子文函请广东省财政厅维持纸币，切实执行大元帅府通令。[②] 随后中央银行也致函财政厅长，请切实饬令所属经收人员，一体遵办。[③]

（二）改革广东造币厂

由政府控制的造币厂与货币之信用息息相关，孙中山尝试改革广东造币厂的运作。1923 年 8 月 29 日，大本营财政部批准中外合办联商公司《承办广东造币分厂合同》，允许其铸造银毫及其他辅币，以 1 年为期。[④] 次年，批准东华公司承办造币厂，但由于所铸双毫 900 万元成色低劣而陷于停顿状态。

（三）稽查劣质银毫

由于银行纸币信用不敷，广东商民比较信赖银毫，而省内各处军阀私铸低劣银毫，并与奸商勾结，造成低劣银毫泛滥的局面。孙中山在世时，曾多次禁止私铸银毫，但各军阳奉阴违，私铸情形并未改观。

（四）创设中央银行

为解决财政困难等问题，孙中山于 1924 年 8 月创立中央银行，主要业务为发行纸币、代理国库、经营汇兑及代募公债等。这是中国

---

① 《银行界消息汇闻》，《银行月刊》第 4 卷第 10 号，1924 年 10 月。

② 《银行界消息汇闻》，《银行月刊》第 5 卷第 6 号，1925 年 6 月。

③ 中国人民银行总行参事室编：《中华民国货币史资料》第 2 辑，上海人民出版社 1991 年版，第 27 页。

④ 杜永镇编：《陆海军大元帅大本营公报选编》，第 161 页。

第一家以“中央银行”命名的国家银行，尽管它还不算是真正的国家银行，却是后来南京国民政府中央银行的嚆矢，在金融史上具有不可忽视的重要地位。

（五）发行公债，筹集资金

为了弥补庞大的军政开支，孙中山利用发行公债来筹集资金。如1923年3月发行金库券600万元，因无分毫基金储备，商民对之视同变相纸币，甚为冷淡。[①] 次年1月12日，大本营通过发行有利支付券条例，拟发行总额为300万元。[②] 2月3日，大本营批准发行善后短期手票50万元，借给政府维持军费开支。[③] 5月29日，大本营财政部发行短期军需库券，以广东通用毫银24万元为定额。7月7日，大本营批准广东省财政厅发行地方短期抵纳券30万元毫银。[④]

孙中山主张遵循“主权操之在我”的原则，利用外资，即“中国所借外债，当在使中国政治上、实业上不受损失之范围内，保证并偿还之”[⑤]。他戎马倥偬，需款孔急，主要还是为革命事业而举债。如在1917年12月2日复函谭人凤，谈及经济困窘境况，谓：“抵粤以来，除借贷小款外，殊无挹注之法。现国会虽通过国内公债案，然无确实地盘，承销尚不容易。”[⑥] 1920年11月，桂系势力被逐，孙中山在广州恢复军政府，此后几年间，由于经费拮据，需大量举借外债。1924年2月，他在广州与日本记者谈话时讲：“惟最困心衡虑者，财政一事也。然广东之财政，苟不藉借债即无法救济。”并说曾

---

① 《粤省要闻》，《香港华字日报》1923年3月19日。

② 大本营秘书处编：《陆海军大元帅大本营公报》（1924年第2号），沈云龙编《近代中国史料丛刊三编》第56辑，文海出版社1990年版，第2708页。

③ 中国第二历史档案馆编：《中华民国史档案资料汇编》第4辑（2），江苏古籍出版社1991年版，第1458页。

④ 大本营秘书处编：《陆海军大元帅大本营公报》（1924年第19号），第3988—3993、4345—4347页。

⑤ 孙中山著作丛书，黄彦编注：《论改组国民党与召开“一大”》，广东人民出版社2008年版，第127页。

⑥ 广州市文史研究馆编：《广州百年大事记》，广东人民出版社1984年版，第166页。

致书日本某氏，恳请其居间斡旋，向日商借款3000万元。①

四　市制与市政建设

孙中山高度重视城市建设与发展，参照西方发达国家城市化的经验，以崭新观念规划和建设城市，尤其是广州的模范市政，在全国开了风气之先。

（一）开创广州模范市制

广州近代市制建设为全国最早，这与孙中山父子的努力分不开。孙科留学美国加州大学时，即“于现代市政政制之研究略有心得”。1921年初，他出任新成立的广州市政厅长，引进西方制度，制定《广州市暂行条例》，宣告中国第一个城市行政区的诞生。该条例施行后，市政首脑改为市长，市政公所改为市政府。市政厅除秘书处外，还分设公安、财政、教育、工务、卫生及公用6局，由市长、各局长连同所属有关主管人员，合组成市行政会议。市政厅为行政机关，此外并设市参事会（为市政咨询机关）和市审计处（为市财政监督机关）。② 新政府拆城筑路，推广教育，维持警政卫生，故“模范市政之誉，见称于国内外”③。

（二）推动广州市政建设

孙中山对广州的市政建设尤为关注，在《实业计划》中明确提出要将广州建设成为世界商港，并提出了具体的规划，成为以后广州市建设的基本准则。

1923年12月，孙科呈拟展拓市区图表，孙中山云，“广州市商务繁盛，人口日增，自非展拓市区，不足以资容纳而宏远谟”，充分

---

① 孙中山著作丛书，黄彦编注：《论改组国民党与召开“一大”》，广东人民出版社2008年版，第181页。

② 孙科：《广州市政忆述》，许衍董总编纂《广东文征续编》第3册，（台北）凯得制作公司1986年编印，第315页。

③ 《本市新闻·孙市长之临别留言》，《广州民国日报》1924年9月17日。

肯定了广州市政府及工务局所做的悉心规划。[①] 1924 年 4 月，他向广州市政府提出，请德国沙美博士襄办市政。[②]

在孙中山的领导下，20 世纪 20 年代初，广州的市政建设全面开展。

首先是修筑马路。孙中山说："道路者，文明之母也，财富之脉也。"[③] 孙氏父子对广州道路建设的贡献尤为值得一提，工程较大有西关六街及沙基马路。前者修建从路线的测量、铺户的拆迁及筑路费的筹措都大费周章，而后者的修建，因款项无着而屡辍。当时马路的修建情况非常复杂，常常伴生权力及利益之争。尽管如此，马路的建设仍然卓有成效，加快了广州的城市化进程。1923 年 6 月 14 日，孙中山批准实行《广州市车轿（辆）交通罚则》，以整顿交通。[④]

其次是修建黄埔港。孙中山在《实业计划》里提出在黄埔修建南方出海大港，并把黄埔开港作为南方铁路系统的组成部分。1922 年 2 月，"除与美商接洽借入大款，将黄埔开辟为商港，建立码头货仓及街市外，令议展拓市区局面"。[⑤] 但此议不久归于沉寂。1924 年 7 月华侨又倡议开辟黄埔港，但是也被搁浅。

再次是修筑海珠长堤。广东每岁入夏，台风及伴随着连连暴雨，常常发生珠江水患，导致洪涝灾害。为尽量避免水患给人民带来的损失，修建长堤，巩固河防成为当务之急。孙中山提出修建海珠长堤，1921 年 8 月为此向美商借债，[⑥] 但因工程浩大、款项无着而被搁置。

最后，孙中山还倡导裁兵筑路。1923 年 2 月，他在香港邀集工商界领袖商量裁兵筑路问题，主张将粤省之兵"裁去一半……至所裁之兵用以筑路"[⑦]，得到港商何东、李煜堂等的赞同。经过一段时间的准备后，粤省裁兵计划逐步实行。孙中山此举固然是为了发展交通，但更主要的还是趁裁兵之势，将各股军阀逐出广州市。

---

① 《给徐绍桢的训令》，《孙中山全集》第 8 卷，第 564 页。

② 《给广州市政厅的命令》，《孙中山全集》第 10 卷，中华书局 1986 年版，第 138 页。

③ 《地方自治实行法》，《孙中山全集》第 5 卷，中华书局 1985 年版，第 221 页。

④ 《给廖仲恺的训令》，《孙中山全集》第 7 卷，中华书局 1985 年版，第 542 页。

⑤ 《粤黄埔开港之计划》，《申报》1922 年 2 月 24 日。

⑥ 《孙文借债筑堤说》，《申报》1921 年 8 月 25 日。

⑦ 《在香港工商界集会的演说》，《孙中山全集》第 7 卷，第 118 页。

五 根据地经济建设的困局

（一）地方军阀有令不行

在广东革命根据地统一以前，各路军阀实行割据，致使孙中山政府政令不畅，财权四分五裂。军阀包烟包赌，坐收烟赌税，美其名曰“就地筹饷”。还自行委任驻地地方长官，私设关卡，征收各种名目的捐税。全省财政收入几乎尽为军队截留，财政部门形成赘疣，甚至连省财政厅的印信都曾不翼而飞。[①] 尽管孙中山高唱统一财政，各实力派军队却从自身利益考虑，表面上通电拥护，断不肯就范，导致不少政策流于具文。

孙中山严禁军队私自抽收苛捐杂税，又因政府财政支绌，而军费浩繁，在万般无奈的情况下，允许“所有作战各部队给养，由各部队自行办理……各军长官应严行督率部众，对于所需食用物品，应一律平价买入，不得有向民间征发及强勒情事”[②]。这虽是在严重财政危机情况下被迫做出的决定，但此政策出台，无疑助长了各军的恶劣行径。时评指出，“今之驻防军队辄视其地为私有”“于是包烟包赌，抽捐截税，而财政不统一之弊遂生”[③]。

各军截留的税饷情况，据1924年2月调查：滇军截留13种，共259万余元；海军截留6种，共49.3万元；桂军截留2种，10万余元；粤籍各军截留12种，共116万余元；其余新征各种税捐和赌饷，均未列入。[④] 时论有谓：“广东财政，纷如乱丝，始则各军占收，继则财政机关与军政机关争管，浸假而军队与军队争收，民政机关与民政机关争食，一波未平，一波又起。其争也，或凭实力，或以文章，极五花八门之奇观，开广东财政史上未有之怪局。”[⑤]

---

① 广州市政协文史资料研究委员会编：《广州文史资料》第29辑，广东人民出版社1983年版，第14页。

② 《给程潜等的训令》，《孙中山全集》第8卷，第272页。

③ 《时评·防地》，《广州民国日报》1924年4月24日。

④ 《特别通讯·广州各军截收厘税之现状》，《香港华字日报》1924年2月29日。

⑤ 《特别通讯·一年来鸡鹜争食之财政状况》，《香港华字日报》1924年3月19日。

（二）财政经费捉襟见肘

为了统一广东革命根据地和矢志北伐，孙中山连年征战，军费浩繁。政府整饬法纪和整顿财政显得力不从心，财源枯竭。由于各方面催款急如星火，孙中山想尽办法应付，如1923年4月，下令将所有官产速予开投，以资公用（即应军需孔急），广东省财政厅遂将广州全市官产陆续编列，分期登报开投。[①] 因孙中山催军饷特急，各军追拨欠饷，被迫采取各种应急手段，如抽收房客租捐1个月，投卖市产、官产，令宁阳铁路解缴军饷10万元，预收银业行厘金百余万元等，[②] 仍不敷开支。财政情况极为危殆，据孙科讲，“市库所有收入，大率提充军饷”“不得已而有变卖市产及庙寺庵观之举”[③]。

孙中山第三次在粤建立革命政权后，本来抱有极大宏愿，欲先奠定全粤，再谋取西南，与浙江卢永祥、奉天张作霖统一中国，然而其手下军队复杂，派系纷扰，举步维艰。1923年8月26日，孙中山致大本营财政部长叶恭绰函云：“粤中各财政机关，几已罗掘俱穷，实无可再筹之余地。”[④] 时论评道，“粤中财政，久已竭泽而渔”，财政主管“大有巧妇难为无米之炊”之状[⑤]，可见其财政窘况。

筹措军费已使孙中山穷于应付，更遑论经济建设，故其许多规划只能纸上谈兵。如黄埔开港由孙中山提出而历经数年也未施行，究其原因则在于当时政局动荡、军事频兴，财政支绌，且开港工程浩大，根本无暇顾及。直到陈济棠统治时，才开始建设。又如修筑海珠长堤，除了修建堤坝、马路外，同时还需疏通河道，挖深河床，工程浩大。政府财政困窘，只能依靠商人承投及居民缴费，而当后者无力时，工程只能搁置，此事表明了孙中山及其政府的艰难与无奈。

---

① 《广东财厅布告第62、63号》，《香港华字日报》1923年4月24日。

② 参见《香港华字日报》1923年5月28日、6月27日、6月29日、6月18日。

③ 《粤战局与政潮之情况》，《申报》1923年10月16日。

④ 《致叶恭绰函》，《孙中山全集》第8卷，第167页。

⑤ 《粤局之善后难》，《申报》1923年3月20日。

结 语

孙中山重视建设，欲利用广东根据地实践理想，在财政方面，奠定了民国政府的相关基本原则和制度基础。在现代市制及市政建设方面，成效显著。

1921 年 5 月初，孙中山在广州组织中华民国政府。经平定陈炯明军叛乱后，1923 年 3 月初，在广州成立陆海军大元帅大本营。1925 年 7 月 1 日，中华民国国民政府在广州成立。南方革命政府的财政政策及其功效，首先是推动财政从纷乱趋向统一，致力统一政府征收机关，严禁各军截留税款及擅抽杂捐、保护费；其次是整顿财政，开启了以后南京国民政府的基本制度，推动了中国财政建设的近代化进程；最后是清理税收，采取了减税护商、招商承税等措施，并注重扩大以现代税收为主要形式的财政收入，以扶持工商业。

由于政局杌陧，军事紧急，糈饷浩繁，政府竭泽而渔，其中有些举措诚属迫不得已。如鸦片政策的主要目的是收税而非禁烟，所颁布的各项条例都是为鸦片专卖服务的。专卖政策非但不能禁止鸦片泛滥，反而在一定程度上助长了此种趋势。不过，从另一方面来讲，在当时北伐的大背景下，鸦片收入对保障军需起了重要的作用。又如政府因缺乏资金而大量发行纸币，引起纸币贬值，这不仅不能解决财政危机，反而加剧了社会动荡。

总的来说，孙中山在广东革命根据地的建设屡屡遭挫，成效不彰。究其原因，主要在于：（1）在近代化的背景下，面临革命与建设的双重任务，当两者不能兼顾时，必须革命优先，才能为建设扫清障碍。（2）南北军阀割据，政局动荡，军事频仍，缺乏安定、和平的建设环境。（3）根据地政府财政困难，尤其是应付军政经费急如星火，无论精力和财力，都不允许孙中山更多地顾及建设事业。

虽然孙中山当年的建设主张不少还停留在计划或政策层面，但是我们却不能忽视他不懈努力的重要意义。

［原载《深圳大学学报》（人文社会科学版）2011 年第 6 期］

艰难的磨合：廖仲恺与民初商人关系探析

廖仲恺是国民党左派的光辉旗帜，学术界昔对其积极襄助孙中山制定三大政策，参与创办黄埔军校，致力于开展工农运动，为革命政权筹措经费，投身反帝反封建的斗争等，做了大量研究，但对廖仲恺与商人之关系的探讨较为薄弱，已有的论文也主要围绕商团事件而展开，如李益然著《廖仲恺在平定广州商团叛乱中的革命立场初探》（《江西社会科学》1982 年第 6 期）和王怀洲著《廖仲恺与镇压商团的斗争》（《广州文博》1986 年第 4 期）等。廖仲恺出生于粤籍侨商世家，曾留学日本攻读经济学，后来作为财政专家，多次在南方革命政府主财，担负筹措经费之重要任务。因此，他必然要与商民直接打交道，两者之关系值得深入探讨。

廖仲恺与商人的关系颇为复杂。作为革命家，他对资本家基本上不抱好感，特别是国共合作时，由于其政治态度与苏俄顾问及中共接近，招致国民党右派、粤商的普遍不满和反对。在扣械潮中，他主张严办商团，更招致不少人的怨恨。廖仲恺曾两任广东省长，又常在革命政府主财，在统一财政、保证税收和稳定货币等重要问题上，都不能不寻求商民的合作乃至妥协。廖仲恺的理财要点，一是统一财政，他屡次明令禁止军队擅抽杂捐和保护费，因为军队截收税饷的种种行径，既破坏财政统一，加重人民负担，又常引起商人罢市；二是将地方税收尽量招商开投，以广财源；三是吁请绅商合力维持政府财政及纸币信用。然而，他为应付经常性的财政困窘，不得不加重向商人征税和大量发行纸币，因此又招致了商人对其产生反感。

廖仲恺和商人在政治理念上有相当大的差异和冲突，在财政经济方面虽有矛盾，却需要妥协与合作。在廖仲恺与商人短短十多年的相处过程中，大致经历了三个阶段：一是从民元至20世纪20年代初，双方以调适、合作为多。二是1924年扣械潮发生至广州商团被镇压，廖仲恺成为商人众矢之的，矛盾冲突达于极限。三是1925年广东国民政府成立后，需建立革命联合战线，廖仲恺主持财政，加强了同商人的团结与合作。他与商人的关系就在这种场景中不断地磨合。

一 廖仲恺对资本家阶级的基本认识取向

廖仲恺是孙中山的忠实信徒，两人对于商人和资产阶级的认识与态度也基本相一致。孙中山赞成社会主义，宣扬民生主义，对资本家好感不多。如1912年4月10日，他在武昌13团体的联合欢迎会上演说时说："资本家者，以压抑平民为本分者也；对于人民之痛苦，全然不负责任者也。一言以蔽之：资本家者，无良心者也。"其认为资本家对待平民甚于专制皇帝，不仅控制工人的收入，还控制他们的消费。当然他有时也没有说得那么绝对，同月16日在上海同盟会机关演说时谓："吾人之所以持民生主义者，非反对资本，反对资本家耳；反对少数人占经济之势力，垄断社会之富源耳。"总而言之，"民生主义，则抵抗少数资本家，使人民共享生产上之自由。"①

廖仲恺是早期同盟会中积极宣传"平均地权"纲领和最早介绍社会主义学说的人之一。他曾翻译了《进步与贫乏》《社会主义史大纲》《无政府主义之两派》《无政府主义与社会主义》《全民政治论》等著作，赞赏社会主义，反对物质财富被少数人所独占。1923年秋，廖仲恺为《各派社会主义与中国》一书作序时，批"资本制度的破绽"，说资本主义"是依赖资本家发展他的私人经济，借他荫庇以求造福于社会"，故在资本主义制度下，"生产越多，贫民越众""阶级之争斗，到底是免不了的"。而"社会主义是以社会全体动员，来造福于社会全体的"，故"较资本主义收效力更大，基础更固，这是可

① 《孙中山选集》，人民出版社1981年版，第104、105—106页。

以断定的”。他主张在中国建一社会主义的国家。[①] 廖仲恺对奸商深恶痛绝，如1923年夏曾屡次下令禁止商人招揽军队承投税收、阻碍财政统一，称“奸商承办军队所准税捐者，应从重治罪”[②]。国共合作时，廖因受苏俄和中共的影响，也因广东革命政府与粤商的关系紧张乃至恶化，而对不屑商人更为鄙视。他在1924年9月所著《中国实业的现状及产业落后的原因》一文中，认为清末广东的潘、卢、伍、叶四大姓，就因为与外国人通商而赚了大钱，利益终流于外，“所以传及三代，就堕落不堪，男盗女娼，无所不为”。其还斥责商人无良，认为先施、大新公司等唯利是图，贩卖洋货，“专替外人谋销路，为外国的资本家发大财，而于己国的生产，没有丝毫的增益”[③]。1925年，廖仲恺在所著《孙中山平均地权论释》中云：社会分为几个阶级，“有整天劳动求不得一个温饱的，有独占社会经济的利益坐享其成不劳而得的。被欺骗的阶级，便渐渐地不服，常要奋起来抵抗他们，这就是阶级战争的起点，也就是社会经济问题的起点”[④]。据何香凝在省港罢工工人第18次代表大会的演说中称，廖仲恺曾讲：“想要打倒帝国主义，非与共产党亲善不可；更非注意于最有革命力量的工农阶级不可。平心论之，共产党的宗旨，是要使一般无产阶级得到解放，不可谓不公平，实胜于不顾民众艰苦自私自利的资本家万倍。”[⑤]

俄国十月革命和五四运动使廖仲恺认清了南北军阀的反动实质，其对于人民群众的态度更为亲近。他运用阶级斗争的理论来分析中国社会的现实问题，认识到阶级斗争是经济发展的必然结果，工商是两个对抗的阶级，看到农工是改造中国的真正力量。廖仲恺参加了国民党“一大”宣言的制定工作，对国民党的农工政策有更深入的了解；他坚定地支持孙中山的三大政策，成为国民党领袖中支持工农运动最

---

① 尚明轩、余炎光编：《双清文集》上卷，第739—741页。本文集将该文章时间定为1925年3月2日，据［美］陈福霖、余炎光所著《廖仲恺年谱》（湖南出版社1991年版）考订，该文发表时间应为1923年秋，见该年谱第195页。

② 张磊等编：《廖仲恺研究》，广东人民出版社1989年版，第215页。

③ 尚明轩、余炎光编：《双清文集》上卷，第715页。

④ 同上书，第923—924页。

⑤ 尚明轩、余炎光编：《双清文集》下卷，广东人民出版社1985年版，第12页。

为得力的一人。据罗绮园回忆：当廖仲恺向工人讲演时，感觉他“并不是什么省长，而是一个工人的领袖了”①。

国民革命斗争尤其广东工农运动的迅猛发展，激起地主士绅、部分国民党人及商民的严重不满。同时，社会生活环境的恶化，也激化了国民党、革命政府与工商等民众的矛盾，特别是工商间矛盾日趋尖锐，引发各地冲突不断。在调处复杂的官商、工商关系时，廖仲恺总是偏向劳苦大众的。如 1924 年 8 月 17 日在广州工人代表大会开幕时，廖仲恺代表大元帅训词，开首即肯定工人代表会“在社会上为一有力之团体”，地位重要，要充分发挥这种力量。他批评资本家以权力地位利用和压迫工人，保护私自的利益。他呼吁工人不要被资本家利用和欺骗，“有必要时，还须行其积极的力量，即直接管理”。又谓商团首领陈廉伯私运大批军火，既有私利，也有政治意味，一方面反抗政府，一方面压迫工人；政府将其没收，是为保护工农利益。他鼓励工人不要惧怕商人罢市，工人“可以继续工作，自己去做生意，直接管理，此为工人直截了当之办法”②。在廖仲恺和政府的大力支持下，同月 27 日广东工团军和农团军同时成立，与资本家和商团展开斗争。

在劳资矛盾及工商冲突中，廖仲恺态度鲜明，关心工人的疾苦，尽力维护工人利益。如 1924 年，江门油业工会会员举行五一游行时，油业资本家和江门商团借端寻衅，造成严重流血事件。5 月 9 日，廖仲恺以工代会执行委员会主席身份领衔通电，谴责、痛詈商团拷打和杀伤油业工会工人，行为“直同野兽”，实是“吾辈工人之大毒”。5 月 15 日，他令香山县长依法处分属内米商行东，斥责米商勾结商团击伤工人，“殊属目无法纪，摧残劳工”。同月 27 日，他再电香山县长处置属内不法商团，痛斥该县小榄镇商团“蹂躏工会，拘捕工人”③。此外，他还亲自过问新会葵业工人遭受商团摧残的事件。

---

① 蒙光励：《廖家两代人》，暨南大学出版社 2001 年版，第 99 页。

② 《工人代表会开幕之详情》，《广州民国日报》1924 年 8 月 18 日，第 6—7 页。

③ ［美］陈福霖、余炎光：《廖仲恺年谱》，第 257—259 页。

需要指出的是，虽然廖仲恺宣传和拥护社会主义，但并不一般地否定资本主义和私有制。他承认商人的合法权益，主张保护私人资本，减税护商，遏制军阀苛扰，实行官商、工商合作，共同反对外国侵略和国内少数特权阶级垄断国家资源和社会财富。他认为土地应公有，这是社会平等思想的一个重要内容，土地作为重要的自然资源应由人民共享，不能为特权阶级垄断居奇，役使工农商资本家去生产，“以独占社会经济的利益坐享其成不劳而获”①。廖仲恺根据孙中山节制资本的观点，容忍多种经济成分并存，既允许私人资本主义发展，又限制其过分发展。他主张：“凡有专占性质或有关于公共卫生者之属，行公有公营政策”，推行一种“集产的社会主义”②。针对有人散布谣言，谓革命政府将实行共产，他于1924年9月10日发布《告诫各界勿轻信谣言布告》，郑重声明“本省长为国民党党人，非共产党党人”，现中国产业落后，应为国民谋发达实业，主张共产者“非愚即狂”；还说依实业之性质，可分国家经营和私人经营两种，“对于个人企业，由国家奖励，兼以法律保护之”③。

廖仲恺承认阶级和阶级斗争，但亦倡导工商合作，以利革命事业。广州商团事件平息后，特别是在1925年的五卅运动和省港大罢工推动反帝爱国运动十分高涨后，出于搞工农商学联合战线的现实需要，广东的官商关系、工商关系得到了很大修补。5月27日，廖仲恺出席大本营召开的广州商民会议，针对外间流传的“广州共产”谣言，进行辟谣。④ 7月18日，广州4商会为谋与政府合作，以免有所隔膜，特举办招待省政府委员的宴会，廖出席酒会并发言称：“惟要实行国民党党纲主义，因国民党党纲党义系专为人民谋利益。”⑤ 8月7日，廖仲恺出席了国民党中央政治委员会第42次会议，这次会议决议：由中央农民、工人、商民、组织、青年等5部，各派1人

① 广东社会科学院历史研究室编：《廖仲恺集》（增订本），中华书局1963年版，第67—68页。

② 同上书，第283页。

③ 尚明轩、余炎光编：《双清文集》上卷，第721页。

④ ［美］陈福霖、余炎光：《廖仲恺年谱》，第335页。

⑤ 《广州四商会宴请省政府官员》，《广州民国日报》1925年7月20日，第3页。

成立广东省人民代表大会筹备委员会。[①] 8 月 14 日，省港罢工委员会为联络感情，举行茶会招待各界代表，廖在会间演讲道：此次罢工“是政治的而非经济的，此种政治罢工最大目的就是取消一切不平等条约。此种运动差不多是全民族的伟大行动，所以很希望工人和商人相需相助，不可分开界线，然后乃得完满效果”[②]。

二　相处过程中双方的调适与合作

廖仲恺与商人直接发生关系，可以追溯到辛亥革命时期，彼此一开始并不太融洽。武昌起义爆发后，广东于 1911 年 11 月“和平独立”。不久，廖仲恺任广东军政府财政部副部长，协助部长李煜堂（香港富商）采取措施，筹措经费以稳定政局。有谓廖由于缺乏实际工作经验，未能做出显著的成绩。翌年初，他与李常因财政政策问题发生不合而辞职。[③] 同年 5 月下旬，廖仲恺被广东都督府胡汉民委任为财政司长，尝试推动社会经济改革。6 月 12 日，他在省临时议会提出广东土地换契案，希望促进经济发展，消除社会上贫富不均之弊病，实现孙中山“平均地权”的理想。此计划虽得到孙中山的热情支持，但因遭到绅商的强烈反对，终告失败。[④] 1913 年 6 月下旬，廖仲恺因未经省议会公决而奉命偿还辛亥两役借款和支付出洋留学生之费用，受到粤商通电反对，后由陈炯明令暂缓发还。廖任广东财政司长的一年多时间内，省库短绌，财政一直困难，纸币不稳，加上又因其支持和协助胡汉民动用省库款作反袁世凯运动经费，结果他被攻击得焦头烂额。粤商根本不支持广东反袁的“二次革命”，致广东讨袁军很快就失败。廖于 8 月初赴香港仓皇出逃。[⑤]

当然，廖仲恺在与商人的磨合过程中，也有不少积极的方面。如 1912 年，财政司为维持市面金融及支付糈饷，大量发行纸币，结果

---

① ［美］陈福霖、余炎光：《廖仲恺年谱》，第 356 页。

② 《罢工委员会招待各界茶会续录》，《广州民国日报》1925 年 8 月 17 日，第 6 页。

③ ［美］陈福霖、余炎光：《廖仲恺年谱》，湖南出版社 1991 年版，第 52、57 页。

④ 蒙光励：《廖家两代人》，第 25、26 页。

⑤ ［美］陈福霖、余炎光：《廖仲恺年谱》，湖南出版社 1991 年版，第 79—83 页。

导致纸币面值折半，引起商民不满和挤兑潮。廖仲恺以政府名义召集绅商会议，劝说广州商界带头维持纸币十足流通。广州总商会在政府督促下，议定各行商一律不许拒收纸币，各商号亦予响应，终于促使金融形势好转。在廖的积极建议下，广东军政府大力支持港商集资开辟黄埔港，并拟由各殷商集资筹办南华邮政公司，惜因后来“二次革命”失败，使这些措施未能一一付诸实施。同年底，日本人在港伪造粤币案发生，商民人心惶惶，纸币面值大跌。廖仲恺亲自多次参与此案处理，及时报告真相，从而迅速遏制了纸币低折恶潮。他还通过政府着各埠殷商银号和各属商会与官方合作，尽快将纸币十足通用，并渐臻原价。①

护法运动时，廖仲恺于1917年9月担任广州军政府财政次长。他在后来致唐绍仪的函中，报告一切财政开支，谓军政府时期由其经手的总开支为139万余元，连同讨袁时的军费280万元，合共419万余元。这些款项“均由中外侨商筹借以济上用”②。

1920年年底粤军回粤后，廖仲恺发表了《整理广东省财政的计划》，他指出粤财政由于被桂系“多方罗掘，大有破产之虞”，许多税收及公产，均被抵押给外国银行，外债无法清偿，军饷更难应付，政府收入很少，财政困窘万分。银行纸币低折至4成以下，官方应极力设法维持，但这必须由“官商合力而后可收实效”③。为解决广东持续多年的经济危机和金融风潮，廖于1921年1月宣布一项颇为激烈的金融措施，废除通行的由中国银行广东分行发行的纸币，新建一个广州政府银行，以发行纸币。此举引起商界哗然，省币甫发行即陷入危机。廖为应付金融危机，只好求助于商团军首领陈廉伯和广州总商会，尽管未能完全如愿，还是得到了所需款项的1/3。④

第二次护法运动时，廖仲恺担任广州护法政府财政次长等职。当时的广东财政因桂系军阀多年盘剥，非常困窘。他在任内尽力筹措经

① 张磊等编：《廖仲恺研究》，第201—202页。

② 尚明轩、余炎光编：《双清文集》上卷，第348—349页。

③ 同上书，第380—381页。

④ 敖光旭：《广东商团与商团事件》，中山大学博士学位论文（打印稿），2002年，第63页。

费，动员商人与政府合作，并计划由官商合办矿产、工厂等，以增财政收入。为此，廖核定招商承投税捐章程，并训令县知事："各县地方税收，嗣后一律招商开投。"他还吁请各地绅商出力维持省银行纸币，致使"广东银行纸币十足兑换，信用甚固"。1921年春，为了促进广东金融业和商业的发展，孙中山、廖仲恺等倡议广州各行商仿效上海先例，开办证券物品交易所。廖亲自向陈廉伯介绍沪商陈中孚，嘱其协助进行，陈的呈请很快即获得批准。[①] 1923年8月，商人陈曾奇缴纳保证金10万元，申请成立国民劝业银行，廖即令广东省财政厅准其立案。[②]

1923年2月，徐绍桢任广东省长，因不能摆脱财政困难，其裁员减薪举措被人议为不合时宜。5月15日，孙中山在需一个更强有力的人物镇守广东根据地的形势下，调廖仲恺接任省长。廖任省长后，为整顿社会秩序、打造良好的商业氛围而不遗余力。因各地盗匪滋炽，不少商民上控被劫呈词。他鉴于情势督饬所属严防密查，查获即依军法从事，"以儆效尤而清匪患"。并"命保商卫旅营、各警察厅局、各县县长，不得自行封用轮船"。7月中旬，廖致电广州驻军将领刘震寰等，谓据报其下属截留捐饷，骚扰商人，饬令刘查照禁止之。当他得知华商所运省港货物，在广九铁路大沙头和深圳两站均被驻军抽收厘金，蒙受重大损失时，即斥责此属违例重抽，令省财政厅予以取缔。环球华侨内国实业总会当时拟在广州兴建会所，廖仲恺认为其"以兴实业而裕民业，伟愿宏谋，殊堪嘉尚"，令广州市政厅拨地准其建筑。同时，他还令广州总商会与外商接洽制造藤制竹器，以振兴工业。[③] 12月，鉴于各军争设所谓"护商机关""滥抽护费，船艇不堪苛扰，势将停业"，廖特令一律撤销之。[④] 1924年2月初，因年关迫近，军饷急需，广东政府与广州总商会、广东善团总所等，联

---

① 秦兴洪、蒙光励等编：《廖仲恺何香凝研究》，广东高等教育出版社1993年版，第40、78页。按，陈中孚并非商人，实为上海政治人物。

② 尚明轩、余炎光编：《双清文集》上卷，第530页。

③ 同上书，第431、432、471、488、465、483—484页。

④ 《私设护商队一律撤销》，《广州民国日报》1923年12月4日，第6页。

合发行50万元借贷予政府维持军费。[①] 7月9日，据粤海关监督呈税务司函谓：南海九江镇滇军旅长饬抽土丝捐、茧捐，商民等呈请予取消。11日，以廖仲恺为主席的财政委员会召开特别会议，议决呈请孙中山饬令取消之，以维护（财政）统一，而恤丝商。[②]

尽管廖仲恺做了大量的工作，仍未能避免广东官商之间矛盾的激化乃至严重冲突，其中一个非常重要的原因，即是驻粤客军跋扈，社会不靖；政府竭泽而渔，商民负担过重，其中有些举措诚属迫不得已的办法，如1923年8月大本营为筹军饷，决定新征商牌税，广东与广州商会呈请取消，遭到拒绝；廖仲恺要求"商民人等各宜勉厉其力"，踊跃输将，并令财政厅迅行征收，不得拖延，[③] 这招致广大商民的不满。廖仲恺在1924年年初的一次会议上坦承："我们在广州省差不多工作了一年，不仅没有向人民证明我们的主义是好的，而且相反，整个税收政策，所有财政措施，所有军事行动和军官们的专横作法等等，不仅没有巩固我们的威信，反而从根本上彻底地损害了人民对我们的信任。"[④] 同年9月12日，廖仲恺被免省长职，改任大本营财政部长兼军需总监及广东财政厅长。当时的政府财政完全被各军所把持，财政统一无望，面对如此严重局面，他感叹"救时有心，回天无力"，知难引避，于17日发表《辞财政部长职通电》。[⑤]

广州商团事件被平定后，官商及工商关系均需调整。1925年7月初，广东国民政府成立后，廖仲恺以财政部长兼广东省财政厅长，大力推进根据地的财政统一工作，从经济上支持革命事业。为筹巨额糈饷，他采取了减税护商、招商承税等一系列措施。如其将菉兰厘厂派员接收，招商明投，并令所在县长保护该厘厂；又令财政厅收回整理前被各驻军截留的税捐，招商明投。其令广东各县县长维持典业，酌

---

① 尚明轩、余炎光编：《双清文集》上卷，第607页。

② 同上书，第665页。

③ ［美］陈福霖、余炎光：《廖仲恺年谱》，第192页。

④ 中共中央党史研究室第一研究部译：《联共（布）、共产国际与中国国民革命运动》（1920—1925），北京图书馆出版社1997年版，第484页。

⑤ 尚明轩、余炎光编：《双清文集》上卷，第724页。

定改押办法，准由商人随时呈请办理。[①] 7 月 18 日，廖出席了广州 4 商会招待省政府委员的宴会。20 日，他在中央政治委员会第 37 次会议上，报告了商界援助省港罢工委员会成立的情形。[②] 7 月下旬，廖仲恺在省政府招待各界人士的大会上报告财政计划，谓将取消苛细杂捐，停办官产市产，另谋合理的市政收入；禁绝全市一切赌博、鸦片专卖，以及厘税病商之害，并裁厘加税等。[③] 他又令各行商调查税情，切实整饬自晚清以来的坐厘台费。廖仲恺于 8 月 20 日遇刺身亡后，其所遗的信函、扎令等中，有许多关于招商承投各税的内容，涉及省河屠牛捐由台益公司承办及各属屠捐由益成公司接收办理、全省硝磺捐由同福公司承办、广九火车货厘局由普利公司认饷最高投得、清远和佛岗酒税由浩安公司承办等，被其批准招商承办的还有罗定桂税局、后沥厘厂、江门厘厂、广州市筵席捐、牛皮捐、广州西税厂、台赤两属酒税、新会酒税都城厘厂，等等。[④] 我们从中可以看到，招商承投税捐是他当时最关切的事情。

三　官商矛盾与冲突中最严峻的考验

在 1924 年官商冲突的暴风骤雨中，廖仲恺与商人的关系经受了最严峻的考验。当时国内外的各种矛盾极为错综复杂。考虑到革命政府面临的实际困难，孙中山在扣械潮中表现得比较优柔，对于解决商团事件准备了和平与武力的两手。廖仲恺虽是强硬派，但也颇注重策略，初曾考虑利用与控制商团，未逞后才主张坚决镇压之。就此而言，正如同周恩来所讲的：廖“在广州商团事件上，他开始就是主张坚决镇压的”[⑤]。

陈廉伯势力的崛起始于民国初年。1911 年后广州等地的商团陆

---

① 尚明轩、余炎光编：《双清文集》上卷，第 788—797 页。

② ［美］陈福霖、余炎光：《廖仲恺年谱》，第 349—350 页。

③ 尚明轩、余炎光编：《双清文集》上卷，第 815—816 页。

④ 同上书，第 810—919 页。

⑤ 中共中央文献编辑委员会编：《周恩来选集》上卷，人民出版社 1980 年版，第 116 页。

续成立，其以维护公安为宗旨。但在1919年野心勃勃的陈廉伯接任广州商团团长后，极力扩充实力，声名益显。他每年必回乡扫墓，为笼络政要起见，不时带同省内要人同往南海县西樵山游览。如1920年偕同陈回乡的就有伍廷芳、廖仲恺、魏邦平等，“其排场之盛，官山一隅，比出会还热闹”[①]。国共合作建立后，广东官商关系虽日趋紧张，但双方都为挽回僵局作了一些努力。1924年6月29日，驻广州的军队、警察及商团曾举行联合会操，孙中山、廖仲恺等还出席到场检阅，廖并代表孙发表演说以勖勉之。次日，商团首领为联络官商感情，于商团总所设宴招待政警两界要人，省长廖仲恺等10余人前往赴宴，且发言主张“警团联合，为适应目下时势之要求”[②]。

在民初广州的历次变乱中，商团总是守中立。为改变此状态，孙中山、廖仲恺等曾煞费苦心劝导商团与政府合作。据《广东扣械潮》记载：“廖仲恺尝访陈廉伯于其寓所，对谈彻夜，无非劝陈入党。陈初尚婉词敷衍，其后廖以利害相迫。陈乃坦白告曰：‘吾辈商人，不欲自染政党色彩。即以利害言，政局变化无定，彼党来则此党去，甲党得势，则指乙党为敌为逆。吾人业商广州，财产眷属，不轻易移动，倘入党后，万一贵党有失势之一日，于吾人亦殊多不便也。’廖笑曰：‘君无虑此，君于商场商团，皆占有势力，以君之势力，出而助先生（指中山），吾党在广东，更永无失败之时矣。今宵之来，欲得君一言之决，君如俯就，重要位置，任君自择也。’陈仍坚拒之，自此而孙党知商团之必不可利用，更日谋所以挫抑之矣。”[③] 由于劝导无效，官商关系越发紧张，终因所谓“扣械潮”而酿成重大冲突。

1923年年底，广州军政当局要查验各界枪支，以防流弊，此事引起了商团的抵触。1924年，随着国民革命的深入，工农运动蓬勃发展，工商冲突乃至官商矛盾愈加激烈，以此年广州商团事件的爆发

---

① 广州市政协文史资料研究委员会编：《广州文史资料》第10辑，广东人民出版社1963年版，第191—192页。

② 《商团欢宴政警两界》，《广州民国日报》1924年7月2日，第3页。

③ 香港华字日报社编：《广东扣械潮》卷1《事实》，1924年印行，第4页。

而达于顶点。5 月，广州商团反对广州市政厅财政局征收铺底等捐，并联络附近商团、乡团酝酿罢市，始酝酿官商直接冲突。5 月 27 日，广东各地商团代表会议在广州召开，决议成立广东商团军联防总部，以陈廉伯为总长、陈恭受等为副总长，并预定于 8 月 13 日举行商团大联团开幕典礼。为加强商团的装备，陈等还擅向洋商大量购械，潜运广州。8 月上旬，省长廖仲恺以所谓庆典，“未经政府立案，便公然进行，亦殊属卤莽”为由，颁令禁止联防总部成立。① 同时，团械也被广东军政当局查扣，揭开了“扣械潮”的序幕。

廖仲恺认定商团联防和私购枪械违法，其性质是反对革命、颠覆政府的，原则上绝不能妥协。8 月 10 日和 12 日，他以广东省长名义两次颁布扣留商团私运枪械布告，列举出查究理由七项，包括商团公所“私贩军火，罪等谋乱”；此事“疑窦百出，黑幕重重”；洋船私运大帮军火，不遵章报明，实属藐视我国等。② 但在具体的处置过程中，他都采取了正确的斗争策略，对商团及商人阶层加以区别，集中孤立和打击商团首恶分子，以利分化瓦解。

1924 年 8 月 21 日，廖仲恺在《复旅沪粤商团体电》中称：“陈廉伯图谋不轨，业查有确据。政府为维持治安计，在所必惩。正当商团，本系良善分子，亦已明白布告，断不牵涉。”同月 22 日和 23 日，他又两次发出布告，劝导商民切勿误信谣言，停业罢市。其由云：“本省长爱民至切，前此举报官产、市产，以及苛细杂捐、承领坟山各案，一据呈控，立予撤销。举凡民瘼，莫不关心，力所能为，亦莫不竭诚维护，何必停业罢市，自取纷扰。”并同时又警告说：“若甘走极端，则法纪所关，实若爱莫能助。”其又指出陈廉伯“以个人谋乱损失之资，转嫁商团全体，居心至为狠毒”。“政府责在保持治安，万无缄默坐视之理，大军所至，如风扫叶。”8 月 23 日，廖仲恺以陈廉伯、陈恭受等“勾结北方军阀，图谋内乱，实属罪大恶极，万难姑容”，下令予以通缉。③

---

① 尚明轩、余炎光编：《双清文集》上卷，第 671—672 页。

② 同上书，第 675—676 页。

③ 同上书，第 678、680、683—684、682 页。

同月22—24日，廖仲恺三次致电广东各县商会商团，痛斥陈廉伯等“包藏祸心，私运军火”“潜遣党羽，煽动商民罢市，并纠匪抵抗”；“又以实行‘公夫公妻主义’等谰言，污诋政府”，妄图“推翻现政府，自充省长。似此逆迹昭著，实属罪不容诛。各埠商团民团，俱系善良分子，深明大义，当不致为陈等愚惑，自陷罪戾”。他称赞在“此次两陈谋乱”时，除佛山外，各属商团俱“不受摇动，四民安谧，贸易如常”“一致拥护政府，并无歹人煽惑附和。”8月25日，广州部分商店罢市后，廖仲恺即发出布告，表彰拒绝参与罢市的商民“大义深明，不受摇惑”，并称已“严饬公安局加派干员，切实梭巡，保护至周，不虞骚扰。其有立心煽动，或随声附和者，法纪所在，定予严惩”。针对前日广州总商会电中“诚恐军民杂处，误会滋多，或至发生意外”等话语，及要挟当局“令饬市内军队，克日迁离”事，廖仲恺回复称“本市各商店如能不受蛊惑，照常营业，各军自必遵令移驻”郊外。[①]

在扣械潮中，国民党右派、中派的妥协与退让，给孙中山和左派造成很大压力。孙既同意通缉陈廉伯，又令团械经核定办法，缴价给还。据此，廖仲恺于8月25日前后，发出《准许商团缴款领械布告》，内云对陈廉伯“谋乱有据，害马必除”；而“对于正当商民，结团互助，奖掖扶持，惟恐不暇，何有压抑”。并声明说：此次只查究陈一人，“与安分商团无涉，且结团自卫，仍准照旧进行”；团械准照章缴款发还，但近商团“迭发污诋政府之宣言，遍贴街衢，何异作乱”？而政府“意存宽大，不忍不教而诛。各宜体谅政府苦衷，各祛疑惑，共维公安”。他还鼓励举报不法商团者，将予以重赏；并称自此布告后，仍有执迷不悟者，“惟有执法严办，不稍假借”“粤商生死关头，系此一线，各宜猛醒，毋入迷途”[②]。8月26日，广州总商会、全省商会联合会、九善堂院、善团总所、地方善后委员会等社团推举代表7人，赴大本营谒见孙中山，进行调停事宜。初由廖仲恺、胡汉民先后出来接见，但谈论均不得要领，调停破裂。鉴于形势

---

① 尚明轩、余炎光编：《双清文集》上卷，第679、686、688、687页。

② 同上书，第690页。

愈趋紧张，廖仲恺翌日在省署召集紧急会议，商讨军事处置办法。①

8月26、27日，廖仲恺连续发布《命商团副团长劝导商民开市令》《命全体商民开市复业布告》《劝谕商民开市布告》《令商店限期开市布告》等。他一方面认为，罢市多系由奸人愚弄和不得已受挟制者所为，严令各店照常营业，并谓已饬各部“约束军队，恪守纪律，担负责任，实行保护”；另一方面又警告：“如罢市商店，仍复执迷不悟，闭门停业，则军事处置，断不容缓。”② 他还与卫戍司令杨希闵会同出布告，限令广州各业户开市，并发凭证以分化罢市商店。③

此间，驻穗滇军军长范石生、师长廖行超等则出面调停事件。8月28日，商团以政府枪决反抗政府、密查驻军人数之商团中人（指广州公安局长吴铁城奉廖仲恺命枪杀了派送传单的广州正昌纸店司事、商团第九分团中队长邹竞先）为借口，遂致开市复业之事反复。廖仲恺谓其“刁顽至极”，致函廖行超警告说：“若不制止，必致酿成大祸。似此今日之事，不能不以快刀断麻之法处之，否则滋蔓难图矣。”④

廖仲恺在商团事件的处理过程中，意志坚定，起了极为重要的作用。据香港《华字日报》社编的《广东扣械潮》记载，起意扣械者，首为蒋介石，次则胡汉民、廖仲恺。在8月12日商团军2000余人到大元帅府请愿、要求发还枪械之前夕，胡、廖曾往帅府谒见孙中山，商议扣械事；胡、廖当时主张一不做，二不休，索性令军政部吊销护照。⑤ 因此，在广州商团事件之后期，内地及香港商人皆对廖仲恺发起了集中而猛烈地攻击。当时有一《吊广州商场文》，指责“共产罪魁，援引廖胡”⑥。另据香港《大光报》报道：“中山初意亦即许程潜给照，不欲更起波澜，乃廖仲恺与共产党人教之，使忽（然）强硬，几酿剧变。”⑦

---

① 香港华字日报社编：《广东扣械潮》卷1，第43—44页。
② 尚明轩、余炎光编：《双清文集》上卷，第694—695页。
③ 香港华字日报社编：《广东扣械潮》卷1，第40页。
④ 尚明轩、余炎光编：《双清文集》上卷，第697页。
⑤ 香港华字日报社编：《广东扣械潮》卷1，第9、15页。
⑥ 香港华字日报社编：《广东扣械潮》卷4，1924年印行，第72页。
⑦ 引自香港华字日报社编《广东扣械潮》卷3，1924年版，第63—64页。

广州大罢市后，驻穗滇军将领出面调停，使紧张形势有所缓解，但孙中山不满调停，廖仲恺更禁止各报纸刊载调停条件，这使“省中舆论，集矢于廖仲恺”①。面对市面上流传只有将廖仲恺调离省长职，才能缓和紧张局势的舆论，廖被迫提出辞职。9 月 12 日，孙中山正式免廖仲恺职，改由胡汉民接任省长。10 月 10 日，广州商团军领械并开枪杀人事发后，廖等立即电请孙中山回师戡乱。翌日，孙中山指派廖仲恺、谭平山等 6 人组成革命委员会，迅速全力平定了商团军的叛乱。

孙中山、廖仲恺等与商团的矛盾与斗争，实存在有政治理念和意识形态的水火不容，而非单纯的控制与反控制之争。有谓“自共产之说倡，我国资产阶级、商人阶级，靡不惴焉若大祸之将至，其深恶而痛绝之，至矣极矣”②。我们从中应可窥当时商人之阶级意识及其政治风向。据《全省商团联防成立纪》载：“孙政府之嫉视粤省商团也，始于商团不肯入党以听其利用，迨全省商团联防成立，愈知商人之不易操纵屈伏，忌之益甚，谋所以解散之者亦愈急。”③ 广州商团谓团械为其自卫之根本，视同命脉，其在 9 月 9 日发表的《广东全省商团军全体宣言》中称“抱定械存与存，械亡与亡之主旨”，并明言反对“共产” 和赤化。广东全省商业联合会在致海外侨胞的公函中，更是恶毒攻击“孙文入粤以来，暴民苛政，甚于嬴秦”；还说什么孙联俄容共，“祸国祸粤”，叫嚣要与之“决一死活”④。由此可见，商团虽有追求“纯粹民治”、以联防“武装自卫”、维护地方公安、抗拒政府加重税收和滥发纸币，尤其是反对驻粤军阀苛扰等合理因素，但作为资产者的阶级意识和政治诉求的代表，它始终顽固反对国民革命和联俄、联共、扶助农工三大政策。正是这个原则问题，决定了廖仲恺与商人的关系中有一段不共戴天的斗争插曲。

（原载《民国档案》2009 年第 1 期）

① 香港华字日报社编：《广东扣械潮》卷 1，第 58—59 页。
② 香港华字日报社编：《广东扣械潮》序 1，第 1—2 页。
③ 香港华字日报社编：《广东扣械潮》卷 4，第 17 页。
④ 香港华字日报社编：《广东扣械潮》卷 2，1924 年印行，第 96—97、102—104 页。

宋子文与民国时期广东财政金融

宋子文一生与广东的渊源极深，尤与财政有不解之缘。他自出任广州国民政府财政部长兼广东省财政厅长后，崭露头角，建立健全财经机构、整理税务及金融货币，增加财政收入，为统一革命根据地财政作出重要贡献，大大提高了其政治地位，并为后来继续为中央政府理财打下了良好的基础。任职南京国民政府时，他主持统一全国财政，但仍心系广东，多次往粤整顿财政金融，协调宁粤关系。抗战胜利后，宋子文赴粤主政，整理财税及币制，吸收外汇和侨资，加强缉私。最终无力回天，随着国民党的彻底失败而黯然退出政坛。

宋子文是民国政坛上的风云人物，其 27 年政治生涯纷繁复杂，时沉时浮，颇具争议。学界对宋子文的研究久盛不衰，成果丰硕，主要有吴景平著《宋子文评传》（福建人民出版社 1992 年）、《宋子文思想研究》（福建人民出版社 1998 年）、《宋子文和他的时代》（复旦大学出版社 2008 年），杨菁的《宋子文传》（河北人民出版社 1999 年）、陈廷一的《民国财长：宋子文》（东方出版社 2008 年）等，因相关著述很多，兹不一一列举。宋子文的一生和广东渊源极深，尤与财政金融有不解之缘，而国内外关注相对较少，本文就此问题进行全面深入探讨。

一　广州革命政府时期

宋子文于广州革命政府时期步入政坛，1923 年任陆海军大元帅大本营秘书，其才干得到孙中山的赏识，不断委以重任，1924 年受任两广盐务稽核所经理、大本营财政委员会委员、整理税制委员会委员、广东省河印花税支处处长、中央银行行长等职。广州国民政府成立后，又出任财政部长兼广东省财政厅长。

宋子文主持整理财政工作，大力实施统一财政的方针，将收支权集中于财政部门，接收由各军占有的税捐征收机关，并着力整顿财政机构，提高部门运作效率，增加财政收入，为巩固广东革命根据地和国民革命军出师北伐奠定了坚实的财力基础。在南方政府理财的政绩，不仅是宋子文步入政坛的初始阶段，也是其整个政治生涯中的一大亮点。

（一）整理政府财政

民初，广东地区各路军阀盘踞，财政混乱，始终不入正轨。1925年7月1日，广州国民政府成立后，即着手对军政、民政和财政进行整饬和治理，以做到统一军政、民政和财政。财政的整顿和治理，是政府“第一件重要工作”，为收财政统一之效，所任命的财政部长同时还兼任省财政厅长。

1. 集中统一财权

9月底，宋子文接任广州国民政府财政部长兼广东省财政厅长，提出了统一财政的主张，认为“统一国家财政，实为发展国家之惟一基础”①。他从厉行统一财政入手，推行一系列改革政策和措施，规划国地税收，分设盐务、税务、禁烟、筹饷、烟酒、印花、沙田等处，逐项整理，各专责成，收入仍有国库、省库之分，而办事并无厅、部之别。为集中财权，宋子文发出布告，令将政府各机关的财政收支权力收归财政部，并接管包括各军征收机关在内的所有征收机构。② 对于各机关团体违抗不遵者，则以破坏统一论罪。统一财政的最大障碍是把持各地税捐征收权的驻军，他们不甘将肥缺拱手让出。对此，宋子文致电各军军长，晓之以理，告诫其“法在必行……毋得

---

① 中国第二历史档案馆编：《中华民国史档案资料汇编》第4辑，江苏古籍出版社1991年版，第1400页。

② 《要闻·政府财政现状及将来计划》，《广州民国日报》1926年1月4日第6版。

妄加干涉，强事截留，或强踞包办，破坏财政统一"①。他一再重申军饷统收统支的命令，即各地筹饷一律缴交财政部，各军军饷概由中央军需局拨发。

在广州国民政府的大力支持下，宋子文的集中财权很快即见效。1926 年初，他对报界宣称：经本部积极整顿，绝大部分征收均归财政部，完成财政绝对统一之期已不遥远。②

2. 划分国地财政权限

广州国民政府为分清国库与省库权限，避免矛盾和纠纷，确定了财政部和广东省财政厅双方所管收入和支出，宋子文决定自 1925 年 10 月 1 日起，照新定之划分标准，执行职权。即"在收入方面：财政部管辖电政、矿税、关税、盐税、印花税、煤油专卖及其他收入、禁烟收入、防务经费、烟酒公卖、铁路收入、沙田清理收入、造币厂收入、银行收入、公债收入；财政厅管辖航政收入、官产收入、田赋、验契收入、商税、屠宰税、商业牌照、厘金。在支出方面：财政部管辖商埠建筑经费、外交经费、各军军费、兵工厂经费、部辖各征收机关经费、大理院经费、中央政府及各直辖各机关经费、国立大学经费、监察院经费；财政厅管辖省政府及各厅经费、各县经费、市政经费、高等厅以下司法经费、公路建筑经费"③。

3. 整顿财政机关

整顿财政机关，健全财政机构，是提高效率的必要措施。1926 年底，财政部下设秘书、总务、统计、税务、盐务、烟酒、印花、禁烟（鸦片）、公债、官产等 10 个处，赋税、泉币、库藏 3 个局，以及中央银行，形成一套新的官制。

针对当时广东各地税收名目繁多，征收机构林立的状况，宋子文进行了精简。比如将西江筹饷总局与各属筹饷分局合并为筹饷总处，隶属财政部；裁撤原本独立的禁烟督办署和印花税分处，另在财政部下设禁烟总处和印花税分处；将原本分属于省政府各部门的沙田清理

① 《要闻·宋子文致国民革命军各军电函》，《广州民国日报》1926 年 1 月 18 日第 3 版。

② 《要闻·政府财政现状及将来计划》，《广州民国日报》1926 年 1 月 4 日第 6 版。

③ 《要闻·财政部与财政厅划分职权》，《广州民国日报》1925 年 10 月 13 日第 3 版。

处、煤油专卖处、爆裂品专卖处、烟酒公卖处等，一并收归财政部；将两广盐运使和盐务稽核所合并为盐务总处，隶属财政部。

通过整顿，不仅节省了行政开支，而且还提高了财政运作效率。

4. 整理税项，增加收入

广东各地厘捐杂税名目繁多，这是宋子文整理的重点，所采取的措施主要是推广完善商人承包税饷制，拟定合理的承办底价，向商人公开招承。此外，还对屠捐、牌照税等实行附征专款，以期增加财政收入。

1925 年 12 月中旬，宋子文的报告称：自接任财政部长后，“勉为其难”，一面设法增加收入，如立煤油专卖等项；一面责成各征收机关，设法垫解，故能集成巨款，应付各方繁重支出。[①]

经过治理、整顿，财政工作逐渐转向正轨，广州国民政府的财政收入随之增加。1926 年 11 月 5 日，宋子文向国民政府暨中央执行委员会政治会议报告，国省两库收入经过整顿，收入比以前增长很多。他就任的第 1 年（1925 年 9 月至 1926 年 9 月），国库省库收入达 8020 万元，比 1924 年省库收入 798.6 万元增加了 9 倍之多。至于其收入的主要来源为：厘捐 1189.5 万元、筹饷 1155 万元、盐税 891.5 万元，其他为杂税 401.6 万元、禁烟 345 万元、印花税 304.2 万元、田赋 301.8 万元、烟酒税 244.3 万元、杂项 277.3 万元、煤油 179.8 万元、税契 161.91 万元、沙田税 66.4 万元、爆裂品 45.8 万元、关税 27.5 万元，此外发行公债票金库收入 2428.3 万元。支出还是以军费为主，达 6128.5 万元，占全部收入的 80%，至于行政费则仅占全额之 15%。[②] 1927 年 1—3 月，省财政收入达到了 3100 多万元，月均超过 1000 万元。这一时期财政收入的迅速增加，得益于国共合作以后，大本营和广州国民政府的工商业政策和财经政策，广东革命根据地的统一，使国民经济得到振兴和发展，税收流失得到有效控制。因此，这一时期，尽管各项开支颇多，但财政依然略有结余，1925 年

① 《要闻·一年来国省库之收入（一）》，《广州民国日报》1925 年 12 月 16 日第 3 版。

② 赖泽涵：《广州革命政府的财政（民国六年至十五年）》，《中华民国历史与文化讨论集》第 4 册《社会经济史》，正中书局 1984 年版，第 49 页。

为15.7万元，次年为81.1万元。①

北伐战争时，一切军需饷项多取自广东，财政收支均成倍增长，时人讥讽宋子文“简直是不顾一切的‘横征暴敛’”②。其实，他的诸多措置在当时亦属不得已而为之。

（二）整理货币金融

金融政策在国家财经政策中占有重要的地位，对国民经济的发展有着举足轻重的调节作用。大本营与广州国民政府时期，在金融方面的重要举措主要表现在两方面，一是设立了中央银行及重设省金库，二是改良币制。

1. 主持中央银行

1924年8月15日，中央银行正式成立，这是广东革命政权所开设的第一家银行。宋子文任行长，为加强其地位，运用政权力量来确立该行货币在流通、支付场合的特殊地位，他上呈孙中山，提出“职行定期发行货币，应通令各征收机关及商民，交易一律通用”“所有公私款项出纳，自应一律通用。在公家征收机关，尤应专收职行货币，以示提倡。事关提倡职行货币信用，应请钧座明令各征收机关，所有田赋、厘捐、租税及其他公款，均一律收受职行货币。其报解公款者，非职行货币，概不收受。至商民交易，应准其照额通用，视与现金相等”③。孙中山采纳了宋子文的建议，并给时任大本营财政部长的叶恭绰、广东省长廖仲恺下达了相同内容的训令。省长公署在中央银行成立之初，便颁令各机关各县，规定“凡中央银行发行之货币，自应视同新币，公私出纳，一律收受。至缴解公款，应由解款人向中央银行换取货币，再行照解各收款机关。对于解款，非该行货币，不得收受，以利推行”④。广州国民政府成立后，又颁令对以低

① 《宋子文报告收支》，上海《民国日报》1927年4月23日第2张第1版。

② 广西政协文史资料研究委员会编：《李宗仁回忆录》上册，1980年编印，第334—335页。

③ 《孙中山全集》第10卷，第532页。

④ 《要闻·通令各机关只用中行币》，《广州民国日报》1924年8月29日第6版。

价收买或拒绝使用该行纸币者，“即行查拿严办”①。实行上述规定后，每月有数百万元的税捐收入，须以中央银行的纸币缴交。这样，在广东革命政府所辖地区里，中央银行的纸币得以逐渐流通起来。

宋子文坚持维护中央银行的信用，不滥发纸币，反对随意垫借军费。在他的努力之下，银行业务发展迅速，实力逐渐增强，至1925年11月，该行月周转总额已达8500万至1亿元，比同年1月增加25倍，即使与8月相比，也增加了8倍多；储蓄额比1月增加6倍多，比8月增加4倍多；各项收支额比1月增加10倍，比8月增加3倍多。次年8月1日，宋子文又宣布，对“流行市面为数甚巨，且价格坠落，几等于零”的广东中国银行钞券，按面值3折收回，并称还将对信用破灭的省立银行钞券进行清理。② 这表明中央银行的实力已增强到能够对广东金融进行维持和调剂。中央银行还陆续在省内各重要商邑地区设立分行、兑换所及经理处。这样，广州国民政府在其控制区域内就有了一个稳固、日益强大的金融中枢，这也为统一广东财政、整顿税项和增加收入，创造了必要的条件。但北伐战争开始后，军需浩繁，中央银行纸币的发行量激增3倍以上，库存准备金亦被大量调走，极大地动摇了该行的根基。

2. 设法维持纸币

民初广东纸币滥发及低折状况严重，缺乏信用，整理纸币传议虽久，但迄无具体办法。1924年7月24日，大本营会议提出议案，决定设立整理纸币维持委员会，由广州总商会、银业公会、商团、九善堂、善团及教育会等代表，联合广东省财政厅长共同组织之。③

粤省频年用兵，年耗军费数千万元，以致公私交困，罗掘俱穷。孙中山处此窘境，虽明知纸币政策为商民反对，不易推行，然舍此又无挽救计划，乃不得不一再尝试。当组织中央银行时，宣称输入外资，救济金融，专营国内生利事业，绝不涉政治范围，欲借此唤起民众的信用心。银行成立后，随即发行新币（简称中币），再三布告，

---

① 转引自吴景平《宋子文评传》，福建人民出版社1992年版，第10页。

② 《国民政府财政部收回广东中国银行券布告》，《广州民国日报》1926年8月2日第5版。

③ 《粤省整理纸币办法》，《银行周报》第8卷第30号，1924年8月5日，第28页。

声明此币可随时现兑，劝导商民安心行用。讵料粤商经历3次纸币损失，痛深创巨，犹未复原。故一闻纸币之声，即若谈虎色变，避之若浼，无论如何劝告，皆一致拒不收纳。又因兵士持币入市，勒迫行使，惹起纷争。[①]

中央银行成立之后，其发行的纸币最初只用于缴纳税捐，不能在市面上流通，但这一规定很快即被打破，与此同时纸币也出现了滥发的现象，导致币值低落，引起商民恐慌。为了维持纸币信用，宋子文发布公函，称商民可以随时在兑换点以纸币兑现。[②] 此做法对维持纸币的信用并未产生大的作用，不但商民不愿使用纸币，甚至连部分政府机关使用银毫及银毫凭单也多于使用纸币。针对这种情况，宋子文不得不于1925年5月函请广东省财政厅帮助维持纸币，望其转饬所属经收人员，嗣后对于收入款项务必一律收受央行货币，不再核收银毫及银号凭单。财政厅对此建议表示赞同，并要求各厘税收入机关遵照执行。[③] 9月30日，广州国民政府令广东省政府速查明严禁低折或拒用中央银行纸币。次年2月，省财政厅发出训令，向各县摊派推行中纸。[④]

不过，此类措施效果仍然不佳，商民时时会去兑现，仍易发生挤兑，纸币信用不彰。这种情况除了不法商人谋取私利外，还与北伐前夕中央银行纸币发行量过大有关，在北伐军费筹措困难的情况下，难免会发生此等事情。5月，与政府关系密切的广州总商会为提高纸币的信用公开造势，宣称央行纸币信用昭著，与现银无异，呼吁各商民一律照常交收纸币，不得歧视与抵折。[⑤] 6月18日，广州国民政府为维持中央银行纸币信用发布告，称奸商扰乱金融，如再低折或拒用国币，即行查拿严办。并要求总商会转告各行商，“尽可到中央银行及

---

① 《银行界消息汇闻·广东中央银行推行纸币不易》，《银行月刊》第4卷第10号，1924年10月，第12页。

② 《银行界消息汇闻·广东中央银行纸币之落价与维持》，《银行月刊》第5卷第1号，1925年1月，第4页。

③ 《银行界消息汇闻·广州中央银行请财厅维持纸币》，《银行月刊》第5卷第6号，1925年6月，第6页。

④ 中国人民银行总行参事室编：《中华民国货币史资料》第2辑，第29、30页。

⑤ 《银行周报》第10卷第20号，1926年6月1日，第15页。

兑换处随时兑现，勿受人愚，自取损失”[①]。

中币以毫洋为单位，初时尚能恪守现兑（即将现银换银纸）而后发行的方针，故发出的纸币数量不是太多，市面乐于行使。其后因军需紧急，渐发渐多，已不顾现兑，发行总额竟达3500万元。至1927年年底，准备金已荡然无存，被迫停兑。

虽然宋子文为维持货币信用而采取了一系列措施，但最终收效不彰。

二　南京国民政府初期

南京国民政府成立后，宋子文于1928年1月出任财政部长，继续施行统一财政、币制改革、预算制度、盐务稽核等举措，取得了一定的成功。抗战以前的10年时期，中央与地方财政关系是国民政府整合中央与地方关系中最为重要的一环，通过艰苦努力，两者之间财政关系的整合基本取得成功。中央财政由割裂渐趋统一，地方财政由无序走向有序。宋子文主财时，工作中心即是划分国地收支和实行中央财政的统一。他曾于1929、1936、1937年以及1938年广州沦陷前，多次赴粤整理财政金融，稳定广东经济，协调宁粤关系。

（一）厘定南粤国地收支

南京国民政府成立后，根据孙中山中央地方均权的原则，着手制定相应的法规。1927年夏，财政部长古应芬提出《划分国家收入地方收入暂行标准案》。次年，财政部长宋子文召开全国财政会议，在会上，国地收支划分成为讨论的热点。广东省财政厅提交了《广东国地两税请予以整理期间从十七年度开始至少一年然后划分统一案》，要求中央同意广东暂缓实施国地税的划分。该提案的主要内容为："按广东人民担负全国革命事业之供给为各省之冠，仅新旧债券额就达二万万元，十七年度广东预算中没有列支债项仍不敷一千万元，倘国地税划分后，广东惟靠岁入二千四百余万元之地方税以应付二万万

① 中国人民银行总行参事室编：《中华民国货币史资料》第2辑，第31页。

元以上之债，不破产何待？另外就情理道义而言，想中央及各省对此案应有十二分之谅解。”但广东的提案几乎遭到所有代表的一致反对，大会提案审查小组认为，粤省因助成革命事业，担负接济，不惜巨大牺牲，其中困难情形自属实在，但划分国地收支案业经大会议决，各省同有艰困，因赞助中央统一计划，均一致赞成，事关统一大计，仍希望按照本会会议议决案一体划分。大会主席宋子文和财政部次长均发言，认为广东财政困难，中央自应帮助解决，但财政和财政制度则应确立而不能破坏。①

最后，大会形成统一方案，即《划分国家收入地方收入标准》和《划分国家支出地方支出标准》，对国家收入与地方收入范围作出规定。中央财政与地方财政收支划分后，又建立了中央与地方的补助制度，凡裁厘后收入骤减的省市财政，中央必须予以补助。自此，中央与地方的收支，才各有界限可寻。

（二）赴粤整理财政

全国财政会议结束后，1929 年 6 月 11 日，宋子文抵穗，与陈铭枢、陈济棠等商讨统一财政问题。决定整理粤省财政，划分国省两税，将此前的国税公署改为财政部广东财政特派员公署，财政厅依旧办理省税，同时调整了地方各级财政机关。

广东财政特派员公署内设秘书、参议、咨议 3 室和 3 课，此外，还直辖海关监督署、盐运使公署、粤桂闽统税局、烟酒印花税局、禁烟局 5 个税收机关。财政厅直属于省政府，管理全省库藏、公债、钱币、会计、政府专卖、整理土地及一切财政收支事项，并监督指挥所辖各机关及公共团体的财政。②

宋子文着手划分国省两税，按照全国财政会议文件，中央收入共 14 种，即关税、盐税、烟酒税、印花税、货物税、沿海渔业税、矿税、煤油税、交易税、国有产业收入、各项规费、所得税、遗产税、

---

① 张连红：《整合与互动：民国时期中央与地方财政关系研究》，南京师范大学出版社 1999 年版，第 59—60 页。

② 广东省政协文史资料研究委员会编：《广东文史资料》（选辑）第 29 辑，广东人民出版社 1983 年版，第 39—40 页。

特种消费税。地方收入共12种，即田赋、契税、牙税、当税、屠宰税、内地渔业税、船捐、房捐、地方产业收入、各项税费、营业税、宅地税。不久又将沙田、筹饷（赌税）收入，一并列入省库。故国省税之划分，乃稍具雏形。[①] 按此收入标准，将地方党务、行政、财务、农工商、债务等9项定为省经费开支。中央所存留者，主要是军事、外交、内务、国务、司法等13项。根据此次整理之结果，在粤国税每年收入在粤币2000万元以上，应一律汇解中央，关于国库项下之支出，由中央另行拨付。省税每年得4000多万元。[②]

8月，广东省财政厅首次缴解国库税款（因前宋子文在粤时，令将广东厘费、禁烟费、糖类捐等由省库代收）。同月19日，广东省财政厅长范其务将上月省库代收之各款解往国库。[③]

第一次全国财政会议对国省财政的划分标准，比较偏重于省，省库支出骤减，从账面上看1930年广东财政赤字不但大为减少，甚至破天荒地时有盈余，这主要是因为之前岁出的最大项目——军费已划归中央财政管辖。但广东军费由本省财政特派员发给，所以军费开支虽然名义上已归中央负责，但实际上还是由自己负责，开支仍属自身开支，因此省财政赤字丝毫没有减少。这年12月，范其务致电财政部长宋子文云：本省每月军费开支须粤币430.3万元，而年来国税收入月均仅284.4万元，收支相差极大。同月25日，广东省主席陈铭枢致电宋子文亦称：粤财政特派员公署经财政部核定及电令应支付者，每月450.4万元，但是该署每月仅收到国税各机关解缴的款项260万元，不敷之数高达190万元。[④] 中央财政不足开支，国库只得频频向省库借支，这年借款占省库全部支出的40%，而广东省、市全部经费（包括党、民、财、教、建、司法等项）支出，还未达全部支出30%，偿还债款（包括偿还、拨还、库券等项）占全部支出

① 广东省政府秘书处编：《广东年鉴》，第8编《财政》第1章“财务行政”，1941年。

② 《宋子文整理粤财政》，《银行周报》第13券第24号，1929年6月25日。

③ 《要闻·范其务规划清理公债》，《广州民国日报》1929年8月20日第4版。

④ 中国第二历史档案馆等编：《国民政府财政金融税收档案史料（1927—1937年）》，中国财政经济出版社1997年版，第959页。

的25%还要多。

虽然在理论与政策上划分了国地收支，但实行起来却如履薄冰。自民初以降，由于各路军阀经常截留税收，使广东财政收入极不正常（财政收入受政局的影响大于受经济的影响，是粤省财政的一大特点）。当政者主张改革税制，但为筹款，不得不继续借助“筹饷”（赌税）、“禁烟”（鸦片税）、厘金等不良收入，直至1931年后，才逐渐建立起国家税、地方税的体系。

（三）部署裁撤厘金

厘金包括通过税、落地税（地方政府对城镇集市贸易物品所征的捐税）及一些出产税，复杂异常。在广东，厘金按行商坐贾分为“行厘”与“坐厘”，税率极不一致，也不限于1%。“行厘”即设厘厂28所，其分所、分卡及分哨则遍布于沿海沿江。“坐厘”有台炮经费（清朝时为筑虎门炮台向商人征税，又称台炮捐）等。由商人承办厘金者，亦另设哨卡征税。

在政府预决算书中，难得厘金收入之真相。民初官办时期，全年可征厘金400余万元。1921年廖仲恺整理本省财政税收，将厘金改由商人承包，税额增为600余万元。① 1927年7月22日，南京国民政府公布《裁撤国内通过税条例》，并布告从9月1日起，先在粤、桂、苏、浙、皖、闽六省实行。② 但以后几年间，厘未裁却加征特种消费税以相“抵补”，引起商民反对。1930年10月，行政院发布即将裁厘训令后，范其务、陈铭枢等分别致电财政部长宋子文，胪陈粤省财政奇困、收不敷支，恐难按期裁厘。③ 据这年财政特派员呈报各省每年厘金收入约数，广东为1410万元，高居榜首。④

广东奉财政部令于1931年起裁厘，而后全省岁入不过2576.5万

① 谢永年：《裁厘声中之粤省厘金》，《广州民国日报》1928年10月30日第2版。

② 金鑫等主编：《中华民国工商税收大事记》，中国财政经济出版社1994年版，第123页。

③ 中国第二历史档案馆等编：《国民政府财政金融税收档案史料（1927—1937年）》，第958页。

④ 《国内经济事情》，《工商半月刊》第2卷第18号，1930年9月15日。

元，岁出却为3688.2万元，不敷达1111.7万元。若再禁赌，则不敷将达2886.7万元。故范其务晋京向宋子文面陈窘状，请示弥补办法。①

结果广东只将行厘各哨卡撤销，而对坐厘仍征收如故。此外，为了弥补政府税收损失，又搞裁厘加税，重订各行业税额，一般增加1至4倍，同时还新增了统税、营业税等项目。这样，人民的负担不但没有减轻，反而加重了。

（四）主持粤币改制

广东币制以“小洋”（又称毫洋）为本位，历来自成体系。1936年两广事变解决后，南京国民政府将整理广东财政、统一币制，列为中央施政首要项目之一。

为统一全省币制发行事宜，财政部决定创设中央银行广州分行，改变原来由省银行发行纸币漫无限制之弊病。在央行广州分行成立以前，省银行先行被接收。广东省银行将全部发行事务移交（财政部）发行准备管理委员会广东分会接管，于8月22日正式接收完毕。至于广东省银行及广州市立银行所发行的毫券，本系粤省所独有，并非中央法定货币，故财政部令厅属委办机关及承商公司，以后公文来往对于毫券禁称法币，以符名实。②

11月中旬，全国经济委员会委员长、中国银行董事长宋子文应广东银行董事会（宋氏兼广东银行董事长）之电促，由上海南下香港，主持该行当月23日举行的复业典礼。据媒体报道，宋子文发表公开谈话，称要以“广东人之资金，发展广东人之工商业”。香港舆论认为，“宋氏之眼光，岂只关注香港一隅”，其“此行岂只为广东银行主持复业典礼哉？此后广东银行其关系于广东亦重矣！”尤其是宋子文还说：“广东是一个非常有希望的地方，将来发展起来，可以做中央政府的后方。”“一旦发生战事，不特军事要受经济支配，而一切问题皆须受其支配。”媒体评价道：此言“更堪注意！广东人宋

① 《国内经济事情》，《工商半月刊》第3卷第4号，1931年2月15日。

② 《金融日志》，《银行周报》第20卷第35号，1936年9月8日。

子文，想在不久之将来，对于广东必有极伟大之贡献”①。

11月24日，宋子文乘车抵穗，次日主持广东银行广州分行复业事宜，各界到者二三百人。宋氏继与余汉谋、黄慕松商讨广东经济财政问题。当晚约见省税收机关长官，垂询税收情形及计划会商整理财政各项问题。并定26日赴广州市商会，讨论大小洋比率问题（此为粤省币制改革的关键问题）。②

宋子文再度赴港公毕后，与11月30日晨乘轮船抵穗，下榻梅花村宋子良（时任广东省财政厅厅长）公馆。上午会见广东省军政长官，进一步研讨经济问题。下午分访经济界各领袖，交换金融及实业等方面意见。12月1日上午，参加中央银行广州分行开幕典礼。据报道，孔祥熙曾电告广东当局，谓宋氏此来，具有发展华南经济之决心，望乘机与宋进行切实商讨解决。孔并分电宋，请其尽量与粤省当局商讨改善及发展广东经济问题。③

1937年6月18日，宋子文奉国民政府及蒋介石之命赴穗考察经济。他与广东当局及银行各界负责人分别会商粤币改制（改以大洋为本位）问题，经体察粤省推行国币情形，认为此时统一币制时机已经成熟，亟应以国币收回毫券。决定遵照中央确定之原则，定出统一广东币制改革办法，由财政部公布施行。④

6月20日，宋子文在中央银行接见中央社记者，对财政部公布统一币制问题发表谈话。谓：“我国货币向称繁复，自废两改元，迄实施法币以后，各地货币已趋统一。”唯粤省习惯，向用毫洋，虽于1935年11月随中央同时改制，“惟为行使毫券未能归于一致。且当时以政局未臻统一，粤币对国币之比价，涨落无定，民众对于货币不安定之苦况，盖已备尝”。上年7月“政局统一，中央整理粤政，首先注重整理币制。而整理步骤，自应先将原用货币之价值，使之安定，俟有成效，再进而改用国币，俾归统一”。故财政部特于该年8

---

① 社论：《宋子文南来关系广东之经济复兴》，《香港工商日报》1936年11月21日第2张第1版。

② 《粤省要闻》，《香港工商日报》1936年11月26日第2张第3版。

③ 《粤省要闻》，《香港工商日报》1936年12月1日第2张第3版。

④ 《改革粤省币制令》，《中行月刊》第15卷第1期，1937年7月，第70页。

月厘定两项办法，“施行以来，币值尚能安定不变，粤省经济状况，日见活跃。足以证明初步已告成功。现在已达到相当期间，实有进行第二步骤，改用国币之必要。蒋委员长对此问题，关念至切，与关系当局及经济专家缜密研讨，爰决定积极实行统一货币方案”。“查粤币与国币市价常在一五左右，维持达九阅月。在此过程中，物价颇为安定，但以受政局统一以前物价暴涨之影响，虽在安定之中，较之他地仍觉略高。兼之世界及全国物价，亦在上涨之中，此时特将粤币确定比率，藉使物价略为平衡。粤为缺米省份，向系仰给于外洋，及他省接济。似此于民食方面，亦较有利，人民负担藉以减轻。然若币值过昂，又恐阻碍经济之发展。今比率定为照加四四，权衡实为平允。此后粤省币制，即一律以国币为本位。兹全国货币统一，可不因粤畸形之沿袭致生歧异。金融组织将愈见健全，商市流通，亦愈趋稳定矣。”①

6 月 21 日，国民政府财政部颁发《改革粤省币制令》，规定：(1) 自 1938 年元旦起，所有粤省公私款项，及一切买卖交易之收付，与各项契约之订立，均应以国币为本位，如再以毫券收付，或订立协定者，在法律上为无效。(2) 广东省银行、广州市立银行发行毫券，截至本年 6 月 19 日止，共计 33784 万元。自 6 月 21 日起，以一四四为法定比率折合国币，即毫券 1.44 元折合国币 1 元。在本年年底以前，按比率照常行使，但以国币照法定比率交付者，不得拒收，违者严惩。(3) 广东省银行、广州市立银行所发毫券，自即日起，由中央、中国、交通三银行，及广东省银行按照法定比率，负责以国币陆续兑回销毁。(4) 发行准备管理委员会广东分会，对于尚未收回毫券，应随时保持原有比例之现金准备。②

除货币改革之外，宋子文还与银行界订立绅士协定，“各行相约所收粤省存款，专投资于粤省，保持低利开发粤省建设与实业，希望中央储备银行成立后，各处利率一致减低，现在绝不将粤省利率提

① 《中央改革粤省币制》，《银行周报》第 21 卷第 24 号，1937 年 6 月 22 日，第 8—9 页。

② 《重要经济法令·改革粤省币制令》，《中行月刊》第 15 卷第 1 期，1937 年 7 月，第 69 页。

高，将来由省府之重大建设及实业借款如黄埔第二期建设借款等，或不免请各银行一致参加”。这些信息让不少银行看到了在广东发展实业的机会，纷纷赴粤进行实业调查。[①]

币制改革，从货币发展的观点来看，以信用货币代替地方滥发纸币，具有历史进步意义。它不仅简化了币制，推动了全国币制的统一，扩大了货币流通范围，谋得省际贸易之裕如，而且也有利于国家社会经济的稳定，尤其是当这种改革完成于抗战前夕，还具有重要的政治意义。

（五）加强粤海稽私

民国以降，广东沿海走私问题愈益严重，成为海关面临的严重问题。南京国民政府统治时期，缉私事务已成为海关“第一要政”，故缉私机关亦得到重视。除盐务局设有盐警队，禁烟局设有侦缉队，沙田局设有护沙队等武装力量外，还设有专门缉私的机构，如广东全省水陆缉私总处、税警总团等。宋子文任财政部长时，整顿海关，扩充缉私舰队，其中华南舰队总部设在香港九龙关，拥有占全国半数的舰艇，实力最为雄厚。[②] 但30年代前期，广东走私活动并未稍减，特别是日本浪人十分猖獗。

（六）赴粤稳定金融

抗战爆发伊始，日本尚未直接进攻广东，省港成为全国对外联系之孔道，具有极其重要的战略地位。

1938年5月24日，南京国民政府经济委员会常委宋子文由武汉抵穗，与余汉谋、吴铁城、曾养甫等政要商谈稳定广东金融办法。[③] 经与银行界、经济界人士会商后，决定4项官商合作稳定金融办法，并由华南米业公司紧急调运粮食，稳定战时广州经济。

---

① 王丽：《走向“统一”的广东省货币金融》，《暨南学报》（哲学社会科学版）2014年第10期，第147—148页。

② 广州市政协文史资料研究委员会编：《广州文史》第46辑，广东人民出版社1994年版，第92页。

③ 广州市文史研究馆编：《广州百年大事记》，第495页。

三 战后主政广东时期

抗战结束后不久，国民党统治形势日趋恶化。1947 年 9 月，宋子文被委任广东省政府主席，当时各界尤其是工商界尤表欢迎与期盼，认为“当前我国地方政治之困难及失败，乃在财政上之失败，以一位专长于经济财政人士，处理广东政务，更有值得乐观之处”[①]。宋子文积极整理财政金融，增辟税源，加强缉私。重视利用外援和华侨资本，发展实业，并改善了基层政权的财务状况。但其无力回天，于 1949 年 1 月黯然去职，结束了其政治生涯。

（一）主要财政政策及其措施

1. 利用外资和侨资，加强与资源委员会合作

发展经济需要资金，但广东财政入不敷出。因此，宋子文注重利用外资和侨资，并寻求国民政府资源委员会合作，以弥补经济建设资金的不足。

宋子文素与美国实业界关系密切，主粤之初，即与美商煤油大王之孙洛克菲勒氏商谈对华南投资事宜。1947 年 10 月 19 日，美使馆参赞基尔柏德到粤，与宋商定“广东开发及救济计划”。此外，美商潘宜公司也和宋进行了多次会商。[②]

侨汇堪称粤省经济命脉和国家平衡国际收支之资源，宋子文谓今后施政方针，将侧重整理侨汇，发展实业。将利用巨额之侨汇，发展本省实业。[③] 同年 12 月，他希望省内外实业家以及侨胞，前来投资经营，各项工商事业，政府将予以充分保障和援助。[④] 广东省银行亦积

---

① 《宋子文主粤政，工商界表好感》，《经济建设》第 5 期，1947 年 10 月 16 日，第 22 页。

② 高澜：《华南面临“九一八”前夜》，《光明报》1948 年 4 月 1 日，第 10 页。

③ 《宋子文正式视事》，《申报》1947 年 10 月 3 日第 1 版。

④ 宋子文：《广东省参议会第一届第三次大会作的施政报告》（1947 年 12 月 2 日），《粤侨导报》第 17、18 期合刊，1947 年 12 月，第 10 页。

极推设国外行处，“争取侨汇，不遗余力”①。

宋子文利用人脉关系，积极谋划通过与国民政府资源委员会合作，以带动发展省营事业。他邀请经济、技术、财政等专家访粤，洽谈各项措施。②

1948 年 10 月宋子文担任省政府主席周年时，他谈到粤省建设的成绩，不无得意，谓目前省营事业的收入已较一年前增加两倍，实业如堤围工程、增加警保力量、滃江水利建设、南岭铁路支线的兴建、黄埔港等巨大事业需用款项，均系省方筹措。并表示今后将加紧建设，以底于成。并许诺以后财政支出好转，第一步将增加公务人员的待遇。③

2. 增辟税源，应对县市政费支出

由于各县市局法定收入不敷政费支出，宋子文遂采取多项措施以增辟税源。1948 年 2 月，根据财政部颁《县市开辟特别课税办法》，拟具《广东省各县市局开辟特别税课实施标准》。④

同年，订定《广东省自卫特捐施行细则》，除规定向法人及自然人征收外，并调整屠宰税、营业税、契税、特产税及地价税、土地增值税的税率，作为自卫经费之需，另立特别预算，不列入县市总预算范围。⑤

为清除各县（市局）屠宰税积弊，广东省财政厅制定标征屠宰税办法。在推行过程中，不断改善标征办法。到 1948 年年底，计有 73 个县已实施标征屠宰税办法。⑥

3. 整理税捐，调整征收率

营业税、土地税及契税为地方财政的三大主要来源。为增加收

---

① 广东省政府秘书处编印：《广东省政府施政报告》（1948. 5），《广东省银行工作报告书》，第 3 页。

② 《粤省工业计划三年有成，翁文灏氏南来策划》，《金报》第 38 期，1948 年 1 月 13 日，第 5 页。

③ 《宋子文主粤一年谈感想》，《申报》1948 年 10 月 6 日第 5 版。

④ 广东省档案馆编：《民国时期广东省政府档案史料选编》（10），1988 年编印，第 67 页。

⑤ 广东省政府秘书处编：《广东省政府施政报告》（1948. 12），《财政》，第 11 页。

⑥ 同上书，第 8 页。

入，自1948年1月起，实施营业税修正税率，按课征标准：以营业收入额者征收3%，以营业收益额者征收6%，以营业资本额者征收4%。广东省财政厅还将营业税起征点核定为：以营业收入额为课征标准者，每月最低不得少于法币600万元，以营业收益额为课征标准者，每月最低不得少于200万元。同时改变商人纳税旧习，实行按月清收，期无延欠。[①] 为顺利开征行商营业税，财政厅先后订定各县市查征住商及行商营业税应行注意事项，并划一规定住商运货外销报税办法，通饬各县市稽征机关依照办理，以利征纳。[②]

因金融波动及币制改革，为增加税收，各种税捐征率征额均经参照物价指数，并体察实际情形，在规定标准内予以调整。

各县市税捐应征数额，按月提高，由广东省财政厅斟酌各地商业情形及物价指数，按期核定比额，如营业税第二季较首季增加5倍，县税捐第二期比额为第一期的3倍，并定颁工作竞赛办法，经常督饬报告征解数字，与比额对照，以定奖惩，提高稽征效率。[③]

4. 督征清欠，整饬税务

1947年，广东省财政厅派员督征营业税，“收效尚宏”。次年5月，择定税源旺盛之南海等16县市，划分6区，派员前往全面督征，限期清收欠税，并调查当地经济情形及商场状况，以为核税根据。同时注重采纳舆情，周咨博访，将征询所得详为呈报，以资参酌改善。[④]

依照国民政府财政部所颁发的各县市税捐稽征处长征收各项税捐考核办法，规定按年执行考核，对于不设税捐处之县，亦准以该县长为考核对象。加强对各县税务人员操守的查察，如有贪污不法或怠弛职务者，除依法予以行政处分外，其涉及刑事范围者，并扣送当地法院惩治，以期整肃税风。计半年内经办税吏被控案件47宗，其中查明舞弊属实经予以撤职移送法院者有14人。[⑤]

为减少开支，在各地缩编稽征机构。各市县凡已标征屠宰税地

---

① 广东省政府秘书处编：《广东省政府施政报告》（1948.5），《财政》，第17页。
② 广东省政府秘书处编：《广东省政府施政报告》（1948.12），《财政》，第6页。
③ 广东省政府秘书处编：《广东省政府施政报告》（1948.5），《财政》，第20页。
④ 同上。
⑤ 同上书，第21页。

区，如无其他税收，其原有分处经饬由县处斟酌实际情形，予以合并。分别裁撤了地方贫瘠而税捐经征费用较多的吴川、临高、和平、连平、翁源、花县等32个县的税捐稽征处，其原有业务由县政府设股兼办。[①] 为紧缩开支，1948年11月，裁撤了35个专设代库和17个代库办事处。[②]

5. 改善各县财政状况

广东省内各县财政收入不均，相差悬殊。以1948年各县地方预算为例，其岁入岁出总额共为法币8339亿元，各县收入总额在100亿元以上的有13个县市，在100亿元以下的有72个县市，故大部分财力不充裕。中山县数额最大，超过500亿元，白沙县的财力最差，总额仅5亿余元。[③]

为改善县市财政状况，一方面简化手续，重新修订各县市局动支预备金及临时费办法，力求人力物力的节省。另一方面，提增贫瘠县份补助款，除乐东、保亭、白沙、连南县全部支出由省在协助款项下拨支外，还对平远、封川、仁化等24县局进行酌量补助。因物价飞涨，从1948年7月起，照上半年各月份补助数额一律增至10倍，同时督促各富庶县份迅速提解协助款，以应支需。[④]

6. 推设县市银行体系

到1948年5月，全省共成立县市银行18家，已领执照者有高要、合浦等11个县市，尚在办理登记手续中的有东莞、梅县等7县，已成立筹备会的有潮阳等33个县市。为继续推设及促使各县市银行业务普遍发展，省政府拟具该年度监理县市银行业务及推设工作计划，对已成立的县市银行严密监督其业务，并指定财力较丰裕之县份，在当年内筹设完成，已成立筹备会者督饬赶速募股提前开业。[⑤]

---

① 广东省政府秘书处编：《广东省政府施政报告》(1948.12)，《财政》，第11页。

② 同上书，第13页。

③ 毛松年：《本省县市地方预算问题》，《法商学院院刊》第17期，1948年4月25日，第1页。

④ 广东省政府秘书处：《广东省政府施政报告》(1948.12)，《财政》，第4—5页。

⑤ 广东省政府秘书处编：《广东省政府施政报告》(1948.5)，《财政》，第25页。

（二）币制改革的应对

1948 年年初，物价狂涨，法币迅速贬值，不仅国库开支难以控制，农工商各业亦陷于停顿不安之状态。

稳定物价至为关键，而首先要做的就是稳定币值。对此，宋子文表示：要稳定币值，严厉取缔外币、黄金交易，如有违犯，没收充公。[①] 为挽救财政经济的崩溃，国民政府于 8 月 19 日颁布了《财政经济紧急处分令》和《金圆券发行办法》等法令。主要内容包括：发行 20 亿元金圆券作为本币，以法币 300 万元折合金圆券 1 元的比价收兑法币；限期收兑民间所有黄金、白银及外币，逾期任何人不得持有，不在限期内兑换或存储者，一律没收；限期登记管理国人存放国外的外汇资产，违者予以制裁。[②]

币制改革后，国民政府行政院院长翁文灏致电宋子文，谓财政经济紧急令之执行，关系至要，广州为重要地区，希望切实改革方案，以期得巩固币信，稳定物价。[③] 随后，宋子文被中央任命为广州区督导员，他认为币制改革“关系国家民族前途，只许成功，不许失败，故需劝告各行业本牺牲精神，克服一切困难”[④]。

为防止港币作祟，广东当局于 8 月下旬采取措施，严厉制裁境内之港币买卖，情节重大者将按律处以徒刑。并清查穗市各银行钱庄，取缔黑市汇兑。[⑤]

接着拟定具体办法，如严厉限制物资外逃、调剂各地物资、加强管制粮食、严加取缔奸商、检查商店、提前配售日用品、买卖外币决处重刑、商号非经核准不得停业。随着各项政策、措施的出台，市面“混乱状态，顷已略见平靖”[⑥]。

在币制改革之初，省内各地反映基本良好，民众亦对金圆券抱有

---

① 《宋子文离桂返穗》，《申报》1948 年 3 月 15 日第 1 版。

② 吴冈编：《旧中国通货膨胀史料》，上海人民出版社 1958 年版，第 100—102 页。

③ 李学通：《翁文灏年谱》，山东教育出版社 2005 年版，第 341 页。

④ 《穗市商会维护新币，宋子文命取缔资金逃避》，《申报》1948 年 8 月 25 日第 1 版。

⑤ 《防止港币在华南作祟，粤决定金融措施》，《申报》1948 年 8 月 23 日第 2 版。

⑥ 《穗物价涨风渐平》，《申报》1948 年 10 月 17 日第 2 版。

信心。据广东省财政厅《实施经济政策调查表》反馈，连县、兴宁、惠来、化县、新会、开建等县市场，“交易情绪良好”“民众信仰新币（按指金圆券）甚坚”，而“无发觉有黑市交易情形”①。

但10月以后，广东金融市场又呈混乱现象，金圆券贬值之快较法币更甚。随着游资滚滚南流，刺激市场物价，各地又普遍掀起涨风，其中尤以外汇有关物品为最。② 11月11日，国民政府行政院召开临时会议，通过《修正金圆券发行办法》。内容主要是：（1）对外汇率改为金圆券20元折合美元1元。（2）规定人民得以金圆券存入中央银行，于期满1年后，得按存款日汇率，折提黄金或银币。（3）同时修正《人民所有金银外币处理办法》，准许人民持有黄金、外币和银币，但除银币外禁止买卖流通。至此，币制改革宣告失败。③

12月17日，行政院颁布《金圆券存款兑现办法》，规定每成年人得凭身份证，于每3个月存兑黄金1市两。宋子文即日致电财政部长徐堪，谓广州毗邻港澳，极易走私，若执行该办法，兑售黄金必全数走私至香港，有失承兑原意。因“华南环境特殊，拟请将黄金兑现新办法暂缓在穗实施，以免资金外流”④。

（三）在粤海稽私

战后广东走私之风仍炽。1946年年底，粤海关重新组成华南缉私舰队，拥有43艘舰艇，实力仍居全国之道。其总部仍设九龙，有力地打击了海上走私活动。⑤ 因香港成为私枭的大本营，中英双方曾签订联合缉私协定，⑥ 以共同对付走私狂潮。1947年，成立游缉总队，约有1个师的兵力，由广东盐务局调用，实由宋子文控制。⑦

虽然广东缉私机构拥有庞大的武装和组织，并严密设置缉私网，

---

① 《连县县政府“电缴实施新经济政策调查表一份请察核由”》等6份电文，广东省档案馆藏财政厅档案，档案号：4—1—214。

② 《游资滚滚南流，广州重起涨风》，《申报》1948年12月4日第2版。

③ 李学通：《翁文灏年谱》，第348页。

④ 中国人民银行总行参事室编：《中华民国货币史资料》第2辑，第766页。

⑤ 广州市政协文史资料研究委员会编：《广州文史》第46辑，第97页。

⑥ 《香港工商业的演变》，《香港商业年鉴》，香港新闻社1949年版。

⑦ 李庆新：《民国时期广东盐业发展概况》，《广东史志》1991年第2期。

也曾相当程度地打击了私枭的气焰。但由于管理不善，用人不当，以致某些缉私人员贪污腐化，执法犯法，竟使缉私机构变成走私机构。还有的缉私部门滥设交通检查站，利用职权，敲诈勒索行旅，或变卖所查私货以牟非利等，病商扰民，莫此为甚！

（四）财政政策的实效

宋子文雄心勃勃，投资建设项目多，利用各种渠道筹集资金，取得了一定成效。有谓粤省建设“用过的资金，为数之大，尤非过去各年所能望其项背”。广东省财政厅长胡善恒称：1948 年“举办各项生产事业所需之费，亦系由宋主席多方设法筹垫，而未增重省库负担”①。

然而，为了绥靖“剿匪”而扩编保警团队，支出较以往更加增多，而实际收入却因物价升涨而反形减少，故广东财政并未摆脱依赖中央的状况。省有之收入，“不足应付实际支需，所有公教人员生活补助费，仍须赖中央补助”②。以 1948 年上半年省库收支为例，合计收入法币 1162468885 千元，其中中央补助收入 1006864327 千元（占 87%）。③由于“政费罗掘俱穷”，一般机关事业经费拮据，广东省政府被迫裁员 15%；公教人员待遇低微，实际支薪被打 8 折。④ 正如省会计处处长毛松年所讲，保甲长向乡镇公所讨经费，乡镇公所向县政府讨经费，县政府向省政府请求补助，而省政府的大部分经费须由中央补助。这样级级向上要钱，层层仰赖，实在不是财政上应走的途径。⑤

宋子文的财政神话终告破灭，并于 1949 年 1 月卸任广东省主席，从此告别政坛。

（原载纪宗安、马建春主编《暨南史学》第 11 辑，广西师范大学出版社 2015 年版）

---

① 《1948 年广东经济的总结》，《经济建设》第 4 卷第 1 期，1949 年 1 月，第 7 页。

② 木艮：《宋子文治粤一年》，《观察》第 5 卷 10 期，1948 年 10 月 13 日，第 11 页。

③ 《1948 年广东经济的总结》，《经济建设》第 4 卷第 1 期，1949 年 1 月，第 6 页。

④ 木艮：《宋子文治粤一年》，《观察》第 5 卷 10 期，1948 年 10 月 13 日，第 11 页。

⑤ 毛松年：《本省县市地方预算问题》，《法商学院院刊》第 17 期，1948 年 4 月 25 日，第 3 页。

陈济棠与广东统制经济

陈济棠是民国时期一位比较有作为的地方实力派代表人物，在1929年至1936年统治南粤期间，拥兵自重，但亦注重发展实业，以利巩固其政权。陈济棠重视地方建设，提出了将广东建设成“模范省”的施政纲领和计划，积极开展经济建设，并取得速效，这与其大力推行统制经济是分不开的。

统制经济实际上是一种介于“自由放任经济”与“计划经济”之间的工业化宏观管理体制。“统制经济”（controlled economy）一词最早出现在第一次世界大战期间，[①] 当时欧美各主要资本主义国家为供应军需、保障生产和人民生活，对一些军需用品和日常必需品进行全面的统制，形成了战时统制经济体制。但大战结束后，各国恢复了自由主义的资本主义经济体制。1929年随着资本主义世界经济危机的爆发，欧美各资本主义国家为了摆脱经济危机，纷纷采取措施，放弃“自由主义”的“放任经济”，开始制订经济计划和经济政策，实施全面的国家干预、调节和管制，以此弥补市场经济的不足。由此“一战”期间为战争目的而临时实行的统制经济再次在世界兴起，成为各国应对经济危机，重新发展和复兴的“良药”。此时的德国、意大利、美国和苏联等国实行的新经济政策均具有“经济统制”的特征，成为最为流行和时髦的词语之一。

孙中山“节制资本”的思想可以说是统制经济思潮在中国的思想渊源，他既不主张采取资本主义自由竞争进而形成垄断资本的方式，

---

① 有谓统制经济这个概念的最初出处目前无从查考。参见聂志红《民国时期的工业化思想》，山东人民出版社2009年版，第67页。

也不主张采取苏联社会主义计划经济的方式，而是主张通过“节制私人资本”和“发达国家资本”的手段防止欧美资本主义积弊的发生，同时又要发展中国的国家资本主义，这种思想对后来人包括陈济棠具有很大的影响。

目前学界对于中国统制经济的研究主要集中于抗战时期，如国民政府统制经济、日伪统制经济、伪满政府统制经济等，其中涉及华南的著述主要有黄菊艳的《日本侵略者对广东的经济掠夺与经济统制》（《广东社会科学》1996 年 4 期）、赖正雄的《抗战时期日本对华南地区经济掠夺与统制特点》（《江海学刊》2004 年 1 期）等。对于战前区域统制经济的研究尚较薄弱，以往虽多有研究陈济棠与广东的经济建设，但对其经济统制思想及其政策措施（这一点在当时地方建设中是比较典型的）关注不够。

一　时代背景

广东是中国民主革命的策源地。民国建立后，孙中山仍经常以广州为基地进行活动，在创建和领导革命政府的过程中，大力阐述其经济思想和实业政策。

护法运动期间，孙中山曾在广州多次演讲中国革命及建设问题，勉励大家积极参与建设事业。

孙中山被誉为“中国的发展计划之父”[①]。1918 年，孙氏完成《建国方略之二——实业计划（物资建设）》一书，这可以说是他现代化建国思想的集中体现。其中有关华南方面，首先肯定了广州的重要经济地位，继而以此为中心，围绕如何将广州建成新都会，提出了一整套计划，并制订了实施计划的具体方案和步骤，内容相当详尽，对于广东的经济建设具有深远的影响。

1925 年 7 月 3 日，广东省政府成立并公布宣言，其经济内容包括蠲除苛细杂捐计划，禁绝全省烟赌计划，裁厘加税计划，发展工业、

① ［美］阿瑟·恩·杨格：《1927—1837 年中国财政经济情况》，陈泽宪、陈霞飞译，中国社会科学出版社 1981 年版，第 327 页。

保护商业、保护农民和工人利益计划，整理交通计划等。[①] 在20世纪20年代中期，粤省工商及交通运输业都有了一定发展，虽增加了政府的财政收入，但由于这一时期东征、西征、北伐等军事任务繁重，革命政府有限的财力主要投入军费开支，戎马倥偬，无力也无暇顾及实业建设。

20世纪20年代后期，国民党内部派系斗争加剧。经过1929年的粤桂战争，陈济棠担任了广东编遣区主任、“讨逆军”第八路军总指挥，取得广东军事大权。以后他又掌握了南粤政治权力，与南京国民政府分庭抗礼，直到1936年“自动下野”为止。

自辛亥革命以来，广东长期处于动荡之中，十分不利于社会经济建设。陈济棠刚上台时，广东的经济非常困难，积欠内外债2亿元，军政各费2000万元。15万军队和臃肿的官僚机构开支巨大，每月财政赤字达70万元，军队欠饷3—5个月。地方近代工业薄弱，商业凋零，原来作为地方税收支柱的进出口贸易也因受到世界经济危机的冲击而萎靡不振。[②]

陈济棠掌握了全省军政大权后，省内的社会秩序相对较稳定，为发展经济营造了一个良好的环境。他自身也可抽出更多的精力来关注广东的建设事业，以实现其治粤蓝图。

陈济棠在1929年5月讨伐桂系军阀时，发表《敬告民众书》，谓其“治军日久，无论驻防何处，对于地方建设，从来不敢漠视”。同年7月1日，在国民政府成立四周年庆祝会上，号召“把广东成为中国模范省，同时才不辜负我们策源地的广东”[③]。1932年9月14日，陈在省政府各机关长官僚属欢宴席上做讲演，提出“改革陋习，刷新政治，造成模范新广东”。他还说：“破坏的工作，大部已告成功，而建设的工作，似乎不能如所需要而进展……有见及此，心之所忧，不觉期望益切。”他和省主席林云陔多次商讨本省建设之具体计划，

---

① 《要闻·广东省政府宣言》，《广州民国日报》1925年7月4日。

② 蒋祖缘、方志钦：《简明广东史》，广东人民出版社1993年版，第797页。

③ 广东省档案馆编：《陈济棠研究史料（1928—1936）》，1985年编印，第31—32、38页。

决心“于最短时期造成模范之新广东，中国前途，方有昭苏之望”①。在翌年元旦西南各界庆祝民国成立12周年大会上，陈济棠谓“三年施政计划是准备建设新广东的计划”，该计划的“唯一目的，是要做成三民主义的新广东”，而“其中一切计划，都是根据总理的建国大纲而订定的”②。

在南京，国民党中央政府自1931年起更多注意计划工作，于这年3月成立全国经济委员会，蒋介石在第一次会议开幕词中提出了较现实的三年计划。5月，国民大会宣布根据孙中山建设原则制定的十点纲领，详细规定了工农业的目标以及各个计划应完成的时限。③ 此后，中央及地方政府都陆续制订了不少各种经济发展计划。

陈济棠推行统制经济，也与当时的国内经济思潮有密切关联。1933年世界经济会议闭会后，宋子文回国发表了“以国民经济为中心，厉行统制经济”的主张。④ 无论是苏联计划经济的成功，还是英美干预主义的盛行，以及德、意、日政府在工业化过程中发挥了相当大的作用，都对当时的中国人有很大启发。学界希望政府在经济发展中发挥应有的责任，乃形成研究统制经济的思潮，而这正好顺应了国民党独裁统治的需要，故统制经济得到了国民党军政要人的大力支持。

二　推行经济发展计划

（一）《广东省三年施政计划》

1932年9月14日，陈济棠在省政府宴会上讲演时，批评“过去政治的病态”，首先就是缺乏计划，谓：“一切措施缺乏一定不变之计划。目前全国政象，无论何省，均缺一种具体计划。”“庶政之推行，往往朝令而夕改。”“政府之计划不定，固不足以坚人民之信仰，

---

① 广东省档案馆编：《陈济棠研究史料（1928—1936）》，第132、136页。

② 同上书，第156页。

③ ［美］阿瑟·恩·杨格：《1927—1837年中国财政经济情况》，陈泽宪、陈霞飞译，第328页。

④ 聂志红：《民国时期的工业化思想》，第59页。

且以朝令夕改之故，以前所努力者，其结果乃等于零。”① 在听取了多方面谋臣策士及经济专家的意见后，陈济棠提出了《广东省三年施政计划大纲草案》，在当年 9 月 27 日国民党西南政务委员会决议通过。

广东三年施政计划以经济建设为主要内容，明确规定“三年计划系以经济为重心”，发展国家经济和国民经济“是三年计划的主旨”②。该计划分为“整理”和“建设”两个方面，对过去的进行整理，对未来的进行建设，建设之部则又分为乡村、城市、交通建设。按计划之施行程序规定，定于 1933 年 1 月 1 日起，开始施行，“以一年为一期，每期一小结束”。该计划由政委会通过后，又经省政府妥定详细计划，用了两个多月的缜密考量，根据施政计划大纲而订定的细目，才公布出来，分期施行。由于三年施政计划列有十分详细的进度表，对财政、经济、交通等方面各个年度的工作任务，都做了较具体的规定，故可操作性很强。③

综观整个计划，体现了孙中山“建国大纲”的精神。陈济棠对该计划“实有无限的新希望”，谓“三年施政计划的唯一目的，是要做成三民主义的新广东。其中一切计划，都是根据总理的建国大纲而订定的”。他要求：“一方面，依照训政时期的需要，积极地训练人民，使有相当的政治知识能力”；另一方面，“注重民生建设，以期满足人民衣食住行四大需要；以政府力量，为人民造产，并以适当的方法，使国民经济均匀发展”④。

（二）《救济广东农村计划》

20 世纪 30 年代初期，广东社会经济因受世界不景气的影响和舶来品大宗源源输入的冲击，极形衰落。陈济棠感慨道：“以立国于农之我国，而日用必须之农产品，亦须仰给于舶来。农村状况如此，百

---

① 广东省档案馆编：《陈济棠研究史料（1928—1936）》，第 133—134 页。

② 同上书，第 198 页。按此处所谓“国家经济”和“国民经济”应分别是指国营经济和民营经济。

③ 广东省档案馆编：《陈济棠研究史料（1928—1936）》，第 141—142 页表。

④ 同上书，第 156 页。

业之凋零可知。故在今日欲谋复兴城市之经济，必先自救济农村始；农村经济充裕，则城市经济自可复兴也。”[①] 由此，他于1933年9月提出了《救济广东农村计划》。

该计划提出了3个原则、10项任务，以及与之相配套的经费开支预算书。其基本原则规定：“（一）救济农民目前之急需，使大多数农民能获普遍之利益，以增加农村及国家经济之力量；（二）救济工作以促成农业生产现代化，增加个人之生产力及土地之生产，改良物产之品质为标准；（三）用为救济农村之款项，可由救济之事业中陆续归还，然后再将之发展农村别种经济事业。”[②]

根据上述原则，陈济棠拟出了10种“急待举行”的事项：(1）建设农田水利，包括安装抽水机，凿井灌溉、筑坝防水及筑塘蓄水。(2）防除全省牛瘟，包括制造和注射疫苗，培训技术人才。(3）设立本省各种重要适地农产经营区，除了已经进行的蔗糖经营区、蚕丝经营区外，还将新设烟叶改良区（重点为鹤山、南雄两县）、茶叶改良区（重点为鹤山县）、天蚕经营区（北江、南路、琼崖一带）、棉花经营区（北江一带）。(4）设立热带经济林业经营区，重点为海南岛树胶、椰子、咖啡等。(5）设立樟脑经营区，在两阳、北江、高雷、琼崖，钦廉等5处各设一个经营所。(6）设立滑水山森林营造场。(7）设立东江水源林经营区。(8）设立增加米粮生产经营区，优先选择珠江三角洲地带进行。(9）设立优良畜种经营区，拟选在从化、南路、中区、海南等4处开办政府良种繁殖场。(10）完成全省农民借贷组织，办法乃先由省银行代理设立全省农民借贷处，再于各县组织农民借贷分处。[③]

按照陈济棠的预算，要完成上述任务总共需要开支经费500万元。救济农村计划设计规模宏大，全面、具体地涉及农业建设的各个方面。值得注意的是，该计划还考虑到在农村建立和发展小型加工工业，这反映了陈济棠的眼光和见识。

---

① 广东省档案馆编：《陈济棠研究史料（1928—1936）》，第302页。

② 同上。

③ 同上书，第302—309页。

此外，广东省政府各部门还陆续制订了《五年工业实施计划》《工业建设实施计划》《保护民营实业三年施政计划》《救济广东农村计划》和《复兴广东蔗糖事业三年计划》等。

三　实行全面经济统制

为了确保建设计划的顺利进行和省营企业的主导地位，陈济棠对社会经济的重要门类实行统制政策。其主要精神体现在所颁《广东三年施政计划》中，该计划依靠政府力量推行之，在实施过程中厉行对于财政、金融、外贸、工矿业、农业等各方面的统制。并树立对国外的关税壁垒和外省的货物税防线，以打通本省产品的销路和由省营企业控制广东市场。

（一）工矿业统制

在工业方面，要点为：一是设立工业改进委员会，办理全省工业编制事宜；二是编制范围以工厂为限，家庭工业与手工业不在此例；三是先试行于火柴、手电、橡胶、土制煤油等项，俟有成效，再推及他业；四是统制后，提高舶来品税率，并限制新工厂之设立；五是凡受统制之工厂，其生产额和出品价格，由主管机关临时核定，不能竞制竞卖，其运销亦由主管部门监督及指挥。①

陈济棠虽然实行工业统制，但在不与官办企业发生竞争的领域，也允许民间经营。省主席林云陔于1934年8月在省参议会上所做的报告中，阐述了政府的工业政策。他说："我们现在决定一方面积极设法督促人民将原有各种工业逐渐改良，一方面极力鼓励扶助人民兴办各种新工业。至于规模较大，需费较多的工业，人民一时不易集中资本与人才来经营者，则暂由政府举办，以资提倡。"② 在此原则指导下，1934年10月初，省政府会议曾通过《广东省保护民营实业办法大钢》。

---

① 《国内要闻》，《银行周报》第18卷第25号，1935年7月3日。

② 广东省档案馆编：《陈济棠研究史料（1928—1936）》，第293页。

在矿业方面，一方面是鼓励民间采矿，如免收官地偿金，改善领矿手续，禁止各机关巧立名目，附征矿税，以及代各商人钻探矿场；另一方面是准备由政府去开发。如组织探矿团，分赴各属调查试探，然后由政府投资开发。① 包括收买粤北民营煤矿，以供发展钢铁之用。省政府建设厅也拟定《矿业建设五年计划》，准备投资巨款开采铁矿和钢铁厂。②

赣粤湘为我国钨矿主产省区，广东产钨县较多，20 世纪 30 年代初，已领照批地开采的私营公司有 40 多个。1933 年冬，广东省钨矿专营处成立，统制外贸，颁布禁令，不准将钨砂私售外商，并厉行钨砂缉私。③

（二）农业统制

主要是按照预定的计划，推广农田面积，垦殖荒地，改良品种，提倡施用化肥。粮食匮乏是民国广东社会经济中一个极为严重的问题，粮荒长期困扰着全省。20 世纪 20 年代后，每年进口洋米量剧增，大大加重了对外贸易的逆差。陈济棠的统治巩固后，开始了对农业的改良。1931 年年底，省政府委员会议决议通过《设立广东各县农业推广处章程草案》。1933 年 7 月，又通过了《广东省各县农业推广处章程》。此外，省政府还特设粮食调节委员会，专司全省粮食调节事宜，并于交通要冲设立谷仓，务使产米有余的地方，能够运输到米粮缺乏之处，“这样互相调剂，一方可以挽救谷贱伤农的弊害，一方可以减少洋米输入的漏卮，这是关系国民经济很重大的”④。

自 20 世纪 30 年代起，广东蚕丝业开始走向衰落。由于 1930 年后世界经济不景气的冲击，国际生丝市场萎缩，致使广东蚕桑业濒临破产之境。1931 年是广东近代丝业发展史的转折点，至此生产和外贸形势完全逆转，全省社会经济遭受沉重打击。蚕丝复兴运动是广东省政府为应付丝业危机而倡导组织，并得到丝业界人士广泛响应的一

---

① 广东省档案馆编：《陈济棠研究史料（1928—1936）》，第 293 页。

② 《论著》第 1 页，《广东建设月刊》第 1 卷第 10 期，1933 年 8 月。

③ 《粤省钨矿概述》，《香港华商月刊》第 2 卷第 2 期，1936 年 8 月。

④ 广东省档案馆编：《陈济棠研究史料（1928—1936）》，第 284 页。

场社会经济改良运动，其内容包括改良品种、设立各种蚕业指导机构和农村蚕业合作社、改进缫丝机器设备、发行丝业公债和贷款、减免蚕丝业苛捐杂税、提高人造丝制品进口税、研究生丝外销途径等方面。

广东建设厅蚕丝改良局是蚕丝复兴运动的领导机关，另外还设有改良蚕丝设计委员会，以改良本省蚕丝业为宗旨，由省建设厅、中山大学农学院、岭南大学农学院、仲恺农工学校、省农林局、生丝检查所、丝业研究所、出口丝商公会等联合组成，分贸易、制丝、蚕桑三个部制订计划。[①] 蚕丝改良局在发动蚕丝复兴运动之初，所定目标为"提高品质、减轻成本、增加生产"。任务分两部分，一为研究事项，包括蚕种研究、改良稻作、改良制丝、防除蚕病虫害、生丝运销研究；二为设施事项，包括改良蚕村组织、救济蚕农、推进改良无毒蚕种、组织合作社及竞进团体、提倡蚕桑副产业、提倡蚕村手工业、推进新式丝厂、切实援助丝商、改良外贸方法推展国外市场、调查国内各县及国外蚕桑丝业、提倡丝品内地消费、编订蚕业法规等。[②]

（三）外贸统制

民国前期，历届政府对外贸一向采取放任政策。陈济棠主政广东时，曾把关税作为实行保护贸易的手段，当时省政府在广州建成一批规模宏大的现代化企业，为确保省营企业的主导地位，遂制订统制方案，由政府控制进出口货物，并以以货易货、禁止现金出口为原则。务期避免出超，由政府特设机关统制之。[③]

为约束省内消费，限制洋货进口，广东省政治研究会经济组于1935年拟定统制外贸办法，经省政府会议复议通过施行。其主要内容是：（1）由省政府督同商人设立广东对外贸易所，由官商共同管理，经济独立。由该所负责统制外贸事宜，凡外贸商人，均须到所注册，受之统驭。（2）凡进出口之货物及其数额都须由外贸所管理，

① 罗宗晟：《廖崇真与广东蚕丝业》，《广州工商经济史料》第2辑。

② 叶深：《广东建设厅蚕丝改良局历年办理概况》，广东省建设厅蚕丝改良局编《广东蚕丝复兴运动专刊》，中山印务局1933年编印。

③ 《特载·中国经济建设之概观》，《国际劳工通讯》第3卷第12期，1936年12月。

对本省已有之货品则可拒绝再向国外定货。经营进口货的商人须运出粤货，方能进口同样价额之洋货等。①

（四）丝业统制

生丝是广东最重要的出口货品，故为是外贸统制的重点之一。蚕丝统制内容包括：禁止蚕种、茧丝私行买卖；全省茧市、茧栈、土丝市场，由蚕丝统制委员会接收管理；茧丝由统制委员会按“公定价格”收买；统制委员会在国内外设立推销机关，有购买部和贩卖部对粤丝贸易进行专门的管理和控制；省政府还拨款组织广东省丝业银行，以调剂全省蚕丝业的金融。广东当局以粤丝正在复兴，恐商人对外有损信用，由蚕丝改良局草拟了统制丝业对外贸易三年计划，其基本思路为：首年（1936 年）以丝商统制为对象，先行统制，分三步走。第一步措施包括派专员分赴国外丝织工业地考察、设立国外丝市情报机关、补助优良生丝外销及设立对外宣传机构；第二步措施为奖励生丝直接对外贸易、设生丝公仓、实行生丝品质检查、举办低利押丝借贷及取消劣丝外销等；第三步是在销丝适宜地点设立生丝贸易机关、向国外丝织业特约推销粤丝及实行生丝外贸公营。次年（1937 年）以丝厂统制为对象，施行缫丝统制。第三年（1938 年）以蚕农制种家为对象，施行蚕种统制。②

（五）糖业统制

糖与丝同为外贸统制的重点。糖类系民生日用所必需品，蔗糖又为南粤重要的农产品，但自洋糖输入，土糖日衰，广东成为进口洋糖大省。30 年代初提高关税后，洋糖走私更烈。如广州进口洋糖，“每担征金五元八角，伸合毫洋十六元六角至十七元，合计洋糖每担成本约廿六七元，而市面上糖价，每担仅约廿三四元”，如非贩私，即已亏本，可见实属走私糖无异。③ 这种情况，迫使广东当局采取统制政

① 《贸易》，《中行月刊》第 11 卷第 5 期，1935 年 11 月。

② 《广东省之丝业统制》，《国际劳工通讯》第 3 卷第 7 期，1936 年 7 月，第 117—118 页。

③ 《香港贸易报告》，《中行月刊》第 7 卷第 12 期，1932 年 12 月。

策，以遏制洋糖，保护粤产。陈济棠对洋糖实行“专税”限制，以重其成本，收敛进口。洋糖仍可由海关纳特税后输入，违者亦按私糖论处。[①]

此外，广东政府颁布《民营糖厂取缔暂行规则》《糖业营运取缔现行规则》及《取缔贬价竞卖越境推销蔗糖暂行办法》，以保障“官糖”的垄断地位。其糖业政策的基本原则是政府设厂制糖、农民种蔗、商人运销。具体办法是：在广州、惠阳、顺德、东莞、揭阳等地建立一批现代化的省营糖厂；在省内择定10大糖商为营运商，由他们再行组织各分销处，并在广州、汕头、江门、韶关等12市各设公仓1所；运销白糖须持公仓所发行的准运证件，违者按私糖论处；洋糖仍可由海关纳特税后输入，违者亦按私糖论处。[②] 糖业统制先后三易其法，初为上述之营运商制，实施后发现这种“多头政策”难以收到良好效果，不久改为定额招商开投，额高者得，并缴纳巨额保证金。对糖厂制品予以限制，不得自由制销。再后又改为代理商制，分区招商代理，规定销额，直接销售，但代理商间却纷争不已。1936年年底，政府召集商会会长和（白）糖面（粉）公会代表等磋商，采取“官商合作精神”，制订新法，要点为：公开推销，凡本省糖商持有糖业公会证明文件者，均可登记领证营业；糖业登记商运销糖品，不限区域、不限家数，以示普遍；糖业登记商可直接向省营物产经理处购糖运销没；[③] 等等。

（六）烟草业统制

烟草历来是产生丰厚利税的行业。1934年10月中旬，广东省卷烟业统制委员会成立，制定章程，规定无论华洋卷烟凡未经该会许可，均不得在省内销售。同时，提高机制卷烟价格20%，征之以充作建设费。[④]

南雄、新兴、鹤山、大埔等县是省内主要种烟区，所出产的烟

---

① 《产业》，《中行月刊》第8卷第6期，1934年6月。

② 同上。

③ 《广东建设厅改善糖业统制办法》，《国际劳工通讯》第4卷第1期，1937年1月。

④ 《国内要闻》，《银行周报》第18卷第43号，1934年11月6日。

叶，全部被政府定价统购，然后提高价格转售给卷烟制造商，从中攫取高额利润。①

（七）财政金融统制

主要体现在廓清积弊，包括办理预决算、划一度量衡、统一会计审计制度、建立统计制度；整顿税捐，包括田赋改革与征收临时地税、全面开征营业税和统税；整顿金融，包括改组政府银行（以广东省银行为全省金融中心）、维持纸币、改革地方币制；清理公债；筹集省营企业创办资金；等等。②

银号（又称钱庄）是我国传统的经营货币信用业务的金融机构，起源于铸币的交换。粤省银号创始于清朝康熙年间，直到民国前期，平时市上各业生意多与银业界有来往，赖其汇驳附揭兑换，以资周转资金；巨额侨汇亦多赖银业以为转驳，故可谓其“实居商场上最重要之地位”③。1934 年 5 月 14 日，广东省财政厅公布实行金融统制办法。在消极方面，实施银市买卖营业细则，派员入银市监视交易，取缔商人买空卖空；颁布银业界应领用货币证券买卖及找换铜圆牌价办法，防止商人高抬市价操纵金融。在积极方面，改革币制，研究改行大洋本位制办法。④

（八）商业统制

广东省政府借此加强对商民团体和商业机构的控制，主要内容为改组省市商会及商行，规定须受政府之统制及指挥，并由省经济建设委员会派员参加其组织，按月将工作计划向政府报告以备查。⑤

因此，经济统制虽说是全面开展，实际上还是有所侧重地进行。

---

① 广东省档案馆编：《陈济棠研究史料（1928—1936）》，第 401 页。

② 同上书，第 138 页。

③ 《社会调查・广州银业界之近况》，《广州民国日报》1928 年 3 月 22 日。

④ 《国内要闻》，《银行周报》第 18 卷第 25 号，1935 年 7 月 3 日。

⑤ 《特载・中国经济建设之概观》，《国际劳工通讯》第 3 卷第 12 期，1936 年 12 月。

四　整体评价

陈济棠主粤期间，重视实业建设，制订并实施了较为符合本省地方经济发展规律的计划和统制措施，取得了不菲实绩。

（一）具有一定合理性的统制原则

孙中山于1918年完成的《建国方略之二——实业计划（物资建设）》和陈济棠于1933年颁行的《广东省三年施政计划》，这两者之间具有相应的继承性，对粤省的早期现代化进程产生了深远的影响。

陈济棠在《广东省三年施政计划提议书》提出："爰拟定广东省三年施政计划大纲草案，就中确定施政原则，厘定施行程序及进度表，务求纲目具举，率由有章，建设前途，不无裨补。"[①] 正式颁布的计划详略有序，突出重点，它的实施对推动全省社会经济的全面发展作出了重要贡献。

就一个大省的范围而言，政府有制订一系列发展规划的必要，在特定的历史阶段，实行经济统制以确保各项计划的落实，还是奏效的。

与孙中山的思想主张相接近，陈济棠也倾向在经济建设中要较多地发挥政府的主导性作用。《广东省三年施政计划提议书》规定了经济建设方面的原则："厚集政府力量，发展国家经济。更藉国家经济之力量，为人民造产，发展国民经济。欲国民经济均匀发展。""政府应直接办理大规模之农场、矿场、工厂。其由人民投资兴办者，则加以特别之扶护。"[②] 因此，陈济棠的经济建设重点放在兴办省营工业体系，尤其是大力发展各项投资少、见效快、销路好、利润高的行业企业。

陈济棠对企业的官营和民营做了原则上的划分（与南京中央政府一样，并非十分清晰和完全合理），政府集中力量发展省营工业，但

① 广东省档案馆编：《陈济棠研究史料（1928—1936）》，第137页。

② 同上书，第139页。

在不与之发生竞争的领域，允许民间自由经营。

另外，陈济棠也比较注意推行农业科学种植方法，以保障地方实业所需的原料；抓紧以公路为重点的交通建设，为便于发展本省经济提供先决条件；以及整顿财政金融、改善市政、繁荣商业等，以促进社会经济的全面进步。

当时广东政府加强经济工作的计划性和对社会经济发展的干预，对于整合有限的物资和财政资源，保证重点，加快建设速度，提高实效，显然具有积极作用。

应指出的是，陈济棠虽对社会经济的重要门类实行统制政策，但反对高度集权的行政垄断，按照其访问苏联时对经济的考察，认为苏联当时全力增加国家资本，银行、交通、煤、铁及一切重工业，全由国家经营，“此种统治经济，亦即计划经济，与我民生主义经济若合符节，当可仿行。但其计划经济之本质是恨，且是极权。而我们民生主义之计划经济本质乃是以仁爱民生为出发点”①。

孙中山主张对关系国家命脉的实业进行统制，陈济棠则将之部分付诸实施。虽然陈济棠为实行经济计划和统制经济而加重了人民的税收负担，但在他统治期间，社会秩序稳定，经济发展较快，在一定程度上奠定了近代工业化的基础，应予肯定。

（二）实施统制经济之成效

自三年施政计划颁布施行后，广东各方面的经济建设全面展开。在一个较短的时期内，增强了本省的经济实力，也有力地巩固了陈济棠的统治地位。

1. 作为政府统制的重点，近代工业尤其是省营企业的发展最彰

首先，统制政策保护了省营工业产品。20 世纪 30 年代初，广东省营工业取得长足发展，这与政府采取的保护措施是分不开的。

经济统制是保护省营资本、加强国际贸易的重要方法。1933 年 2 月 9 日，广东省政府会议通过《广东省国货推销处组织大纲》。设立

---

① 郭小东主编：《广东财政百年实践中的思想求索——辛亥革命以来广东财政思想演进历程》，经济科学出版社 2011 年版，第 150 页。

该处的目的，是由于省营工厂先后建立，其产品要设推销处专责办理，此外如政府专营的农矿产品及商人自制的国货，均可委托该处代为推销。[①] 同年6月下旬，国货推销处派员成立港澳两地签证处。国货推销处下辖糖业、水泥、钨砂、肥料、纺织等部。工作均有成效，特别以糖业、水泥、钨砂三部收入为丰。[②] 1934年，国货推销处士敏土部规定种种具体办法，以广销路，如政府建筑须全部使用省营水泥，私人建筑凡费用超过毫洋1万元以上者亦同。主管机关除尽力推销本省产品外，还统制外来货品，认真检查质量，绝对禁止不合格或无许可证之外国水泥输入。[③] 1935年3月5日，国货推销处呈准省政府改名为"广东省营产物经理处"，省营各厂所有产品均由其统一经销。[④] 省营工业产品以糖、水泥、纺织品为大宗，价廉物美，销路甚好，不仅改变了洋货充斥广东市面的局面，甚至还远销至南洋各国。

对外贸实行统制政策，目的在于树立对国外的关税壁垒，以打通本省产品的销路和由省营企业控制广东市场。舶来物产专税是广东特设的税项，陈济棠利用该专税限制进口水泥、洋糖等物的倾销，保护了省营水泥厂、蔗糖厂的生产和市场。如征收洋水泥附加税和进口白糖加税后，五羊牌水泥产量和销量大增，洋糖在市场上几乎绝迹。至抗战前夕，进口水泥已降至微不足道的地步。

其次，省营工业体系建立之速效。由于广东政府致力于实业建设，投资额居各省之首，被誉为当时"省本位建设"成绩最佳者。

广东官营近代企业发端于19世纪中叶，最早是从军事工业开始的。至清王朝覆灭为止，已建成为数不多的一批单位，资本额不过几百万银两，[⑤] 在沿海沿江诸省中是比较薄弱的。辛亥革命后，北洋政府并没有建立国家资本主义体系的能力，前清官营资本到民国初年已基本中断。由于广东政局异常混乱，各派军阀走马灯似的轮换，政权

---

① 广东省档案馆编：《陈济棠研究史料（1928—1936）》，第285页。

② 《贸易》，《中行月刊》第9卷第3期，1934年第9月。

③ 全国图书馆文献缩微复制中心编：《二战时期中国工业调查报告》上卷，第59页。

④ 广东省档案馆编：《民国时期广东省政府档案史料选编》（4），1987年编印，第134页。

⑤ 陈真编：《中国近代工业史资料》第3辑，第22—24页表。

更换频繁，历任统治者在实业上均无甚建树。国民政府建立后，广东当局为适应建筑粤汉铁路需求而于1928年创开广州西村水泥厂，可视为省营工业发展一个新起点。

在《广东三年施政计划》中，把兴建省营工厂作为经济建设的重要环节，预定于3年内兴建工厂约30间，估计需投资粤币1亿元。1934年3月30日，省政府委员会议通过《广东省营工业组织大纲》，大规模的办厂活动由此推开。但由于军费开支太大，政府缺乏足够的资金将全部计划付诸实施，其结果是基础工业议而未行。除了军事工厂外，新创办的企业绝大部分是民用工业。广州市西村是省营工业区之中心地带，拥有水泥、硫酸、肥科、电力等重化工厂，广州市河南（珠江南岸）则集中纺织、造纸等轻纺工厂。生产蔗糖的6个厂分布于省内广府及潮汕一带。[①]

短短几年中，共建成省营工厂10余间，计有资本额约粤币5000万元（据广东省政府委员胡继贤于1936年8月4日所作关于省营企业情况的报告，称省营各厂除肥田料厂和造纸厂尚未完成外，其他皆已完成。纺织厂、市头糖厂、西村士敏土厂正在扩充，至当年年底完成后，省营企业资产总计约达5000万元），[②] 形成省营工业体系，规模宏大居当时各省之冠。这些企业在引进先进的生产技术方面起了积极作用，其设备大都达到国际先进水平，机械化程度高、产品质量好。如造纸厂是旧中国同行业的规模最大、设备最好的企业，6家制糖厂为中国首批近代化的制糖企业，一两年内均建成投产。每厂平均资本额超过粤币250万元，规模远远超过外省同业工厂。[③] 水泥厂生产仅次于唐山启新水泥公司和江苏中国水泥公司而居第3位。硫酸苏打厂的生产仅次于天津永利公司而居第2位。[④]

除了造纸厂外，省营各工厂都在抗战前建成投产。所有产品均由广东省物产经理处统一经销，在省内各县遍设分销处。省营工业产品以糖、水泥、纺织品为大宗，不仅改变了洋货充斥广东市面的局面，

---

① 陈真等编：《中国近代工业史资料》第3辑，第1129—1130页。

② 《国际劳工通讯》第3卷第9期，1936年9月，第129页。

③ 陈真等编：《中国近代工业史资料》第3辑，第1171—1172页。

④ 陈真等编：《中国近代工业史资料》第4辑，第717、510页。

甚至还能外销。

至于军事工业，扩建了广东兵器制造局，增设手榴弹厂和发电厂，形成比较完整的军工系统。[①] 此外，还积极与英、德等国合作筹建制炮厂和钢铁厂，[②] 不过，后因环境变迁而未能实现。

最后，民营工业发展较快。据调查，抗战前广州有新式民营工业约350家，资本额1000多万元，约等于省营工业资本的1/3。[③]

广东近代工业的发展在抗战前达到高潮。据1933年的工业普查，全国合于国民政府所颁《工厂法》规定的企业，在上年度已销售产品总值达11.1亿余元，广东为5743万余元，占5%。[④] 另据同年对沿海6大城市民族企业的调查，广州工厂数、资本额、工人数分别居于第3、6、5位。[⑤] 至1934年，粤北省营的几处煤矿已在积极经营，金矿、铁矿开采及金属冶炼等也在筹备中。

2. 其他方面也有可圈之处

农业发展计划与统制在不同程度上得到了推行和实施，如政府在省内创设了17个改良稻种繁殖区，推广水稻良种。同时，还组织兴建农田水利，使粮食有所增产，洋米进口一度减少。[⑥]

广东蚕丝改良局的业务活动提高了蚕丝的质量，所培育的优良蚕种，育蚕期短，蚕体较大，所收之茧身与茧量，较胜于土种，一般比土种多1/3左右。由于改良种茧层厚、水结少、解丝优良甚少断口、均匀度高和清净度好等原因，加上制作相同质量的蚕丝，比一般蚕茧用茧量减少，省工省时，因此增强了粤丝的国际竞争力，有利于出口贸易，如“碧交丝”（蚕丝改良局推广的首选品种）在“国际公定等

---

① 邬维镛：《广东兵器制造厂概略》，《广东文史资料》第9辑，广东人民出版社1963年版。

② 《国际劳工通讯》第3卷第9期，1936年9月，第130页。

③ 《社会部劳动局广州区厂矿调查总报告》，1947年手抄本，广东省档案馆藏，档案号：6/2/753。

④ 计算依据：刘大钧编《中国工业调查报告（中）》表格。

⑤ 计算依据：陈真编《中国近代工业史资料》第4辑，第59页表。

⑥ 张晓辉：《民国时期广东社会经济史》，广东人民出版社2005年版，第34页。

级中被评为 AAA 顶级生丝”①。

实行外贸统制后，凡洋货与本省国产（特别是省营企业制品）有竞销者，被财政当局增收保护附加税和特税，除已明令公布的水泥附加税和煤油、颜料、洋米等特税外，继之有火柴、机制卷烟等类税项。这些措施，在一定程度上提高了舶来品的成本，限制了洋行的商品倾销，此后洋货进口减少，土货输出增加。几年间广东各口岸外贸入超指数有了较大幅度下降，如 1936 年洋米进口价值仅及 1930 年的 49%、洋糖进口价值只有 1930 年的 8%。②

（三）统制经济的弊端和局限性

同任何事物的作用都不可能绝对一样，统制经济也是一把双刃剑，在实施过程中，不可避免地会显现出弊端和局限性。

1. 国家统一与地方割据之矛盾

陈济棠作为“南天王”，对广东的统治属于地方军阀割据，他与南京中央政府分庭抗礼，助长国民党宁粤对峙的局面，从客观上不利于抗战前夕国家的统一。陈济棠统治的排外，不仅是针对外国，甚至还包含外省，带有地方分裂性，当时在国内即广为人们所诟病。这种极端的狭隘性，也反映在经济统制上，如所谓“舶来物产专税”，顾名思义，本应针对外国进口物品，但实际上对于东北运销潮汕的大豆、豆油及豆麸类亦予加征。③

2. 统制经济和与民争利

政府实行经济统制，必然会产生一定的排他性乃至剥夺性。民国前期，广东政府缺乏系统而连贯的外贸政策、制度及其措施，陈济棠实行外贸统制，由政府控制重要的进出口货物，虽有利于抵制洋货和保护国产，但更重要的还是维护了省营大企业对于市场的垄断地位。

① 廖崇真：《广东蚕丝事业三年来改良工作总检阅》，《现代生产杂志》第 1 卷第 9 期，1935 年。

② 《广东省银行二十五年份营业报告》，《银行周报》第 21 卷第 23 期，1937 年 6 月 15 日。

③ 广州市政协文史资料研究委员会编：《南天岁月——陈济棠主粤时期见闻实录》，广东人民出版社 1987 年版，第 299 页。

广东当局对重要的工业原料甘蔗、烟叶等实行统购，对重要产品卷烟实行专卖，对省营企业制造品实行专营等，通过这些手段，使省营企业在原料、价格及利润方面对内（民营经济）对外（洋货进口）具有竞争优势，其产品在省内市场产生了局部垄断。比如自实行烟草专卖后，由政府专卖局贱买贵卖，对烟农和烟商（包括制烟丝者）两头盘剥。烟叶价格逐年低落，1936 年划分 5 等价格，最上等价格只相当于往昔的 1/3。再加上各种捐税过重，烟农不堪重负。① 又如《民营糖厂取缔暂行规则》明文规定："民营糖厂资本额不得超过毫银五万元，每日出产糖量不得超过三吨。"《糖业营运取缔现行规则》对食糖运销实行全面统制。此外，还规定省内市场的糖价由官方推销处确定，必要时可以通过操纵糖价来打击走私糖。如此一来，陈济棠解决了省内同业的竞争问题，保护了省营糖厂，并使之得到垄断利润。②

1935 年 9 月，陈济棠在政研会上发表对现行政治之感想，谓："吾人施政……在人民方面，却有许多茫然不知，或仅知其概略而不能明了政府用意之所在，由是转生疑虑，谣诼繁兴。如近来设立各种工厂及糖厂等，政府惨淡经营，纯然为维持国民经济设想，人民不明此旨，乃有以为政府与民争利者。""于此可见，官民之隔阂实甚，亟应将此隔阂打破。"③ 这种责怪是站不住脚的，显然，民间的疑虑并非空穴来风，统制经济和与民争利的矛盾不解决，官民之隔阂注定难以打破。

3. 统制经济与官营企业的痼疾

既然"自由放任经济"与"计划经济"作为政府作用经济的两种极端形式，均遭到否定，那么"统制经济"作为一种中间形式，民国学界普遍认为可以通过精心设计而调和"放任"与"计划"两种体制，达到"取长补短"的效果。他们强调，实行统制经济，必须有一个强有力、廉洁、高效的中央政府，如果这个政府不存在，那

① 张晓辉：《民国时期广东社会经济史》，第 69 页。

② 广州市政协文史资料研究委员会编：《南天岁月——陈济棠主粤时期见闻实录》，第 256—257 页。

③ 广东省档案馆编：《陈济棠研究史料（1928—1936）》，第 334 页。

么统制经济的实施前提就不存在，统制经济就必不能收到理想的效果，甚至会成为“洪水猛兽”[①]。对此，陈济棠是有响应的，他在1934年7月23日广州市政府纪念周上发表讲话时指出：在“三年计划中，整理是和建设并重的”，“整理不成功，建设便很危险”。整理广州市政的目的是“建设廉洁政府”，“我们必要做成一个模范，使大家得到观感，以求造成廉洁政府”[②]。

然而，往往会出现事与愿违的尴尬场景。在廉洁和效率两个要害问题上，广东官营企业痼疾难免。其一，企业的布局不尽合理。如所建设的6个大型糖厂，过于集中在珠江三角洲地带，番禺的新造糖厂和市头糖厂相隔仅几十里，以致造成蔗源紧张，影响工厂开工不足。惠阳糖厂因选址失当，常遭东江洪水威胁，自建成后难以正常生产。其二，企业经营管理存在严重的贪污浪费。时人指出：“广东省营工业最为人所诟病的，则为贪污问题。盖当时制度未立，人事紊乱，政出多门，这是贪污的源泉。”[③] 1937年4月30日，广东省政府委员会曾讨论关于省营物产经理处舞弊案，牵涉到桔水案、酒精案、士敏土案、揭阳糖厂案等，最后议决均移送法院依法办理。[④]

两广事件解决后，广东新政府拟定了改善省营实业的计划，认为过去省营企业“间有不切应社会日常及急切之需求者，次如组织、管理、经营等各方面亦欠尽善，因此除士敏土厂及糖厂有溢利外，其余俱属亏折。即糖厂亦大部分夺商民之利为己利”。1936年11月10日，省务会议讨论通过了建设厅所拟之《省营实业组织大纲草案》，其要点为：省营实业允许商民投资合办，或由省政府特别许可，批准商办；省营实业直属省政府，以省营实业总管理处为专管机关，省营实业监理委员会为监督稽核机关；省营实业总管理处设工厂为生产制造机关、设省营物产经理处为推销出口机关、设省实业银行为收款、

① 聂志红：《民国时期的工业化思想》，山东人民出版社2009年版，第64页。

② 广东省档案馆编：《陈济棠研究史料（1928—1936）》，第274—276页。

③ 广州市政协文史资料研究委员会编：《南天岁月——陈济棠主粤时期见闻实录》，广东人民出版社2005年版，第286页。

④ 广东省档案馆编：《民国时期广东省政府档案史料选编》（4），1987年编印，第497页。

存款及付款的机关。[①] 这权且可视为亡羊补牢之举措吧。

结 语

对于陈济棠与广东统制经济的评价不宜过高，我们不妨先看看他本人的评估。1935 年 12 月，陈济棠在对军事政治学校学员训话时讲："三年施政计划大部分虽已按照实施，但中间矫饰的情弊不少。"[②] 翌年 3 月 2 日，在西南联合纪念周上讲："吾粤实施三年计划，已届满矣。国际风云，日加紧迫。此后再有三年，能容吾人推行第二步计划与否，尚属问题。瞻望前途，不寒而栗。"[③] 在回顾三年施政计划执行情况时，他坦承就成绩而言，"实效未彰，而尤于人民方面尚少普遍的实际利益。推其缘故，在承办之人，既不根据原定计划，努力迈进，而执行者又多敷衍了事，脱去本根，徒循枝叶，间或误入歧途，滋生弊窦"[④]。

陈济棠虽打算实行全面统制，实际真正实现了统制的范围及其成效还是很有限的。如"三年计划"虽取得了一定的成绩，但至 1935 年第一期届满时，还有不少项目停留在纸面上，而一些基层政府竟乘机以"三年计划"之名敛钱，民众在"三年计划"中直接受惠也不多，甚至有人把它挖苦为"三年死政计划"[⑤]。

尽管如此，关于陈济棠与广东经济统制的收效和影响不能简单地一概而论，它基本上还是比较符合省情的，有些在陈氏当政期间即已立竿见影（如前述省营工业体系的迅速建立）；有些在其下台后夭折了（如由政府控制进出口货物，并以以货易货、禁止现金出口为原则，避免出超的方案并未完全实现。粤府改组，为遵行中央法币政策，现金出口之禁令失效）；有些经后继者修正而延伸；更多的则由

---

① 《广东省拟定改善省营实业的计划》，《国际劳工通讯》第 4 卷第 1 期，1937 年 1 月。

② 广东省档案馆编：《陈济棠研究史料（1928—1936）》，第 345 页。

③ 同上书，第 352 页。

④ 余炎光、陈福霖主编：《南粤割据——从龙济光到陈济棠》，广东人民出版社 1989 年版，第 348 页。

⑤ 肖自力：《陈济棠》，广东人民出版社 2002 年版，第 307 页。

于抗战爆发，日本入侵而中断了。

1980 年 9 月 10 日，邓小平接见回国讲学的美籍华人电子学家陈树柏（陈济棠的儿子）时，对陈济棠统治广东这一段历史做了实事求是的评价，说“令尊治粤八年，确有建树，有些老一辈的广东人还怀念他”①。表明他是当时国民党政府中一位重视地方建设且做出成绩的大员。当然，作为地方割据势力，陈济棠实行统制经济之首要动机还是为了巩固其统治，维持庞大的军政开支。这一点，是必须指出的。

（原载左鹏军主编《岭南学》第 5 辑，中山大学出版社 2013 年版）

① 转引自广东省档案馆编《陈济棠研究史料（1928—1936）》，“编辑说明”。

买办陈廉伯与民初广东

陈廉伯是英商汇丰银行买办，南粤著名实业家及商界领袖，热心捐资家乡慈善教育公益事业，对民国初年广东社会经济发展做出了重要贡献。陈廉伯素与官场亲近，但却因企图建立反对孙中山的“商人政府”而成为备受争议的人物。

鸦片战争以后，由于外贸中心逐渐转移，大批洋行从广州转往香港和上海发展，留在原地的买办势力大为削弱。清末民初，陈廉伯是影响最大的一位。① 陈廉伯（1884—1944），字朴庵，祖籍广东南海县西樵简村。出生于商人世家，祖父陈启沅是南洋归侨、著名的缫丝企业家，父亲陈蒲轩为丝业富商。陈廉伯自幼在香港皇仁书院接受教育，并入英籍。16 岁进入英商汇丰银行广州沙面分行工作，为人机灵，受到重用，后升任买办。1905 年加入广州商会，成为活跃人物。1908 年，继承父亲创办的昌栈丝庄。参与创设广东保险公司，并投资于南洋兄弟烟草公司，曾任监理及督理。民国前期，陈廉伯长期担任广州总商会会长和广州商团总团长，为粤商领军人物，并素与官场亲近。20 世纪 20 年代初，广东政府因过度勒索财政而疏远了商界，也激化了陈廉伯与孙中山的矛盾。广州商团事件后，陈廉伯逃港敛迹隐居。后虽继续在省港从事经营，但活动重心偏移香港。太平洋战争

① 陈廉伯通常是在论述商团事件时被提及，如敖光旭所著《商人政府之梦——广东商团及“大商团主义”的历史考察》（《近代史研究》2003 年第 4 期）等。学界很少将陈廉伯作为直接研究对象，除了广州文史资料刊载的一些回忆录及少量相关人物传记等外，缺乏严谨的学术探讨。不仅各种相关资料记载不准确甚至错误较多，而且对这位历史人物的评价也不尽客观。

时期，在香港海域遇难逝世。

一 陈廉伯与广东经济发展

陈廉伯是清末民初广东商界闻人，关于他的发迹史，众说纷纭。有谓陈廉伯是汇丰银行广州分行初期的买办，靠贩卖军火，成为巨富；[①] 也有谓陈廉伯致富的主要手段全在经营丝业，并非传闻所谓借汇丰银行买办之利，经营银庄，炒卖金银，因而发财。陈廉伯自兼昌栈司理后，于1909年起扩大生丝收买，向国外推销。他颇工心计，在丝业经营计划上，设有步骤，先邀同行大户，互相研究收丝售丝的种种办法，力主集中丝商同行资金人力，有计划地经营购丝和抛丝，得到众人赞同。随之成立了一个合资组织，以陈廉伯认股最多，达50万元粤币。这种合作，直至1924年广州商团事变，陈廉伯逃往香港后才中止。[②]

比较客观合理的理解应该是：清末，陈廉伯继承其父辈所有产业和财富，成为广州最富有的丝绸商。民国初年，陈廉伯利用汇丰银行买办的身份，结交军阀、官僚及士绅，不断提高其社会地位和增值财富。其手法主要有：（1）为富商们在汇丰银行开特别账户，办信用抵押贷款、减费汇兑、高息存款等，既为汇丰银行多赚取放款利息和吸收大量存款，帮助殷商周转资金，也为自己谋利。（2）趁政局频频变动，官僚欲得外国庇护财产之机，借汇丰银行代管其产业契据，存入金银外币等。（3）与广东历届统治者均建立联系。（4）参加慈善团体，博得热心公益的名声。（5）担任粤商维持公安会理财课主任期间，为商团所需各种款项垫支巨款，大大提高了在商民中的威望。[③]

---

① 冯维标：《省港各洋行杂记》，《广州文史资料》第35辑，广东人民出版社1986年版，第102页。

② 陈天杰：《我所知道陈廉伯的几件事》，《广东文史资料精编》下编第1卷下册，第623—627页。

③ 李朗如等：《广州商团叛乱始末》，《广东文史资料精编》下编第1卷下册，第572页。

陈廉伯凭借其汇丰银行买办熟悉国际市场情况的条件，除大力经营丝业外，还广泛涉及茶叶、桐油、猪鬃、烟叶、竹类、草席等出口商品，但都只作副业。广州的出口商皆乐与陈廉伯打交道，推其为广州出口洋庄商会会长。1919 年时，陈廉伯垄断了广东丝绸出口的 1/4，同时也是广东丝绢公会、矿业公会、输出业协会等 3 个协会的会长。此外，他还在香港经营宝元银号等几间公司。①

粤北山区矿产资源丰富，1918 年，陈廉伯与港粤富商简照南、简玉阶、简英甫、陈廉仲（陈廉伯之弟）等发起创办粤北地利矿务股份有限公司，由其任总经理。该公司开采湘粤边狗牙洞煤矿，经过几年试采，成效显著，遂于 1922 年 6 月添加新股，在原有的 100 万元毫银（粤币）基础上再募 100 万元，购机钻探，颇具规模。公司总部设在广州，因股东多为港商，故亦在香港设立分局。②

广州博览会成立后，会长是广东省督军莫荣新，陈廉伯担任评奖会长。③

1921 年春，陈廉伯等发起筹设广州证券物品交易所，资本拟集 1000 万元，暂时先筹足 200 万元。陈纠合各商联名向广东省长陈炯明呈请依法设立，此举若成，乃“足为商界开一新纪元而可留为纪念者”④。另据报道，为了调整官商关系，促进全省工商业之改良进步，应陈廉伯等人的请求，陈炯明于 6 月 9 日批准成立工商调查处。是日《广东群报》刊载总商会附设工商调查处简章及细则，机构职责中有调查各项税则的内容。⑤

“中日合办事业”是近代中日交涉史上一个固定的名词，在日本对华资本输出上是重要的一个环节，其含义为：“中日双方当事人，依据明示的意思表示，共同出资，共同经营的企业。”民初，孙中山

---

① 徐矛：《中国十大买办》，上海人民出版社 1996 年版，第 329 页；陈天杰：《我所知道陈廉伯的几件事》，《广东文史资料精编》下编第 1 卷下册。

② 《地利矿务股份有限公司按额募股广告》，《香港华字日报》1922 年 6 月 24 日，第 1 张第 2 页。

③ 《介绍土货》，《香港华字日报》1920 年 1 月 12 日，第 1 张第 2 页。

④ 《粤闻 · 广东商人组织贸易所》，《香港华字日报》1921 年 6 月 3 日，第 1 张第 4 页。

⑤ 汕尾市人物研究史料编纂委员会编：《陈炯明与粤军研究史料（1）》，第 164 页。

赞同中日合办企业，除政治考虑之外，希望可以利用日本的资本来振兴中国的实业。广东的中日合办事业多采取隐蔽合作形式，据日本外务省调查，1921年9月，出现了值得注目的中日合办事业——广州市证券物品交易所，资本额1000万元，主要出资为中华交易市场株式会社600万元，陈廉伯150万元。代表者及行政组织不详，原定于10月1日开业，但一直未成。①

20世纪二三十年代广东政府实行的经济政策，吸引港澳及华侨商人前来投资，陈廉伯从中也发挥了不小的作用。如1931年3月，粤省主席陈铭枢函请周寿臣、陈廉伯等代约香港绅商赴粤“实地考察，共同投资，举办实业”②。

二　陈廉伯与粤港商界

清末广州商会成立不久，陈廉伯即以丝商的身份加入（若以买办资格，则不能加入商会为会员），是一名活跃分子。

1910年11月24日，广州七十二行商人在总商会集会，讨论罢免广州总商会协理、代理总理区赞森等人及整顿总商会的问题。主持会议的陈廉伯提出：“商会如此腐败，实由行商放弃……此后宜限制个人，定有入会之各行照章推举会董，由会董公举总协理，以杜串举盘踞之弊。”当区赞森被七十二行控告“玩视南洋劝业会，并存心破坏协会，以致张总经理振勋（即张弼士，广东大埔籍南洋巨商）愤屈辞职”；与人“串受牌照捐商商董重贿”“受贿商运动反对禁赌”；“希图串举盘踞”“纳贿偏徇、颠倒是非”，众人要求粤督电咨朝廷农工商部将其撤职，后终被粤督、农工商部接受。③

陈廉伯势力的真正崛起始于民国初年。1916年，他任广州总商

① 张雁深：《日本利用所谓“合办事业”侵华的历史》，生活·读书·新知三联书店1958年版，第10、126页。

② 《港闻一》，《香港华字日报》1931年3月16日，第2张第3页。

③ 邱捷：《晚清民国初年广东的士绅与商人》，广西师范大学出版社2012年版，第156页。

会会长，以后即得连任。①

陈廉伯初入广州商会时，即醉心于商人武力，曾向清朝粤督提议组织商团，但未被采纳。辛亥革命时期，广州商人为自卫而成立广州商团。1919年8月，陈廉伯当选为广州商团团长，掌握了商人武装的实权。

20世纪20年代初，在陈廉伯的领导下，广州商团在沙面租界设立总部，为抵抗驻穗滇桂军阀等“客军”的侵扰，大力扩展商团的武装组织。1924年5月，陈廉伯成立“广东省商团军联防总部”，自任总长，人数多达1.3万人。

应指出的是，陈廉伯既是粤商，也是粤籍港商，因而具有双重身份。陈氏家族对于香港南洋兄弟烟草公司早期的发展起过重要作用，该公司的产品于1915年正式推销到上海后，公司经理简玉阶等感到内地市场的供应，以在沪设厂卷制比远从香港运来为方便，经友人陈蒲轩（陈廉伯之父）介绍，简照南、简玉阶昆仲相继抵沪，访得当地知名粤商劳敬修等协助，筹备在沪建厂，并正式成立了上海分公司，之后又于各大中城市遍设分公司，营业范围扩大。② 1920年南洋兄弟烟草公司股东创立大会公推简照南为股东会主席，在所选的董事会中简氏成员占45%，其他均是与简家关系密切的社会与商界粤籍知名人士，如陈炳谦、陈廉伯、周寿臣等。③

1924年广州商团事件后，陈廉伯逃港，敛迹隐居了一段时间，社会上层人士多已将其淡忘，后又沉而复浮。④ 他于商场重整旗鼓，不数年而扶摇直上。1928年年底，陈廉伯得简玉阶抬举，任南洋兄弟烟草公司监理，1931年改任督理。30年代初，南洋公司的营业蒸蒸日上，陈廉伯在社会上的地位也日高。⑤

1934年6月中旬，陈廉伯因舞弊被南洋兄弟烟草公司控告，遭公

---

① 据1921年1月19日香港电：“商会举陈廉伯、黄鹭塘为正副会长。”汕尾市人物研究史料编纂委员会编：《陈炯明与粤军研究史料（1）》，第142页。

② 上海社会科学院经济研究所编：《南洋兄弟烟草公司史料》，第51—52页。

③ 《南洋兄弟烟草公司创立会记》，《申报》1920年8月28日第10版、8月29日第10版。

④ 陈谦：《香港旧事见闻录》，第284—285页。

⑤ 《港闻》，《香港工商日报》1934年6月14日，第3张第1版。

司股东悬红缉拿，香港法庭和警方亦下令通缉。[①] 陈氏匿居广州沙面租界，逃脱惩罚。

陈廉伯后期的活动范围和影响主要是在香港，曾任东华医院总理、保良局绅士，并历任各体育社团要职，名声遍及粤港沪。太平洋战争爆发，香港沦陷时期，日本占领军设立以港商为主的华民代表会，陈廉伯乃重要成员之一。

1944 年 12 月 24 日，陈廉伯乘“白银丸号”轮船去澳门，途中被美机炸沉身亡。同月 26 日，香港《香岛日报》《华侨日报》对陈之死讯做了报道。之后，香港工商各界举行了追悼会，简东浦、简悦强、周寿臣等香港华人名人，以及香港华民代表会、香港华民各界协议会同人送花圈致祭。翌年 1 月初，上海农商银行总经理、陈氏挚友何焯贤得陈氏家属电告，当即致电香港华民代表会李子芳、郭赞、熊少康转陈廉仲，表示“悲怆欲绝”，即请转慰陈氏家人。[②]

三　陈廉伯初与政界的交往

辛亥后广州等地的商团陆续成立，以维护公安为宗旨。陈廉伯的叔叔陈竹君曾劝诫他不可把精力都放在应酬官场和搞商团，应全心全力于商业，但其不以为然。1912 年，陈廉伯与广东都督陈炯明称宗道族，投其所好。军阀龙济光据粤时，陈廉伯助其整理广东纸币，获袁世凯颁发二等嘉禾奖章，1914 年又被龙氏聘为督军署顾问。1917 年广州护法军政府成立，陈廉伯以富商、善董身份，周旋于社团与政府之间，攀交权势人物，因而更形活跃，俨然为广州商界的“老大”。

陈廉伯当选为广州总商会会长和广州商团团长后，野心勃勃，极力扩充实力，声名益显。他每年必回乡扫墓，为笼络政要起见，不时带同省内要人同往南海县西樵山游览。如 1920 年偕同陈回乡的就有

---

① 《港闻》，《香港工商日报》1934 年 6 月 15 日，第 3 张第 1 版。

② 《陈廉伯在港遇难逝世》，《申报》1945 年 1 月 9 日第 3 版。

伍廷芳、廖仲恺、魏邦平等，“其排场之盛，官山一隅，比出会还热闹”①。

1920年年底粤军回粤后，陈廉伯在经济方面，与担任广州护法政府财政次长等职的廖仲恺关系尚属融洽。廖仲恺发表了《整理广东省财政的计划》，指出粤财政由于被桂系“多方罗掘，大有破产之虞”，许多税收及公产，均被抵押给外国银行，外债无法清偿，军饷更难应付，政府收入很少，财政困窘万分。银行纸币低折至4成以下，官方应极力设法维持，但这必须由“官商合力而后可收实效”②。为解决广东持续多年的经济危机和金融风潮，廖仲恺于次年1月宣布一项颇为激烈的金融措施，废除通行的由中国银行广东分行发行的纸币，新建一个广东政府银行，以发行纸币。此举引起商界哗然，省币甫发行即陷入危机。廖为应付金融危机，只好求助于商团军首领陈廉伯和广州总商会，尽管未能完全如愿，还是得到了所需款项的1/3。③

鉴于广东财政因桂系军阀多年盘剥，非常困窘，廖仲恺尽力筹措经费，动员商人与政府合作，并计划由官商合办矿产、工厂等，以增财政收入。为此，廖核定招商承投税捐章程，并训令“各县地方税收，嗣后一律招商开投”。他还吁请各地绅商出力维持省银行纸币，以使“广东银行纸币十足兑换，信用甚固”。1921年春，为了促进广东金融业和商业的发展，孙中山、廖仲恺等倡议广州各行商仿效上海先例，开办证券物品交易所。廖亲自向陈廉伯介绍沪上政治人物陈中孚，嘱为协助进行。于是，陈廉伯等殷商联合向省长陈炯明呈请开办交易所，很快即获得批准。④

陈廉伯还接任广东造币厂厂长，据闻因允借100万元给政府，分4个星期缴款，后由该厂每天陆续收回万元，故不日复铸银毫。⑤ 8月初，陈廉伯与广州总商会副会长黄鹭塘等致电北京政府，反对军阀在

① 广州市政协文史资料研究委员会编：《广州文史资料》第10辑，第191—192页。

② 尚明轩、余炎光编：《双清文集》上卷，第380—381页。

③ 敖光旭：《广东商团与商团事件》，第63页。

④ 秦兴洪、蒙光励等编：《廖仲恺何香凝研究》，第40、78页。

⑤ 汕尾市人物研究史料编纂委员会编：《陈炯明与粤军研究史料（2）》，第31页。

法国秘密借款。[①]

广东政局云谲波诡，在孙中山与陈炯明愈演愈烈的矛盾冲突中，陈廉伯明显偏向后者。陈炯明在任期间，官商关系总体上还算是比较平稳，官商之间没有大的矛盾与冲突。据1921年11月10日报纸广州电，陈炯明已正式接省长兼总司令职，粤商筹款100万元，以助粤军。[②] 次年6月，陈炯明部发动“六一六”兵变，将孙中山逐出广州，推港商陈席儒为广东省长。9月，陈席儒拟聘陈赓虞、何东、陈廉伯、黄鹭塘、刘焕等为顾问。[③]

1923年1月上旬，孙中山调动的联军进行反攻，广州形势已危，陈炯明预备退守惠州，总商会长陈廉伯函请辞职。[④]

四　陈廉伯与革命政府决裂

陈廉伯本乃一介商人，却因过于卷入政治，被早期著名的共产党人蔡和森称为中国第一个拿起枪杆子企图夺取政权的买办。[⑤]

孙中山再次建立广东革命政权后，为争取商人的支持，制订了一些保护和有利于商人的政策，并通电表示要裁兵，裁减苛捐杂税，从事建设。但刘镇寰、杨希闽等军阀居功自傲，盘踞广州主要商业区，包烟庇赌，截留税款，私抽捐税，强行拉夫，甚至公然抢劫，使商民怨声载道。10月底，广州总商会等呈孙中山，请严办妄报官产者，废止填海珠，勿封轮渡，并禁止拉夫，禁征烟赌及杂捐。11月初，陈廉伯等因领衔呈报当局，废止妄报官产及禁止拉夫、烟赌等，被当局指为附逆。公安局派人到总商会查拿，惟其早已离省。[⑥]

1924年1月国民党“一大”在广州召开，国共合作建立后，国内外的各种矛盾极为错综复杂。孙中山批评了所谓“商人政府派”，

---

① 汕尾市人物研究史料编纂委员会编：《陈炯明与粤军研究史料（2）》，第78页。

② 汕尾市人物研究史料编纂委员会编：《陈炯明与粤军研究史料（1）》，第506页。

③ 汕尾市人物研究史料编纂委员会编：《陈炯明与粤军研究史料（2）》，第239页。

④ 同上书，第285页。

⑤ 和森：《商团事件的教训》，《向导周报》第8期，1924年9月10日。

⑥ 汕尾市人物研究史料编纂委员会编：《陈炯明与粤军研究史料（2）》，第356、358页。

质问“商人独能代表民众利益乎?”“军阀政府托命于外人，而其恶益著，民众之恶之亦益深；商人政府若亦托名于外人，则亦一丘之貉而已……故吾人虽不反对商人政府，而吾人之要求则在于全体平民自己组织政府，以代表全体平民之利益，不限于商界”①。孙中山实行联俄、容共、扶助农工三大政策，商人担心“共产”，产生恐惧。同时，社会生活环境的恶化，也激化了国民党、政府与工商等民众的矛盾，引发各地冲突不断，尤其是在官商冲突的暴风骤雨中，陈廉伯与革命政府难以调适。

在民初广州的历次变乱中，商团总是守中立，以所谓“在商言商”为托词。为改变此状态，孙中山、廖仲恺等曾煞费苦心劝导商团与政府合作。1924 年年初，孙中山演说批评商团领导人“没有宗旨，兵来从兵，贼来从贼”，希望其明白革命要义，相信革命最后能够成功。② 据《广东扣械潮》记载：“廖仲恺尝访陈廉伯于其寓所，对谈彻夜，无非劝陈入党。陈初尚婉词敷衍，其后廖以利害相迫。陈乃坦白告曰：‘吾辈商人，不欲自染政党色彩。即以利害言，政局变化无定，彼党来则此党去，甲党得势，则指乙党为敌为逆。吾人业商广州，财产眷属，不轻易移动，倘入党后，万一贵党有失势之一日，于吾人亦殊多不便也。’廖笑曰：‘君无虑此，君于商场商团，皆占有势力，以君之势力，出而助先生（指中山），吾党在广东，更永无失败之时矣。今宵之来，欲得君一言之决，君如俯就，重要位置，任君自择也。’陈仍坚拒之，自此而孙党知商团之必不可利用，更日谋所以挫抑之矣。”③ 由于劝导无效，官商关系越发紧张，终因“扣械潮”而酿成重大冲突。

早在 1923 年年底，广州军政当局要查验各界枪支，以防流弊，即已引起商团的抵触。1924 年，随着国民革命的深入，工农运动蓬勃发展，工商冲突乃至官商矛盾愈加激烈。5 月，广州商团反对广州

---

① 《中国国民党第一次全国代表大会宣言》（1924 年 1 月 23 日），《孙中山全集》第 11 卷，第 117—118 页。

② 《在广州商团及警察联欢会的演说》（1924 年 1 月 14 日），《孙中山全集》第 9 卷，第 61—63 页。

③ 香港华字日报社编：《广东扣械潮》卷 1《事实》，第 4 页。

市政厅财政局征收铺底等捐，并联络附近商团、乡团酝酿罢市，始引起官商直接冲突。5 月 27 日，广东各地商团代表会议在广州召开，决议成立广东商团军联防总部，以陈廉伯为总长、陈恭受等为副长，并预定于 8 月 13 日举行商团大联团开幕典礼。为加强商团的装备，陈廉伯等擅向洋商大量购械，潜运广州。8 月上旬，广东省长廖仲恺以所谓庆典“未经政府立案，便公然进行，亦殊属卤莽”为由，颁令禁止联防总部成立。[①] 10 日，团械也被广东军政当局查扣，揭开了“扣械潮”的序幕。

商团因在短时内连遭两次压制，极为愤激。陈廉伯初时尚竭力运动，希望政府转圜，发还军械。继见当局认此项军械为经手人私运贩卖，且枪械数目与护照不符，定要清查，乃辞职避往香港，商团总部诸重要职员及分团长、分队长亦连同辞职。于是商团一面集中团员赴大元帅府向孙中山请愿，一面准备以总罢市作为后盾。[②]

8 月 12、15 日，商团军代表 1000 多人两次到大元帅府请愿，要求发还扣留的军火。被拒绝后，组织广州商人罢市，并以“中华民国政治定国军”名义，通电全省各县商团罢市。

广东当局认定商团联防和私购枪械违法，其性质是反对革命、颠覆政府，原则上绝不能妥协。廖仲恺两次颁布扣留商团私运枪械布告，列举出查究理由七项，包括商团公所“私贩军火，罪等谋乱”；此事“疑窦百出，黑幕重重”；洋船私运大帮军火，不遵章报明，实属藐视我国等。[③] 但在具体的处置过程中，他采取了正确的斗争策略，对商团及商人阶层加以区别，集中孤立和打击陈廉伯等首恶分子，以利分化瓦解。孙中山也相继对广州商团代表演说和发布《告广州商团书》，指陈廉伯有极大阴谋，欲借商团之力倾覆政府，告诫商团不要上当。并谓将宽大为怀，除陈一人外，不予株连。[④]

8 月 23 日，廖仲恺更以陈廉伯、陈恭受（佛山商团团长）等

---

① 尚明轩、余炎光编：《双清文集》上卷，第 671—672 页。

② 《广州当局与商团》，《东方杂志》第 21 卷第 17 号，1924 年 9 月 10 日，第 8—10 页。

③ 尚明轩、余炎光编：《双清文集》上卷，第 675—676 页。

④ 《告广州商团书》（1924 年 8 月 19 日），《孙中山全集》第 10 卷，第 550—551 页。

"勾结北方军阀，图谋内乱，实属罪大恶极，万难姑容"，下令予以通缉。①

同月22—24日，廖仲恺三次致电广东各县商会商团，痛斥陈廉伯等"包藏祸心，私运军火"；"潜遣党羽，煽动商民罢市，并纠匪抵抗"；"又以实行'公夫公妻主义'等谰言，污诋政府"，妄图"推翻现政府，自充省长。似此逆迹昭著，实属罪不容诛"②。

广州商团于8月25日实行大罢市，孙中山斥陈廉伯为"逆匪""阴谋叛乱"，畏罪潜逃，"逆迹昭然，中外共见"③。

驻穗滇军将领范石生、廖行超等出面调停，条件包括陈廉伯、陈恭受通电悔过，拥护大元帅；取消对陈廉伯的通缉令；商团报效政府军费50万元；政府发还商团枪械；政府撤销市内驻军；由范石生担保立案，省署于7日内批准。④ 紧张形势有所缓解，但孙中山仍持疑虑，谓"所拟各节尚无碍难之处，今后办法不独陈廉伯之表示悔悟措词如何，尤当察其诚意如何"⑤。孙中山本准备于29日以严厉手段对付商团，大炮已架好，军舰亦已奉命驶入省河，然而英国驻穗领事发出照会干涉，故孙怀疑陈廉伯的"叛国行为"得到了英国的支持。⑥

廖仲恺极不满范石生、廖行超的调停，更禁止各报纸刊载调停条件，使"省中舆论，集矢于廖仲恺"⑦。面对市面上流传只有将廖仲恺调离省长职，才能缓和紧张局势的舆论，廖被迫提出辞职。9月12日，孙中山正式免廖仲恺职，改由胡汉民接任省长。胡汉民给商团发还部分被扣军火。事态稍有平息。9月20日，陈廉伯履行与当局所订条件，通电悔罪拥护孙中山。⑧ 次日，孙中山给省长指令谓："陈

① 尚明轩、余炎光编：《双清文集》上卷，第682页。

② 同上书，第679页。

③ 《饬商人开业令》（1924年8月28日），《孙中山全集》第10卷，第608页。

④ 《广州当局与商团》，《东方杂志》第21卷第17号，1924年9月10日，第8—10页。

⑤ 《复范石生廖行超函》（1924年8月29日），《孙中山全集》第10卷，第610页。

⑥ 《为广州商团事件对外宣言》（1924年9月1日），《孙中山全集》第11卷，第1页。

⑦ 香港华字日报社编：《广东扣械潮》卷1《事实》，第58—59页。

⑧ 《时事日志·中国之部》，《东方杂志》第21卷第20期，1924年10月25日，第148页。

廉伯、陈恭受既已通电拥护政府，着即取消通缉，并发还财产。”①但旋即致电粤军总司令许崇智，令限陈廉伯于3日内回穗辩明，否则取消令无效。且政府筹借的20万元巨款须即日交足，然后陆续将枪械发还商团。②

10月10日，广东工会、农会、青年团及工团军五六千人召开纪念“双十国庆节”大会，会后示威游行队伍与商团军发生流血冲突。商团军领械并开枪杀人事发后，廖仲恺等立即电请孙中山回师戡乱。孙当日急电，谓“商人罢市与敌（按指陈炯明军）反攻同时并举，是叛迹显露，万难再事姑息。生死关头，惟有当机立断”③。翌日，孙中山指派廖仲恺、谭平山等6人组成革命委员会，迅速全力平叛。15日凌晨，北伐军突然回师广州，击溃商团武装，广州西关商业区也受到严重损坏。

当月底，孙中山针对旅沪粤人各团体舆论，作了解释：“查广州商团为陈廉伯党徒把持，勾通逆军谋危政府。始则朦运枪械，继则以武力胁迫罢市。政府虽查获谋乱证据多种，犹复曲予优容，准予发还团械，冀消反侧。”而商团竟于领得大部枪械之时，枪杀群众，备极残忍。并潜引逆党、土匪入西关，作军事布置，政府忍无可忍，遂平定乱事。④ 孙中山认定广州商团背后有英国人指使，说“陈廉伯原来是一个汇丰银行的买办，本来是个安分的商人，没有什么野心”，他是受了英国流氓的煽动，才野心发作，要组织商人政府，“做中国的华盛顿”⑤。

在商团事件中，陈廉伯自始即退居幕后，处于“失语”状态。事败后，他被第二次缉拿，逃匿香港，继续与革命政府作对。1924年12月23日香港电称，传陈廉伯昨天抵达汕头，与陈炯明商谈济饷及

---

① 《给广东省长的指令》（1924年9月21日），《孙中山全集》第11卷，第91页。

② 《致许崇智电》（1924年9月23日），《孙中山全集》第11卷，第97页。

③ 《致胡汉民等电》（1924年10月10日），《孙中山全集》第11卷，第167页。

④ 《复上海各粤侨团体电》（1924年10月31日），《孙中山全集》第11卷，第258—259页。

⑤ 《在神户欢迎会的演说》（1924年11月25日），《孙中山全集》第11卷，第381页。在此演说中，孙中山亦承认，对商团进行平叛缴械时，英国政府及军舰在冲突中守了中立。

反攻广州事。27 日，陈炯明通电，在汕头复任粤军总司令职，贺电百余通，内有陈廉伯、陈恭受、广东省商业联合会及广东省议会等。[①]次年 5 月 2 日，胡汉民亲赴广州沙面会晤陈廉仲，解释去年对待商团之“错误”，请转告其兄陈廉伯以释前怨，协助政府，但遭拒绝。[②] 6 月 13 日的《中国共产党广东区执行委员会对于广东时局宣言》称：商团领袖陈廉伯和国民党右派冯自由等，是“屠杀中国人民之帝国主义及其走狗”，与南北军阀狼狈为奸，“积极图谋倾覆广州革命政府，其罪恶显著，其反革命行为昭彰，诚然人人得食其肉而寝其皮”。9 月 24 日《广东军政学商工农各界大会关于统一广东的宣言》称：“我们为什么要打陈廉伯的商团？因为他要推倒以统一广东为职志的政府，因为他是以破坏广东统一为利的香港政府之工具。”[③] 另据《工人之路特号》第 116 期（1925 年 10 月 18 日）载：北洋政府派两艘军舰南下破坏罢工，抵达香港后，受到港英当局的欢迎，陈炯明与两舰长在酒店密谈数小时，列席者有何世光（香港大买办）、陈廉伯及邓本殷（盘踞广东南路的军阀）的代表。但陈廉伯等筹款之事进行得并不顺利，据说某舰长在 10 月 27 日的会上抱怨“财政困乏，十分危险”，“前港商担任助款七百万元，只交到数十万元，杯水车薪焉能济事，务须从速催交足数，方有办法”。陈炯明称：“款项前由陈廉伯担任，但迄未交到，误事不少。”该会“议决由陈廉伯担任再设法筹饷”，陈廉伯等在场。[④]

尽管革命阵营上述揭露的细节未必证据确凿，但陈廉伯素近陈炯明乃不争之事实。1933 年陈炯明在香港病逝，在 9 月 30 日的殡礼上，陈廉伯与何世光、叶兰泉、林子丰等港商名人在场辞灵。[⑤]

---

① 汕尾市人物研究史料编纂委员会编：《陈炯明与粤军研究史料（1）》，第 305 页。

② 广东省政协文史资料研究委员会编：《广东军阀史大事记》，广东人民出版社 1984 年版，第 216 页。

③ 广东省哲学社会科学研究所历史研究室编：《省港大罢工资料》，广东人民出版社 1980 年版，第 116、441 页。

④ 《罢工消息·陈逆在港之会议》，《工人之路特号》第 131 期，1925 年 11 月 2 日。

⑤ 汕尾市人物研究史料编纂委员会编：《陈炯明与粤军研究史料（1）》，第 9 页。

五　陈廉伯与广东社会

关心乡里建设，投资家乡工商业和社会公益慈善事业，济赈救灾等，是粤商及其团体一贯的传统，陈廉伯多方捐资慈善公益教育事业，提高了社会声誉。

1915 年，陈廉伯积极搜罗广东精细产品参赛巴拿马万国博览会，代垫所有展品的保险费，因此获选为巴拿马赛会广东出品协会总理和赴巴拿马赛会正代表。他更凭借祖父陈启沅的关系，得到中国赴美考察实业团团员的身份。[①]

这年 4—7 月，应美国商会邀请，北洋政府农商部报请袁世凯批准，派张弼士等全国工商界著名实业家，组成中华游美实业团，参观旧金山巴拿马太平洋万国博览会，并考察美国商务。该团由北京、天津、上海、汉口、广州等五处商会各举 1 人共同组织筹备，张被举为团长，团员 17 人，其中张氏为全国商会联合会会长、广东总商会总理，陈廉伯为昌栈生丝出口公司主人、广东中华水火保险公司总理。[②]通过历时数月的考察，陈廉伯亲睹了美国各项事业之盛况，留下很深的印象，也为推动本地发展建设和加强对外经济联系具有积极作用。次年张弼士去世，各界题送挽联挽文，陈廉伯所题为："曾与郭有道同舟航海三万里而遥岂止交情盟白水，谁为陶朱公作传读史五百年以后当推实业导先河。"[③]

近代广东是全国最大的缺粮省份，经常发生荒歉。民国初年，陈廉伯被推举为新成立的广东粮食救济总会总理。1919 年广东荒歉严重，食米奇缺，陈廉伯与简照南突破重重阻碍，联手协筹救济。

他们首先调查市场情况，确定由广州三江帮发挥效用。在广东粮食救济会的支持下，三江帮的主持人何少庄及其米行穗生源与芜湖市

---

① 陈天杰：《我所知道陈廉伯的几件事》，《广东文史资料精编》下编第 1 卷下册，第 628—629 页。

② 韩信夫、杨德昌主编：《张弼士研究专辑》，社会科学文献出版社 2009 年版，第 239—240 页。

③ 韩信夫、杨德昌主编：《张弼士研究专辑》，第 279 页。

场达成协议，订立10艘轮船运载大米。由于皖苏当局禁止大米出省，设有许多征税关卡，粮食救济会同意为运米船队护航。当大米运载船队被沿途税卡留难时，简照南和陈廉伯利用其影响力，致电江苏省地方议事厅放行，使船队能够顺利驶离。①

简照南和陈廉伯的声誉吸引来自社会各界的关注及陆续不断的捐赠，广东驻上海商贸机构特许建立了一支由轮船招商局船只组成的远洋蒸汽船队，连续不断地护送芜湖大米到广州。② 不久，粮食救济会还收到大量海外粤籍华侨的捐赠。

陈廉伯和简照南在大米赈济中扮演了极重要的角色，孙中山致函他们，谓“粤中本岁荒歉较甚，民食维艰，兹得诸君子协筹救济，为桑梓造无量福，深为敬佩！文侨居沪滨，深愧未能尽力，顷复承以名誉督办见推，益增惶悚。此后倘驽钝可以勉力之处，自当敬从诸君子之后。一切进行，仍希毅力维持”③。同年5月初，广州市场大米价格滑落。7月底，危机化解。

1921年11月上旬，因东西北江兵燹，省港均筹急赈。9日，广东粮食救济会开会讨论散赈，省财政厅请在存款31.8万元内拨借20万元作为军饷，即席南洋兄弟烟草公司捐款1万元，简照南、简玉阶、陈廉伯各捐5000元，结果拨赈东江25万元，借给财政厅10万元。④

1924年夏，广东发大水，灾情极惨。尽管当时官商关系已极度紧张，陈廉伯仍派商团军于7月13日先行前往西江各乡散赈，并电呈孙中山分别转饬沿途各军知照，勿得误会，孙中山令军政部长程潜转行西江一带驻军知照。⑤

陈廉伯对所在地政府遇到的困难等事，亦能伸出援手。如1934年时，广东财政当局为了维持纸币，决定向港、粤商人筹借1000万

① 《大事记》，广东粮食救济会编：《广东粮食救济会报告书》，1919年印行，第5页。

② 《电文》，广东粮食救济会编：《广东粮食救济会报告书》，第1页。

③ 《复陈廉伯简照南函》（1919年3月29日），《孙中山全集》第5卷，第37页。

④ 汕尾市人物研究史料编纂委员会编：《陈炯明与粤军研究史料（1）》，第506页。

⑤ 《给程潜的训令》（1924年7月16日），《孙中山全集》第10卷，第416页。

元巨款，以供畅兑之需。而香港商界与此次借款有关者，只有南洋兄弟烟草公司。粤官方同该公司广东分行主任熊少康接洽，熊氏遂赴香港向公司经理陈廉伯请示。由于南洋公司在广州的经营较广，又为该市烟草行主席（熊少康后来还担任广州市商会主席），故广东当局向广州烟草行提出筹借150万元，各卷烟商与政府会商后，决定由南洋公司牵头。陈廉伯同意借款四五十万元相助，从政府所收的卷烟税中偿还，这笔借款由香港南洋公司先行汇上。①

陈廉伯在广州西关建有豪华的西式公馆和中式庭园，新居入伙，据1919年9月13日《广州时报》报道，约有超过4000名宾客被邀请出席，包括350名洋人。陈的公馆曾作为本地工商界头面人物聚集活动的“荔湾俱乐部”，一时冠盖云集。

陈廉伯热心从事慈善事业，捐款博取名誉。作为一位名声在外的慈善家，曾被描述为：“在各中公益慈善和教育事业中皆颇负盛名，是许多学校和医院的董事。”② 但他显然不能无愧于此赞誉，1934年6月，作为南洋兄弟烟草公司香港分公司督理，陈廉伯借慈善之名，滥用公款，此案属刑事范围，至为严重。案发后，公司董事会和监事会派员查账，陈廉伯被解职并逃离香港。③ 1936年12月，又发生南洋公司广州分公司主任熊少康在其任内侵占公款案，经诉讼地方法院，被判处有期徒刑。④

结　语

陈廉伯兼具多种身份，是清末民初广东历史进程中重要人物。在经济方面，他是一名经营成功的商人，既是英商汇丰银行买办（后为华经理），又是丝行首领、出口巨商，涉足诸多行业领域，拥有雄厚的经济实力。在组织方面，他是中国资产阶级的代表人物之一，曾任

① 《财政》，《中行月刊》第8卷第5期，1934年5月，第65—66页。

② 上海密勒氏评论报社编：《中国名人录》，1920年印行，第124页。

③ 《港闻》，《香港工商日报》1934年6月16日，第3张第1版。

④ 上海市社会科学院经济研究所编：《南洋兄弟烟草公司史料》，第461—468、509页。

中华游美实业团成员，特别是长期担任广州总商会会长和广州商团总团长，具有相当的活动能量。在社会方面，他从事地方建设，尤其是热心慈善、公益及教育事业，赢得了很高的社会声誉。

上述几点贡献都是值得肯定的，最具争议的是政治方面。民初南粤政局纷扰，原本同属革命营垒的孙中山与陈炯明亦闹至水火不容，陈廉伯作为商界名流，野心膨胀，染指政治注定不会有善果。粤商与广东当政者的关系异常复杂，其间既有合作，又有对抗。孙中山从骨子里鄙视商人，认为“中国把社会上的人，分作士、农、工、商四大类，商人居于最末级地位，知识极简单，他们独一无二的欲望，总是惟利是图，想组织大公司，赚多钱”①。由于广东政府对商人及其武装进行政治控制、经济勒索，加以驻粤客军的敲诈侵扰尤甚，双方愈难和平调适。民初以降，广东纸币贬值风潮不断，商民饱受其苦，而政局不稳，无疑雪上加霜。社会秩序失范，粤商的生存环境甚为恶劣。当其被逼过度时，必欲谋求增强实力以自救，埋下了陈廉伯等辈决意打造“商人政府”的隐患。

不可否认，广东革命政府与陈廉伯及商团的矛盾与斗争，确有控制与反控制的因素，如孙中山在事后曾对记者说：广州商团在西关设防，拒绝了多次向他们提出的要求其服从政府权威的呼吁，“这就有必要烧一下以摧毁他们的抵抗”②。然而，更为重要的是双方存有政治理念和意识形态的不共戴天，有谓“自共产之说倡，我国资产阶级、商人阶级，靡不惴焉若大祸之将至，其深恶而痛绝之，至矣极矣”③。我们从中应可窥当时商人之阶级意识及其政治风向。据《全省商团联防成立纪》载：“孙政府之嫉视粤省商团也，始于商团不肯入党以听其利用，迨全省商团联防成立，愈知商人之不易操纵屈伏，忌之益甚，谋所以解散之者亦愈急。”④ 广州商团谓团械为其自卫之

① 《在黄埔军官学校的告别演说》（1924 年 11 月 3 日），《孙中山全集》第 11 卷，第 272 页。

② 《与〈告知报〉记者代表的谈话》（1924 年 11 月 30 日），《孙中山全集》第 11 卷，第 430 页。

③ 香港华字日报社编：《广东扣械潮》序 1，第 1—2 页。

④ 香港华字日报社编：《广东扣械潮》卷 4《特别记载》，第 17 页。

根本，视同命脉，在1924年9月9日发表的《广东全省商团军全体宣言》中称“抱定械存与存，械亡与亡之主旨”，并明言反对“共产”和赤化。广东全省商业联合会在致海外侨胞的公函中，更是恶毒攻击“孙文入粤以来，暴民苛政，甚于嬴秦”；还说什么孙联俄容共，“祸国祸粤”，叫嚣要与之“决一死活”[①]。由此可见，陈廉伯领导的商团虽有追求“纯粹民治”、以联防“武装自卫”、维护地方公安、抗拒政府加重税收和滥发纸币，尤其是反对驻粤军阀苛扰等合理因素，但作为资产者的阶级意识和政治述求的代表，他始终顽固反对国共合作和国民革命。

此外，在南洋兄弟烟草公司任上贪污舞弊、太平洋战争香港沦陷时期与日本占领当局合作等，确系陈廉伯的生平污点（因这不属本文研究主旨，故不作展开）。常言道“金无足赤，人无完人”，我们不宜苛求前人，而应将其还原到复杂的历史环境中去，具体情况具体分析，从而得出客观公正的评价。

（原载《安徽史学》2016年第2期）

① 香港华字日报社编：《广东扣械潮》卷2《文件》，第96—97、102—104页。

后　记

粤港澳历来联系紧密，在中国近代史具有独特的地位和作用。开展对粤港澳经济史的研究，既可深化港澳史的研究，也可丰富中国近代史、广东地方史、华侨华人史的内容。本书着重从粤港澳华商与近代世界、粤港澳对外贸易与国内外市场、重要历史人物与粤港澳地方经济等三个方面进行了深入探讨，对中国近代社会经济史和岭南区域史等领域的研究有较大参考价值。

本书共收入笔者公开发表的有关粤港澳经济史论文 17 篇，这些论文分别发表于《近代史研究》《中国经济史研究》《中国社会经济史研究》《中国农史》《抗日战争研究》《学术研究》《民国档案》《广东社会科学》《安徽史学》《暨南学报》《深圳大学学报》等核心期刊，具有较高的学术质量。

笔者在所选论文的编辑过程中，对错字、病句作了处理，对体例和格式也按照现行规范作了统一，基本上仍保持了原文的风貌。

需要说明的是，由于各文原先都是单独发表的，故在某些内容、文献资料方面会有重复的现象，本次编入文集，笔者作了少量修改或补充。

另外，把这些散见于不同时期、不同刊物的文章收集在一起，可以免除大家检索的麻烦，这也是很有意义的。

囿于学识，书中难免有所疏漏，失当之处，恳请专家和读者不吝批评指正。

本书得到了暨南大学中国史学科建设经费的出版资助，中国社会科学出版社以及编辑刘芳女士为本书的出版付出了极大的辛劳，谨此特表感谢！

张晓辉

2016 年秋于广州暨南园